myBook+

Ihr Portal für alle Online-Materialien zum Buch!

Arbeitshilfen, die über ein normales Buch hinaus eine digitale Dimension eröffnen. Je nach Thema Vorlagen, Informationsgrafiken, Tutorials, Videos oder speziell entwickelte Rechner – all das bietet Ihnen die Plattform myBook+.

Ein neues Leseerlebnis

Lesen Sie Ihr Buch online im Browser – geräteunabhängig und ohne Download!

Und so einfach geht's:

- Gehen Sie auf **https://mybookplus.de**, registrieren Sie sich und geben Ihren Buchcode ein, um auf die Online-Materialien Ihres Buchs zu gelangen
- **Ihren individuellen Buchcode finden Sie am Buchende**

Wir wünschen Ihnen viel Spaß mit myBook+!

https://mybookplus.de

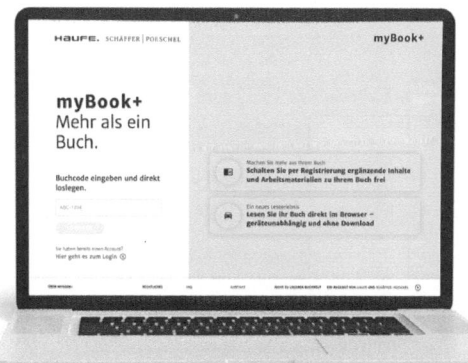

Crashkurs Marketing

Helmut Geyer/Luis Ephrosi/Alexander Magerhans

Crashkurs Marketing

Grundlagen, Strategien, Konzepte

5. Auflage

Haufe Group
Freiburg · München · Stuttgart

Bibliografische Information der Deutschen Nationalbibliothek

Die Deutsche Nationalbibliothek verzeichnet diese Publikation in der Deutschen Nationalbibliografie; detaillierte bibliografische Daten sind im Internet über http://dnb.dnb.de/ abrufbar.

Print:	ISBN 978-3-648-16951-3	Bestell-Nr. 10115-0003
ePub:	ISBN 978-3-648-16952-0	Bestell-Nr. 10115-0102
ePDF:	ISBN 978-3-648-16953-7	Bestell-Nr. 10115-0152

Helmut Geyer/Luis Ephrosi/Alexander Magerhans
Crashkurs Marketing
5. Auflage, Mai 2023

© 2023 Haufe-Lexware GmbH & Co. KG, Freiburg
www.haufe.de
info@haufe.de

Bildnachweis (Cover): © Pascal Kiszon, iStock

Produktmanagement: Kerstin Erlich
Lektorat: Peter Böke

Dieses Werk einschließlich aller seiner Teile ist urheberrechtlich geschützt. Alle Rechte, insbesondere die der Vervielfältigung, des auszugsweisen Nachdrucks, der Übersetzung und der Einspeicherung und Verarbeitung in elektronischen Systemen, vorbehalten. Alle Angaben/Daten nach bestem Wissen, jedoch ohne Gewähr für Vollständigkeit und Richtigkeit.

Sofern diese Publikation ein ergänzendes Online-Angebot beinhaltet, stehen die Inhalte für 12 Monate nach Einstellen bzw. Abverkauf des Buches, mindestens aber für zwei Jahre nach Erscheinen des Buches, online zur Verfügung. Ein Anspruch auf Nutzung darüber hinaus besteht nicht.

Sollte dieses Buch bzw. das Online-Angebot Links auf Webseiten Dritter enthalten, so übernehmen wir für deren Inhalte und die Verfügbarkeit keine Haftung. Wir machen uns diese Inhalte nicht zu eigen und verweisen lediglich auf deren Stand zum Zeitpunkt der Erstveröffentlichung.

Inhaltsverzeichnis

Vorwort 13

1	**Was ist Marketing?**	15
1.1	Hauptziel des Marketings: Überleben sichern	15
1.2	Was ist ein Markt, was ist ein Kunde?	16
1.3	Wettbewerb in gesättigten Märkten	18
1.4	Aufgaben und Besonderheiten des Marketings	19
1.5	Wieso ist Marketing für kleine und mittelständische Unternehmen wichtig? ...	20
1.6	Welche Rolle spielt das Internet für das Marketing?	21
2	**Was will ich mit Marketing erreichen?**	23
2.1	Optimale Problemlösungen für den Kunden	24
2.2	Schritte zum erfolgreichen Marketing	25
	2.2.1 Wie Sie Ihr Unternehmen profilieren	26
	2.2.2 Den Markt dynamisch bearbeiten	27
2.3	Nachfrage befriedigen ist gut, Nachfrage produzieren ist besser	29
3	**Wie unterscheiden sich Märkte?**	31
3.1	So erforschen Sie den Markt	31
	3.1.1 Welche Wege der Informationserhebung sollten Sie gehen?	33
	3.1.2 Welche Instrumente können Sie für die Marktforschung nutzen?	33
3.2	Die Marketingsituation	37
	3.2.1 Schritt 1: Grenzen Sie Ihren Markt ab	38
	3.2.2 Schritt 2: Klären Sie die vorhandenen Marktverhältnisse	38
	3.2.3 Schritt 3: Ermitteln Sie den Bedarf	40
	3.2.4 Schritt 4: Klären Sie die Wettbewerbssituation	44
	3.2.5 Schritt 5: Klären Sie die Distributionssituation	46
	3.2.6 Schritt 6: Klären Sie die Produktmerkmale	47
	3.2.7 Schritt 7: Klären Sie Ihre Unternehmenssituation .	47
	3.2.8 Schritt 8: Klären Sie die Rahmenbedingungen	48
	3.2.9 Welche Analyseinstrumente gibt es?	49
4	**Die Marketingkonzeption**	51
4.1	Welches sind Ihre Marketingziele?	51
4.2	Treffen Sie Ihre Markt- und Produktwahl	53
	4.2.1 So segmentieren Sie den Markt	55
	4.2.2 Diversifikation – Erweiterung um zusätzliche Produkte oder Leistungen	60

4.3	Wie Sie Ihre Marktstrategie umsetzen	63
	4.3.1 Was sind Strategien?	63
	4.3.2 Strategien der Marktbearbeitung	64
	4.3.3 Wettbewerbsstrategien	66
	4.3.4 Distributionsstrategien	68
5	**Auf die richtige Mischung kommt es an: der Marketingmix**	**71**
5.1	Marketingmix – was ist das?	71
5.2	Die Produkt- und Leistungspolitik	71
	5.2.1 Produkte gestalten zum Nutzen des Kunden	72
	5.2.2 Geben Sie Ihren Produkten ein prägnantes Äußeres	72
	5.2.3 Wie Sie Ihr Sortiment gestalten	76
	5.2.4 Produktentscheidungen sind strategische Entscheidungen	77
	5.2.5 Produktpolitik und Wettbewerb	80
5.3	Die Preispolitik – Zu welchem Preis kann ich verkaufen?	83
	5.3.1 Wie Sie Ihre Preise festlegen	84
	5.3.2 Schritt 1: Welchen preispolitischen Spielraum haben Sie?	85
	5.3.3 Schritt 2: Legen Sie Ihre preispolitischen Ziele fest	85
	5.3.4 Schritt 3: Entscheiden Sie sich für Ihre preispolitische Strategie	86
	5.3.5 Schritt 4: Preispolitische Maßnahmen festlegen	88
	5.3.6 Schritt 5: Preiskontrollen durchführen	94
5.4	Die Kommunikationspolitik	95
5.5	Zentrale Rolle im Marketing: die Werbung	96
	5.5.1 Die Informationsfunktion der Werbung	97
	5.5.2 Die Motivationsfunktion der Werbung	97
	5.5.3 Erscheinungsformen der Werbung	98
	5.5.4 Werbeplanung und Werbedurchführung	101
	5.5.5 Product-Placement – Ihr Produkt im Film	117
	5.5.6 Sponsoring – Leistung und Gegenleistung	118
	5.5.7 Individuelle Kontaktaufnahme: das Direktmarketing	121
	5.5.8 Verkaufsförderung – den Absatz Ihrer Produkte steigern	123
5.6	In acht Schritten zum perfekten Werbeplan	126
	5.6.1 Schritt 1: Analyse	127
	5.6.2 Schritt 2: Ziele der Werbemaßnahme	127
	5.6.3 Schritt 3: Bestimmung des Werbebudgets	128
	5.6.4 Schritt 4: Hauptzielgruppen bestimmen	129
	5.6.5 Schritt 5: Festlegen der Werbebotschaft	130
	5.6.6 Schritt 6: Maßnahmen, Werbeträger, Werbemittel	131
	5.6.7 Schritt 7: Umsetzung	131
	5.6.8 Schritt 8: Werbeerfolgskontrolle	132

5.7	Die Distributionspolitik		133
	5.7.1	Welchen Absatzweg wollen Sie wählen?	134
	5.7.2	Sieben Schritte zum Aufbau eines Außendienstes	138
	5.7.3	Das Internet – ein Vertriebskanal mit »unbegrenzten« Möglichkeiten	148
	5.7.4	Die Distributionslogistik	162
6	**Customer Relationship Management**		**165**
6.1	Die wirtschaftliche Bedeutung der Kundenbindung		166
	6.1.1	Loyale Kunden	166
	6.1.2	Kundenabwanderung	167
6.2	Kunde ist nicht gleich Kunde		168
	6.2.1	Die ABC-Analyse	168
	6.2.2	Kundendeckungsbeitrag und Kundenkapitalwert	170
6.3	Kundenlebenszyklus		170
6.4	Kundenkategorien		172
6.5	Das Kundenportfolio		174
6.6	Customer Relationship Management – ein Fazit		175
7	**Online-Marketing**		**177**
7.1	Website-Gestaltung		177
	7.1.1	Homepage – Startseite	177
	7.1.2	Suchfunktion	178
	7.1.3	Trefferliste	179
	7.1.4	Produktdetailseite	179
	7.1.5	Warenkorbzwischenseite	180
	7.1.6	Warenkorb	180
	7.1.7	Anmeldung	180
7.2	Online-Werbung		181
	7.2.1	Werbeformen am Beispiel von T-Online.de	182
	7.2.2	Abrechnungsmodelle und Kennzahlen	182
	7.2.3	Partnerprogramme – Affiliate Marketing	183
7.3	Newsletter-Marketing		184
7.4	Usability-Testing		185
	7.4.1	Expertengutachten	186
	7.4.2	Usability-Test	187
	7.4.3	Eyetracking	187
	7.4.4	Card Sorting	188
7.5	Suchmaschinenoptimierung und -werbung		189
	7.5.1	Suchmaschinenoptimierung	189
	7.5.2	Suchmaschinenwerbung	191

8	Social-Media-Marketing	193
8.1	Situationsanalyse	193
8.2	Ziele	193
8.3	Zielgruppen	194
8.4	Auswahl der geeigneten Social-Media-Plattform(en)	195
	8.4.1 Facebook	195
	8.4.2 Instagram	201
	8.4.3 Twitter	205
	8.4.4 YouTube	207
	8.4.5 XING und LinkedIn	210
	8.4.6 Blogs	211
8.5	Content mit Mehrwert	211
8.6	Crossmediales Social-Media-Marketing	212
8.7	Erfolgskennzahlen bzw. Key Performance Indicators (KPI)	213
8.8	Social-Media-Monitoring	214
9	Mobile Marketing	215
9.1	Mobile Websites und Apps	215
9.2	App-Entwicklung	216
	9.2.1 Zusammenarbeit mit einer App-Agentur	216
	9.2.2 Ideenfindung und -auswahl	217
	9.2.3 Ihre Nutzer	218
	9.2.4 Ihre Wettbewerber	219
	9.2.5 App-Konzept	220
	9.2.6 Usability-Test	223
	9.2.7 App im App-Store veröffentlichen	224
9.3	App-Vermarktung	225
	9.3.1 On-Page-Optimierung	225
	9.3.2 Online- und Social-Media-Marketing	226
	9.3.3 Klassisches Marketing	231
10	Nachhaltiges Marketing	233
10.1	Problemstellung – Warum Nachhaltigkeit?	233
	10.1.1 Ökologische Megatrends	233
	10.1.2 Die Verantwortung der Wirtschaft	234
10.2	Die Verantwortung der Verwender	234
10.3	Der Begriff »Nachhaltigkeit«	236
	10.3.1 Das 3-Säulen-Konzept	236
	10.3.2 Starke und schwache Nachhaltigkeit	237
	10.3.3 Intra- und intergenerative Nachhaltigkeit	237
	10.3.4 Herausforderungen für Unternehmen	237
10.4	Ansätze zur Umsetzung von Nachhaltigkeit	239

10.5	Nachhaltiges Marketing	240
	10.5.1 Gegenstand des nachhaltigen Marketings	240
	10.5.2 Wesentliche Unterschiede zwischen Nachhaltigkeitsmarketing und konventionellem Marketing	240
	10.5.3 Marketingstrategien im Nachhaltigkeitsmarketing	241
10.6	Varianten zur Erschließung des Massenmarktes	242
	10.6.1 Eintritt in den Massenmarkt durch Kleinanbieter	242
	10.6.2 Eintritt in den ökologischen Massenmarkt durch große konventionelle Unternehmen	242
	10.6.3 Verbindung der Kostenführerschafts- und der Differenzierungsstrategie	242
10.7	Zielgruppenbestimmung im nachhaltigen Marketing	243
	10.7.1 Die Bestimmung der Kundensegmente im nachhaltigen Marketing	243
	10.7.2 Schlussfolgerungen für das Nachhaltigkeitsmarketing	244
10.8	Die Rolle der Konsumenten im Nachhaltigkeitsmarketing	245
	10.8.1 Die Mehrpreisbereitschaft der Verbraucher	245
	10.8.2 Die Rolle der Transaktions- und Opportunitätskosten	245
10.9	Das unternehmerische Nachhaltigkeitskonzept als Grundvoraussetzung für ein Nachhaltigkeitsmarketing	246
10.10	Aufgaben eines nachhaltigen Marketings	247
	10.10.1 Nachhaltigkeit in der Produkt- und Leistungspolitik	248
	10.10.2 Nachhaltigkeit in der Preispolitik	251
	10.10.3 Nachhaltigkeit in der Kommunikationspolitik	253
	10.10.4 Nachhaltigkeit in der Distribution	255
	10.10.5 Vier Checklisten für ökologisches Handeln im Unternehmen	256

Stichwortverzeichnis 258
Die Autoren 263

Vorwort

Der Markterfolg eines Unternehmens hängt ganz maßgeblich von den Kaufentscheidungen der jeweiligen Kundengruppen ab. Diese sind – insbesondere durch das Internet – heute wesentlich besser informiert und kennen sich gut mit den angebotenen Produkten und/oder Dienstleistungen aus. Neben dem eigenen Leistungsangebot können die Kunden zudem aus einem breiten Produkt- und Dienstleistungsspektrum auswählen und nahezu alles bequem von zu Hause sowie mobil von unterwegs im Internet bestellen. Vor dem Hintergrund dieser hier nur kurz angerissenen Entwicklungen hat sich der Wettbewerb in vielen Branchen drastisch verschärft und damit die konsequente Kundenorientierung als Erfolgskonzept noch stärker in das Blickfeld der Unternehmensführungen gerückt.

Im Marketing kommt diese kundenorientierte Denkhaltung zum Ausdruck und – sofern es gut und konsequent umgesetzt wird – trägt es entscheidend zum Unternehmenserfolg bei. Dieses Buch erklärt Ihnen leicht verständlich, wie Marketing in Unternehmen gestaltet werden kann, sodass Unternehmen auf Absatzmärkten ihre Erfolgschancen realisieren, Risiken minimieren und maximale Erfolge erzielen.

Gerade kleine und mittlere Unternehmen haben oft nicht die Möglichkeiten, auf Absatzschwierigkeiten rechtzeitig zu reagieren. Andererseits spüren sie sehr schnell, was es bedeutet, wenn sich die Märkte ändern und sie nicht in der Lage sind, sich auf die neuen Erfordernisse einzustellen. Marketing bietet diesen Unternehmen zahlreiche Handlungsoptionen, um genau aus diesem Dilemma herauszukommen.

Der Schwerpunkt dieses Buches liegt auf den verschiedenen Marketinginstrumenten, die sich zu einem unternehmensindividuellen Marketingmix zusammenstellen bzw. abstimmen lassen.

In den einzelnen Kapiteln dieses Buches finden Sie unter anderem Anregungen zu Fragestellungen der folgenden Art:
- Wie kann man ein Angebot nachfragegerecht gestalten?
- Wie legt man optimale Preise fest?
- Wie kann man zielgruppengerechte Werbemaßnahmen konzipieren, umsetzen und kontrollieren?
- Welche Strategien stehen bei der Verteilung der Produkte und Dienstleistungen an die verschiedenen Kundengruppen zur Verfügung?
- Welche Chancen bzw. Risiken ergeben sich durch das Internet für die kundenorientierte Gestaltung und Vermarktung von Produkten bzw. Dienstleistungen.

Darüber hinaus finden Sie viele weitere Ideen und Anregungen rund um die Themen Marketing, Marktforschung und Marketingmanagement. Dabei gehen wir auch auf neue Vertriebsmöglichkeiten und -systeme ein. Am Ende eines jeden Kapitels arbeiten wir die besondere Bedeutung des (mobilen) Internets für heutige und zukünftige Aufgabenstellungen im Marketing deutlich heraus.

Für die neue Auflage haben wir zwei weitere Kapitel erarbeitet. Zum einen haben wir Fragestellungen, die sich durch das Social-Media-Marketing ergeben, aufgegriffen (Kapitel 8). Außerdem widmen wir dem Thema »Mobile Marketing« ein eigenes, ausführliches Kapitel, um der zunehmenden Bedeutung des mobil gewordenen Internets für das Marketing gerecht zu werden (Kapitel 9).

Unser Buch soll Ihnen als Wissensbasis dienen und Sie zukünftig in die Lage versetzen, fundierte Marketingentscheidungen für eine kundenorientierte Vermarktung Ihrer Produkte bzw. Dienstleistungen zu treffen. Außerdem helfen wir Ihnen dabei, Alternativen abzuwägen und die verschiedenen Marketinginstrumente kundenorientiert einzusetzen.

Wir wünschen Ihnen viel Spaß bei der Lektüre und selbstverständlich viel Erfolg bei der Umsetzung in die Praxis!

1 Was ist Marketing?

> **Beispiel: Der erfolgreiche Mitbewerber**
>
> Die begeisterten Radfahrer Müller, Meier und Schulze haben ihr Hobby zum Beruf gemacht und vor einigen Jahren ein kleines Produktionsunternehmen, die »Radler OHG«, für Fahrräder gegründet. Bisher waren sie mit ihrem Standardfahrrad »City Bike« auch sehr erfolgreich.
>
> Seit einiger Zeit läuft das Geschäft allerdings nicht mehr wie gewohnt. Die »Turbo Bike GmbH & Co. KG« hat das zwar kleine, aber bisher sehr lukrative Geschäftsfeld »Stadtfahrräder« mit Billigimporten aus dem Ausland angegriffen und viele Kunden der Radler OHG abgeworben. Nach langem Nachdenken über die Ursachen meint Herr Meier: »Die hatten wohl das bessere Marketing ...« Was steckt dahinter?

1.1 Hauptziel des Marketings: Überleben sichern

Die Sicherung des Gewinns und damit das langfristige Überleben des Unternehmens ist das Hauptziel wirtschaftlicher Tätigkeit und damit selbstverständlich auch des Marketings.

Grundformel der unternehmerischen Tätigkeit

Unternehmerische Tätigkeit können Sie in einer Grundformel folgendermaßen zusammenfassen:

```
    Umsatz
  - Kosten
  = Gewinn
```

Diese Begrifflichkeiten sind Ihnen aus der Geschäftstätigkeit sicherlich nicht unbekannt. Interpretieren wir sie jetzt aber noch einmal aus dem Blickwinkel des Marketings.

Gewinn und Umsatz

Der Gewinn ist die Zielsetzung jedes Unternehmens. Gewinn wird nicht nur gebraucht, um den Einsatz von Kapital zu »belohnen«. Darüber hinaus ist Gewinn eine wichtige Voraussetzung sowohl für das künftige Wachstum Ihres Unternehmens als auch für die Bildung von Rücklagen. Die Basis für jegliche Gewinnerwirtschaftung besteht darin, dass Sie Umsätze realisieren können. Damit ist der Umsatz eine ganz wesentliche Voraussetzung für die Gewinnerwirtschaftung.

Kosten

Die Kosten sind eine notwendige Erscheinung. Sie spiegeln die Aufwendungen wider, die erforderlich sind, um die angebotenen Leistungen herzustellen und zu verkaufen.

In diesem Zusammenhang ist die Unterteilung der Kosten in fixe und variable Bestandteile sehr bedeutsam.
- Die **variablen Kosten** entwickeln sich proportional zur produzierten Leistung. Sie sind nicht in ihrem Gesamtumfang konstant, aber pro Stück als hergestelltes und verkauftes Produkt.
- **Fixkosten** hingegen sind leistungsunabhängige Bestandteile des Prozesses.

> **Beispiel: Variable und fixe Kosten**
>
> Zur Herstellung eines Fahrradreifens benötigen Sie eine bestimmte Menge Gummi. Diese Menge ist für jeden Fahrradreifen des gleichen Typs in etwa gleich. Damit steigen die Kosten für das Rohmaterial proportional zur Menge der hergestellten Fahrradreifen. Materialkosten sind demzufolge variable Kosten, ebenso wie alle anderen Kosten, die sich mit der Herstellung eines Produktes oder der Bereitstellung einer Dienstleistung verändern.
>
> Die Miete für die Werkhalle hingegen, in der Sie die Fahrradreifen herstellen, ist konstant (fix), egal wie viele Reifen hergestellt werden. Das Gleiche gilt für Kosten der Verwaltung und beispielsweise die Abschreibungen, die sich nicht mit der produzierten Menge verändern. Somit handelt es sich um Fixkosten. Fixkosten sind durch die Erlöse zu decken, unabhängig davon, ob Sie viel oder wenig produzieren und verkaufen.

Es ist eine unbestrittene Tatsache, dass Sie die Kosten des Unternehmens nur dann decken können, wenn Sie einen ausreichenden Umsatz realisieren. Das bedeutet, dass Sie für Ihre Produkte oder Dienstleistungen Käufer finden müssen, die bereit sind, dafür zu zahlen.
- Ohne ausreichenden Umsatz keine Kostendeckung.
- Ohne ausreichenden Umsatz keine Gewinnerwirtschaftung.

Hauptziel des Marketings
Die Betrachtung in diesem »Crashkurs Marketing« setzt daher an der folgenden Fragestellung an: Was können Sie tun, um den notwendigen Umsatz zu erreichen, der es Ihnen ermöglicht, Ihre Kosten zu decken und darüber hinaus einen Gewinn zu erwirtschaften? So gesehen ist die Sicherung des Gewinns und damit die Sicherung des langfristigen Überlebens Ihres Unternehmens das Hauptziel des Marketings.

1.2 Was ist ein Markt, was ist ein Kunde?

Erfolgreich kann Marketing nur sein, wenn es zu einem Handlungsgrundsatz des Managements wird. Dieser Grundsatz heißt: »**marktorientierte Unternehmensführung**«. Eine marktorientierte Unternehmensführung ist im Wesentlichen dadurch gekennzeichnet, dass die vom Management zu treffenden Entscheidungen vom Absatzdenken beherrscht werden. Der Markt sollte der Ausgangspunkt der Entscheidungen sein.

> **Tipp: Herstellen, was der Markt verlangt**
> Der Markt hat oberste Priorität, erst danach kommen die internen Interessen Ihres Unternehmens. Es soll nicht verkauft werden, was die Produktion herstellt, sondern es kann nur das hergestellt werden, was sich die Kunden wünschen. Wenn Sie sich diese Maxime zu eigen machen, dann legen Sie den Grundstein für die Gewinnerzielung und den langfristigen Erfolg Ihres Unternehmens!

Doch was ist eigentlich ein »Markt«? Es gibt mehrere Definitionen, unter anderem diese: Der Markt ist der Punkt, an dem sich Angebot und Nachfrage zur gleichen Zeit treffen. Das ist eine sehr prägnante und leicht verständliche Definition. Aber für die Marketingzwecke reicht sie nicht aus. Aus diesem Grund wollen wir einen anderen Weg zur Klärung des Begriffs »Markt« einschlagen.

Märkte sind Menschen

Sie wissen ja: Hinter Märkten stehen immer Menschen (Haushalte oder Entscheider in Betrieben, Organisationen, Verwaltungen). Diese Menschen sind derzeitige oder potenzielle Kunden für Ihr Unternehmen. Und diese Kunden treffen auf Märkten immer wieder Kaufentscheidungen. Wir haben es mit Menschen zu tun, die Bedürfnisse, Wünsche und Probleme haben und diese Bedürfnisse, Wünsche und Probleme häufig durch Kaufentscheidungen befriedigen, erfüllen, lösen möchten.

Es geht im Grunde genommen darum, dass Sie diese Kaufentscheidung zugunsten des Angebots Ihres Unternehmens beeinflussen. Doch was können Sie dafür tun? Sie werden diese entscheidende Frage beantworten können, wenn Sie herausfinden, welche Bedürfnisse, Wünsche und Probleme Ihre Zielgruppe hat, Ihre potenziellen Kunden.

Doch wer oder was ist eigentlich ein Kunde? Haben Sie darüber schon einmal nachgedacht? Kunden können manchmal sogar sehr lästig sein. Sie stören den Betriebsablauf, haben Anliegen, mit denen sie Sie ständig konfrontieren und von Ihren Aufgaben ablenken. Dies mag vielleicht auch alles so sein. Aber diese Denkhaltung ist keinesfalls der richtige Ansatz für ein erfolgreiches Marketing. Wie wäre es dagegen mit den folgenden Überlegungen?

Der Kunde
- Der Kunde muss für Sie die wichtigste Person in Ihrem Unternehmen sein. Sie wissen ja: Ohne Kunden kein Umsatz!
- Der Kunde ist nicht von Ihnen abhängig, sondern umgekehrt. Kunden generieren Ihren Umsatz. Sie könnten ja auch zur Konkurrenz gehen!
- Der Kunde verkörpert den Inhalt Ihrer Arbeit. Kunden dürfen nicht als Unterbrechung der Arbeit gesehen werden. Im Gegenteil: Ohne Kunden keine Arbeit.

- Der Kunde ist kein Außenseiter Ihres Geschäfts. Kunden müssen als ein wesentlicher Bestandteil Ihrer wirtschaftlichen Aktivitäten verstanden werden, und zwar als der wichtigste Teil!
- Und noch etwas: Mit Kunden streitet man sich nicht. Sie können niemals einen Streit mit einem Kunden gewinnen. Gewinn haben Sie nur, wenn Ihnen der Kunde erhalten bleibt. Und wer möchte schon als Verlierer bei einem Anbieter bleiben?
- Der Kunde ist derjenige, der Ihnen seine Bedürfnisse, Probleme oder Wünsche mitteilt. Ihre Aufgabe als Unternehmer besteht darin, diese Bedürfnisse zu befriedigen, Probleme der Kunden zu lösen, Wünsche zu erfüllen, und zwar zur beiderseitigen Zufriedenheit. Der Kunde wird zufrieden sein, weil er die gewünschte Leistung von Ihnen bekommt, und Sie werden zufrieden sein, weil Sie dadurch den notwendigen Umsatz realisieren können!

1.3 Wettbewerb in gesättigten Märkten

Wandlung vom Verkäufer- zum Käufermarkt
Märkte haben sich im Laufe der Zeit gründlich verändert. Längst sind die Zeiten vergangen, in denen die Käufer sich an den Standardprodukten und Standarddienstleistungen der Verkäufer ausrichten mussten. Ganz im Gegenteil: Märkte haben sich von sogenannten Verkäufer- in Käufermärkte verwandelt.

Ist diese Entwicklung für Ihr Unternehmen von Bedeutung? Die Antwort lautet ganz klar: ja! Heutzutage kann man davon ausgehen, dass die meisten Märkte »gesättigt« sind. Das heißt, dass sich der Wettbewerb in der Regel auf Märkten vollzieht, auf denen das Angebot größer als die Nachfrage ist. Und diese Situation hat besondere Auswirkungen auf die Austragung des Wettbewerbs. Also müssen wir uns folgende Frage stellen: Wie kann Ihr Unternehmen (das sich mit hoher Wahrscheinlichkeit auf solchen Märkten bewegt) erfolgreich konkurrieren?

»Konkurrieren« bedeutet:
- Täglicher Kampf ums Überleben, d. h. die Notwendigkeit, sich auf Märkten zu behaupten und weiterhin als Anbieter tätig zu bleiben.
- Längerfristig steht hinter dem Begriff »Konkurrieren« der Zwang zu wachsen, und das kann bei gesättigten Märkten nur auf Kosten anderer Anbieter geschehen!

Aus diesen Gründen sollten Sie sich Klarheit verschaffen, wie konkret sich die Wettbewerbsbedingungen in der Branche, in der Sie tätig sind bzw. sein wollen, gestalten. Gehen Sie davon aus, dass in den meisten Fällen Wettbewerb herrscht, der über das Überleben Ihres Unternehmens entscheidet. Richten Sie Ihre Marketingaktivitäten entsprechend aus und beobachten Sie kontinuierlich die entsprechenden Marketingaktivitäten Ihrer Konkurrenten.

1.4 Aufgaben und Besonderheiten des Marketings

Die Aufgaben des Marketings können durch folgende Formulierung zusammengefasst werden: Es geht um die systematische Analyse der Marktgegebenheiten, die Ableitung realistischer Zielsetzungen sowie die Vorbereitung, Durchführung und Sicherung eines Gewinn bringenden Umsatzes und eine abschließende Erfolgskontrolle.

Was mit »Vorbereitung« und »Durchführung« eines Gewinn bringenden Umsatzes gemeint ist, dürfte Ihnen weitgehend klar sein. Aber was bedeutet in diesem Zusammenhang »Sicherung eines Gewinn bringenden Umsatzes«?

Ihr Unternehmen ist nicht allein mit seinen Leistungen auf dem Markt. Sie haben es mit Wettbewerbern zu tun, die Ihnen Ihren Umsatz nicht nur streitig machen möchten, sondern dies auch tun bzw. zukünftig tun werden. Daher ist der Sicherungsaspekt des Marketings nicht zu unterschätzen. So gesehen sollten Sie Marketing als einen besonderen Ausdruck für Verkaufen verstehen, als eine besonders gut durchdachte und vor allem kundenorientierte Form des Verkaufens.

Um sich einen Überblick über Ihre gegenwärtige Marktsituation zu verschaffen, beantworten Sie bitte zunächst die Fragen der folgenden Checkliste.

Checkliste: Welche Marktsituation finde ich vor?

Fragestellung	ja	nein
Ist die Marktstellung unseres Unternehmens derzeit zufriedenstellend?		
Werden wir im kommenden Geschäftsjahr über eine gleich gute Marktstellung verfügen?		
Lässt sich unsere Marktstellung, die wir voraussichtlich in zwei Jahren einnehmen werden, schon heute annähernd einschätzen?		
Gibt es bisher nicht genutzte Nachfragepotenziale auf Märkten, die schon heute durch unser Unternehmen bedient werden könnten?		
Können wir die Nachfrage nach unseren Produkten und/oder Dienstleistungen ausweiten?		
Haben wir Maßnahmen geplant, um unsere Ziele auch zukünftig zu sichern?		
Gibt es neben den bestehenden Märkten weitere Märkte, auf denen wir agieren könnten?		
Lohnt es sich, auf diesen Märkten aktiv zu werden?		
Gibt es unergiebige bzw. unsichere Märkte, auf denen wir heute (noch) agieren?		

Fragestellung	ja	nein
Haben wir Maßnahmen geplant, uns von diesen wirtschaftlich nicht rentablen Märkten zurückzuziehen?		
Gibt es Maßnahmen, um diesen Rückzug auszugleichen?		

Tipp: Marketing als Handlungsgrundsatz

Machen Sie den Marketinggedanken zum Handlungsgrundsatz des Managements Ihres Unternehmens. Erfolgreiches Marketing erfordert eine marktorientierte Unternehmensführung. Diese wiederum erfordert die Nutzung lohnender Absatzchancen durch ganz gezielte Aktionen.

Verstehen Sie das Marketing als eine **absatzbetonte Unternehmenspolitik**, die sich unter Berücksichtigung der konkreten Situation Ihres Unternehmens (Stärken und Schwächen) an den Marktbedingungen (Chancen und Risiken) orientiert und das Ziel hat, lohnende Absatzchancen so gut wie nur möglich zur Gewinnerwirtschaftung zu nutzen.

1.5 Wieso ist Marketing für kleine und mittelständische Unternehmen wichtig?

Beispiel: Die Marketingabteilung

Herr Schulze ist skeptisch: Große Unternehmen haben ganze Abteilungen und Bereiche, die für das Marketing zuständig sind. Aber sein mittelständisches Unternehmen? Sollte er sich nicht besser auf die Produktion konzentrieren?

Ja, im ersten Moment könnte dies richtig erscheinen, denn durch Marketing allein entsteht kein Umsatz. Aber mit einem kundenorientierten Marketing als absatzbetonte Unternehmenspolitik können sicherlich mehr Umsätze generiert werden als ohne, und die Produktion produziert nur das, was auf dem Markt abgesetzt werden kann.

Marketing ist keine Frage der Unternehmensgröße, im Gegenteil: Kleinere Unternehmen sollten sich nicht ihre Vorteile (beispielsweise die flexiblere Fertigung) dadurch aus der Hand nehmen lassen, dass sie darauf verzichten, die für sie infrage kommenden Märkte entsprechend zu beobachten und zu bearbeiten. Die Wahl der Mittel wird dabei freilich eine andere sein als beim Großkonzern, aber das grundsätzliche Herangehen ist das gleiche.

Noch etwas darf nicht unerwähnt bleiben: Kleinere Unternehmen haben aufgrund ihrer dünneren Kapitaldecke und ihrer eingeschränkten Möglichkeiten, sich Kapital zu beschaffen, verminderte Chancen, Durststrecken beim Absatz zu überstehen. In den wenigsten Fällen sind es die kleinen Unternehmen, die die Bedingungen auf dem Markt bestimmen. Sie sind gezwungen, sich den äußeren Bedingungen schnell und flexibel anzupassen. Aufgrund ihrer Größe sind sie zumeist auch besonders gut dazu in der Lage. Demzufolge ist es gerade für sie besonders wichtig, durch Ausrichtung des gesamten Unternehmens, der gesamten Unternehmenspolitik auf den Markt, Umsatz und Gewinn zu sichern.

1.6 Welche Rolle spielt das Internet für das Marketing?

Beispiel: Der Online-Shop

Für eine Teambesprechung der Radler OHG steht das Thema Internet auf der Agenda. Herr Müller berichtet, dass er beim Surfen im Internet auf den Online-Shop der Turbo Bike GmbH & Co. KG gestoßen sei. Dieser sähe wirklich sehr professionell aus und biete umfangreiches Informations- und Anschauungsmaterial zu den einzelnen Fahrrädern an. Außerdem könnten sich die Kunden einen Newsletter abonnieren, in dem sie auf aktuelle Preisaktionen hingewiesen werden. Einfach toll. Darauf erwidert Herr Meier: »Das ist viel zu teuer für uns – das können wir uns als kleine Firma nicht leisten!«

Liegt Herr Meier mit seiner Antwort richtig? Ja und nein! Mittlerweile hat sich das Internet stark ausgebreitet und die weltweite Vernetzung der Menschen schreitet täglich voran. An dieser Stelle seien zunächst erst einige Veränderungen angedeutet, die sich für Unternehmen im Allgemeinen und das Marketing im Speziellen ergeben:

- Dabei sein ist alles – jedoch nicht um jeden Preis!
- Kunden sind vorinformiert – heute mehr denn je!
- Viele Ihrer Konkurrenten sind bereits online – besser, aber auch schlechter als Sie denken!
- Ihre Konkurrenten sind nur einen Mausklick weit entfernt – das wissen auch Ihre Kunden!
- Kunden treffen Freunde und Bekannte bei Facebook und tauschen sich über ihre Konsumerfahrungen aus auch über die Erfahrungen mit Ihren Produkten und Dienstleistungen!
- Webseiten sind bezahlbar – müssen aber gut, d. h. benutzer- bzw. kundenorientiert, gestaltet sein!
- ...

In den einzelnen Kapiteln dieses Crashkurses werden wir jeweils noch gezielt auf die zentralen Herausforderungen eingehen, die sich durch das Internet für die marktorientierte Unternehmensführung und die sich dadurch ergebenden Aufgabenstellungen ergeben. Zudem finden Sie in Kapitel 7 »Online-Marketing« einen kurzen Überblick über aktuelle Trends und Entwicklungen.

2 Was will ich mit Marketing erreichen?

In der heutigen Zeit sehen sich viele Unternehmen einem enormen Wettbewerbsdruck ausgesetzt. Daher stellen sich Führungskräfte immer wieder die Frage: Wie kann ich mich erfolgreich gegenüber meinen Wettbewerbern behaupten? Eine einfache Pauschalantwort auf diese Frage gibt es leider nicht. Dafür sind Unternehmen zu unterschiedlich (Branche, Sparte, Produkte/Dienstleistungen, Größe, Potenzial usw.).

Komparative Konkurrenzvorteile (KKV)
Vor diesem Hintergrund stellen die sogenannten »komparativen Konkurrenzvorteile« (KKV; komparativ = auf Vergleich beruhend, durch Vergleich entstanden) ein wichtiges Erfolgskonzept dar. Für Ihre Kunden bedeutet dies, dass sie bei Ihrem Unternehmen Vorteile haben, die sie bei anderen Unternehmen nicht finden. Genau dann werden Sie in der Lage sein, zur beiderseitigen Zufriedenheit Bedürfnisse zu befriedigen, Wünsche zu erfüllen und Probleme zu lösen.

Natürlich müssen diese überlegenen Leistungen vom Kunden auch als solche wahrgenommen werden und sie müssen möglichst dauerhaft sein, d.h. sie dürfen nicht so beschaffen sein, dass sie von Wettbewerbern schnell nachgeahmt werden können.

Die Möglichkeiten, KKV zu erzeugen, sind vielfältig und ändern sich von Unternehmen zu Unternehmen, von Branche zu Branche und von Produkt zu Produkt. Prüfen Sie für Ihr Unternehmen die Punkte der folgenden Checkliste.

Checkliste: Wie erzeuge ich komparative Konkurrenzvorteile?

Fragestellung	Bemerkungen
Welche besonderen technischen Leistungen bieten unsere Kernprodukte?	
Welche, über das übliche Maß hinausgehenden, Anwendungsmöglichkeiten bieten unsere Kernprodukte?	
In welchen Bereichen bieten wir mehr Service? • Zuverlässigkeit? • Schnelligkeit? • Erreichbarkeit? • Flexibilität? • …	
Wo können wir auf besondere Kundennähe bauen?	
Welche exklusiven Vertriebskanäle nutzen wir?	

Fragestellung	Bemerkungen
In welchen Bereichen haben wir Vorteile in der Lieferpolitik? • Zuverlässigkeit? • Schnelligkeit? • Pünktlichkeit? • Effizienz? • ...	
Sind uns unsere Kunden in einer bestimmten Art und Weise emotional verbunden?	
Erkennen unsere Kunden, dass wir für sie ein besonderes Unternehmen sind, das ihnen ganz spezielle Produkte und/oder Dienstleistungen anbietet bzw. anbieten kann?	

> **Tipp: Suchen Sie gezielt nach Konkurrenzvorteilen**
>
> Suchen Sie gezielt nach KKV, die Sie anbieten könnten. Beginnen Sie damit am besten noch heute.

2.1 Optimale Problemlösungen für den Kunden

Problemlösungen bieten Wettbewerbsvorteile

Gehen Sie einfach einmal davon aus, dass Ihre (potenziellen) Kunden mit hoher Wahrscheinlichkeit vor nicht gelösten Problemen, vor nicht erfüllten Wünschen, vor nicht befriedigten Bedürfnissen stehen. Wenn das so ist, dann sind Sie gut beraten, sich als ein konstruktiver Problemlöser, als ein einfallsreicher Wünsche-Erfüller zu sehen und dies Ihren Kunden zu zeigen. Gehen Sie von folgendem Gedanken aus: Wer die vergleichsweise beste Lösung anbietet, hat auch die größten Chancen im Wettbewerb. Verstehen Sie Marketing daher als die Strategie einer optimalen, d. h. einer kundengerechten Problemlösung, einer kundenindividuellen Wunscherfüllung und Bedürfnisbefriedigung.

Zur Umsetzung dieser Marketingforderung gehen Sie am besten sehr systematisch vor, Schritt für Schritt.

Anleitung: Strategie der optimalen Problemlösung

Schritt 1: Stellen Sie durch regelmäßige Marktanalysen fest,
- welche Probleme, Wünsche bzw. Bedürfnisse Ihre (potenziellen) Kunden haben. Dabei sind diejenigen Probleme, Wünsche bzw. Bedürfnisse von besonderer Bedeutung, die auch zu einer konkreten Nachfrage führen bzw. führen könnten. Welche Probleme, Wünsche bzw. Bedürfnisse liegen für Sie noch im Verborgenen und müssen von Ihnen erst noch aufgespürt werden? Sie vermuten es wahrscheinlich schon: Dieser Ansatz erfordert eine große Kundennähe;

- welche Angebote zur Lösung dieser Probleme, zur Erfüllung dieser Wünsche bzw. zur Befriedigung der Kundenbedürfnisse bereits auf dem Markt vorliegen;
- welche Produkte und Dienstleistungen von den potenziellen Käufern wahrgenommen und wie diese von ihnen beurteilt werden.

Sollten keine Angebote vorliegen oder diese von den Kunden negativ beurteilt werden, dann sollten Sie die entsprechende Problemlösung erarbeiten, die aber eine Bedingung erfüllen muss: Sie muss einen erkennbaren Vorteil für den Kunden beinhalten. Daher ist es empfehlenswert, die Kunden so früh wie möglich in diesen Entwicklungsprozess einzubeziehen.

Schritt 2: Treffen Sie Entscheidungen auf Grundlage der gewonnenen Informationen in folgender Hinsicht:
- kontinuierliche Verbesserung der vorhandenen Produkte bzw. Dienstleistungen;
- Entwicklung völlig neuer Produkte bzw. Dienstleistungen mit einem deutlichen Mehrwert für Ihre Kunden;
- zielgruppengerechte Gestaltung aller damit verbundenen Bereiche des Marketingmix (vgl. dazu Kapitel 5).

Schritt 3: Geben Sie die erarbeitete Problemlösung, Wunscherfüllung bzw. Bedürfnisbefriedigung der Zielgruppe, also dem Markt, bekannt. Die von Ihnen erarbeiteten Lösungen müssen vom Markt als geeignete Lösungen erkannt und akzeptiert werden. Das funktioniert nur, wenn Sie mithilfe einer aktiven Kommunikationspolitik Ihre Lösung, die ja einen besonderen Nutzen für den Kunden bieten soll, diesem auch bekannt geben.

2.2 Schritte zum erfolgreichen Marketing

Gutes, erfolgreiches Marketing setzt systematisches Handeln voraus. Das bedeutet, dass alle Prozesse im Unternehmen zielgerichtet und planvoll umgesetzt werden müssen. Jeder Unternehmer bzw. Manager nimmt für sich normalerweise in Anspruch, diese Anforderung zu erfüllen. Ob das aber tatsächlich so ist, können Sie anhand der folgenden Ausführungen überprüfen.

Haben Sie eine Marketingkonzeption?
Marketingkonzeptionen beinhalten Grundsatzentscheidungen für das absatzmarktpolitische Vorgehen eines Unternehmens, also
- die entsprechenden Marketingziele,
- die langfristig ausgerichteten Strategien und
- die dafür notwendigen Maßnahmen sowie
- ein geeignetes Kontrollinstrumentarium.

Ist Ihr Managementsystem in sich abgestimmt?
Beachten Sie, dass alle Systeme dieser Art in Phasen ablaufen:
- **Analyse der Situation:** Welche Marktsituation ist für Sie zutreffend?
- **Festlegung von Zielen:** Was möchten Sie erreichen? Wer sind Ihre Zielgruppen?
- **Planung von Maßnahmen:** Welche strategischen und operativen Marketingentscheidungen sind zu treffen?
- **Um- und Durchsetzung der geplanten Maßnahmen:** Wie erfolgt die Umsetzung der geplanten Marketingmaßnahmen?
- **Kontrolle der erreichten Ergebnisse und Analyse der Abweichungen:** Wie genau lassen sich Zielabweichungen erfassen und ihren jeweiligen Ursachen zuordnen?

Beispiel: Der neue Copy-Shop

Sie betreiben einen Copy-Shop in einer Universitätsstadt. Der Markt ist dadurch gekennzeichnet, dass der Wettbewerb zwischen den einzelnen Anbietern vor allem über den Preis geführt wird, ein Wettbewerb, der letztlich ruinös ist.

Als lukrative Kunden haben Sie die Studierenden identifiziert und daher als Ihre Kernzielgruppe definiert. Sie wollen zukünftig Ihren Marktanteil steigern. Bei der Analyse der aktuellen Marktsituation stellen Sie fest, dass der Löwenanteil innerhalb aller Kopieraufträge in der Vervielfältigung von Vorlesungsmanuskripten besteht.

Sie planen, die Manuskripte direkt in der Universität einzusammeln und den Studierenden bereits fertig zusammengestellte Kopien anzubieten.

Dazu setzen Sie sich mit den einzelnen Fakultäten in Verbindung, sichern sich die Übergabe der aktuellen Kopiervorlagen und organisieren ein bequemes Bestellsystem. Dieses System machen Sie zu Beginn jedes Semesters bei den Studierenden bekannt.

Nach jedem Semester kontrollieren Sie den Erfolg Ihres Systems. Aufgrund der großen Mengen an Kopien haben Sie sich eine Grundauslastung Ihrer Kopiergeräte gesichert und können deshalb auch im Preiswettbewerb gut bestehen.

2.2.1 Wie Sie Ihr Unternehmen profilieren

Schaffen Sie sich Chancen, indem Sie auf den Märkten, die Sie bearbeiten wollen, Vorzüge (Präferenzen) für Ihr Unternehmen aufbauen. Profilieren Sie Ihr Unternehmen! Bauen Sie sich bei Ihren Kunden ein eigenes Image auf, das sich ganz deutlich und vorteilhaft von demjenigen Ihrer Wettbewerber unterscheidet.

Beispiel: Markenimage

Im VW-Konzern wurden die einzelnen Marken mit einem unterschiedlichen Image versehen. SEAT soll vor allem junge, sportlich orientierte Käufer ansprechen, Audi eher die gehobenen Ansprüche befriedigen und Škoda preisbewusste Käufer zum Kauf animieren.

Achten Sie darauf, dass Sie dieses Image für Ihr Unternehmen insgesamt, für die einzelnen Produkte bzw. Dienstleistungen, die Sie anbieten, sowie für die Verkaufsorganisation gezielt entwickeln. Gehen Sie dabei wieder schrittweise vor:

Anleitung: So entwickeln und messen Sie das Image Ihres Unternehmens
Schritt 1: Legen Sie fest, welches Image Sie aufbauen wollen!

Die Frage, die sich dabei stellt, lautet: Anhand welcher Kriterien soll eine solche Festlegung erfolgen? Diese Kriterien müssen Sie selbst entsprechend der konkreten Situation Ihres Unternehmens definieren! Ein wichtiger Ansatzpunkt ist dabei die Suche nach Differenzierungsmöglichkeiten gegenüber Konkurrenten. Fragen Sie sich: Was ist es, was Ihr Unternehmen »unverwechselbar«, »einzigartig« macht? Finden Sie heraus, was Ihr Unternehmen von Ihren Wettbewerbern unterscheidet und was für Ihre Zielgruppen attraktiv ist!
- Ist es der Preis?
- Ist es eine besondere Leistung?
- Ist es die Qualität oder ein besonderer Service?
- Oder sind es spezielle Zusatzleistungen, die Sie anbieten?

Sie sehen, Differenzierungskriterien gibt es viele. Sie müssen sie lediglich festlegen, konsequent umsetzen und dafür Sorge tragen, dass Ihre Zielgruppen diese auch genauso wahrnehmen.

Schritt 2: Setzen Sie das geplante Image auf dem Markt durch!

Dies ist eine kommunikative Aufgabe. Sie müssen das geplante Image durch Tatsachen untermauern und Ihren Kunden vermitteln. Lesen Sie dazu das Kapitel 5.4 »Die Kommunikationspolitik«.

Schritt 3: Behalten Sie Ihr Image kontinuierlich im Auge und führen Sie immer wieder eine Imagemessung durch!

Das Bild, das Sie von Ihrem Unternehmen haben bzw. welches Ihre Zielgruppe von Ihrem Unternehmen haben sollte, stimmt leider nicht immer mit der tatsächlichen Wahrnehmung der Zielgruppe überein. Führen Sie daher regelmäßig Imagemessungen durch und überprüfen Sie Ihr aktuelles Image im Markt. Am besten jährlich!

2.2.2 Den Markt dynamisch bearbeiten

Sie wollen Ihre potenziellen Kunden erreichen? Sie wollen, dass sie Ihnen die angebotenen Leistungen abnehmen? Dann müssen Sie Ihren Markt aktiv bearbeiten. Das heißt, Sie müssen **gezielt auf Ihre potenziellen Kunden einwirken**.

Welche Herausforderungen ergeben sich hierbei für Sie?
1. Ergreifen Sie die Initiative und wenden Sie sich an Ihre Zielgruppen. Um das zu können, müssen Sie den Kunden in den Mittelpunkt Ihrer Betrachtung stellen.
2. Betreiben Sie eine regelmäßige und sinnvolle Kundenpflege, indem Sie beispielsweise
   - Ihr Unternehmen auf die Kunden ausrichten,
   - Ihre Zusammenarbeit mit den Kunden ausbauen,
   - stetig die Zufriedenheit Ihrer Kunden messen,
   - genaue Kenntnisse über Ihre Kunden und deren Anforderungen haben,
   - auf Reklamationen umgehend und angemessen reagieren,
   - die Anzahl der Kundenkontakte erhöhen,
   - Ihren Service ständig ausbauen und erweitern usw.
3. Vermeiden Sie die üblichen Floskeln im Kundengespräch, wie zum Beispiel:
   - »Sie müssen morgen noch einmal kommen.«
   - »Rufen Sie zurück!« oder: »Wir werden zurückrufen.«
   - »Weiß ich auch nicht!«
   - »Damit können wir leider nicht dienen.«

So werden sich Kunden bei Ihnen nicht gut aufgehoben fühlen!
1. Gewährleisten Sie, dass Ihre Kunden einen leichten Zugang zu Ihnen haben. Legen Sie den/die Standort/e Ihrer Verkaufsorgane möglichst in die Nähe der Käufer. Auch der Verkauf auf elektronischem Wege über das (mobile) Internet kann die Anforderung der Kundennähe erfüllen.
2. Überprüfen Sie, wie Sie die Leistungen, die Sie anbieten, dem Kunden nahebringen können. Nutzen Sie zum Beispiel Leistungspräsentationen, Musterlager, Wanderausstellungen oder Ihren Werksverkauf.
3. Optimieren und straffen Sie Ihre Verkaufsorganisation. Vergessen Sie nicht: Nur eine effiziente Verkaufsorganisation kann eine aktive und systematische Kundenbearbeitung und -pflege sicherstellen. In diesem Zusammenhang sollten Sie beachten, dass Sie immer »besser« als Ihre Wettbewerber sein müssen.
4. Entdecken Sie neue Wege für die Marktbearbeitung. Dies kann sich als erforderlich erweisen,
   - um auf veränderte Kundenwünsche reagieren zu können,
   - um einen möglichen Absatzvorsprung, den Sie sich erarbeitet haben, gegenüber Wettbewerbern auch in der Zukunft zu sichern,
   - um Ihre Vertriebskosten durch den Einsatz effizienter und wirtschaftlicher Vertriebsmethoden im Griff zu behalten,
   - um sich zusätzliche Absatzmöglichkeiten zu erschließen,
   - um junge Zielgruppen über neue Kommunikationskanäle (z. B. Social-Media-Portale) zu erreichen.

Zu den **Marktaktivitäten** gehören unter anderem die Nutzung der verschiedensten elektronischen Verkaufshelfer (PC- und bildschirmgestützt), die Eröffnung neuer Vertriebskanäle (z. B. Direktversand, elektronische Verkaufskanäle, Electronic Commerce, Mobile Commerce), die Nutzung von Kundenkarten usw.

2.3 Nachfrage befriedigen ist gut, Nachfrage produzieren ist besser

Sie erleben es möglicherweise selbst: Auf den meisten Märkten ist ein Angebotsüberhang zu beobachten. Das Angebot ist größer als die Nachfrage, der Markt ist gesättigt. Sollte das augenblicklich noch nicht der Fall sein, dann gehen Sie dennoch davon aus, dass auch Märkte, auf denen Sie agieren, früher oder später solche Sättigungserscheinungen aufweisen werden. Begegnen Sie dieser Situation schon heute mit einer **dynamischen Verkaufspolitik**.

Absatzpolitische Strategien

Ihr Ziel ist, das erreichte Absatz- bzw. Auftragsvolumen mindestens zu erhalten, besser noch: zu erweitern. Dabei müssen Sie über die absatzpolitischen Strategien, die Sie verfolgen wollen, entscheiden.

- **Konkurrenzverdrängung:** Dabei wird versucht, die vorhandene Nachfrage bzw. den Absatz auf Kosten der Konkurrenz an das eigene Unternehmen zu binden.
- **Nachfrageweckung:** Mit diesem Strategieansatz wird auf die Schaffung zusätzlicher Nachfrage hingearbeitet. Das heißt, den eigenen Absatz zu steigern, ohne die Wettbewerber (wesentlich) zu beeinträchtigen.

Sie sehen, Marketing ist eher darauf gerichtet, zusätzlichen als vorhandenen Bedarf zu decken. Versuchen Sie also, neue Nachfrage zu schaffen. Dabei stehen unter anderem folgende Wege zur Verfügung:

Nachfrage schaffen

Erforschen Sie, wo es neuen Bedarf für Ihre Leistungen gibt. Erschließen Sie sich diesen Bereich! Gibt es beispielsweise interessante Kundengruppen, die noch gar nicht von Ihren Produkten und Dienstleistungen gehört haben?

> **Beispiel: Linientaxi**
>
> In den späten Abendstunden lohnt es sich für Nahverkehrsbetriebe oft nicht mehr, große Busse einzusetzen. Taxiunternehmen haben sich diesen Markt erschlossen, indem sie auf vertraglicher Basis fahrplanmäßige Fahrten durchführen und damit die Verkehrsbetriebe und die Umwelt entlasten.

Marktlücken entdecken

Suchen Sie nach Marktlücken! Marktlücken verkörpern einen Teil des Gesamtmarktes, der nicht bedient wird. Sie bestehen aus potenziellen Kunden mit grundsätzlichem Interesse an hilfreichen Produkten und Dienstleistungen, die momentan aber von keinem Unternehmen angeboten werden.

> **Beispiel: Senioren**
> Die Gruppe der Senioren ist sehr heterogen, beinhaltet aber einen interessanten Kundenanteil, der durch hohe Freizeitansprüche gekennzeichnet ist und zudem über eine finanzkräftige Nachfrage verfügt. Diese Marktgegebenheiten haben Unternehmen lange Zeit in ihren Marketingkonzeptionen vernachlässigt.

Weitere Beispiele finden Sie im Fotobereich für Hobbyfotografen, bei Markenprodukten für Kinder, bei umweltfreundlichen Konsumgütern für Singles usw. In diesem Zusammenhang ist es besonders interessant, dass sich Schallplatten wieder einer zunehmenden Beliebtheit erfreuen. Beobachten Sie daher aufmerksam auch Marktentwicklungen in anderen Märkten. Vielleicht ergeben sich dadurch attraktive Ideen und Marketingbeispiele für Ihren eigenen Geschäftsbereich. Dabei kann Ihnen das Internet sehr hilfreich sein. Branchen- und Verbandsportale sowie Newsletter und RSS-Feeds bieten ein nahezu unbegrenztes Informationspotenzial, das Sie kontinuierlich sichten und auswerten sollten.

3 Wie unterscheiden sich Märkte?

Märkte weisen häufig sehr unterschiedliche Strukturen auf. Deshalb sind Sie gut beraten, wenn Sie sich kontinuierlich Informationen über die Märkte, auf denen Sie tätig sind, beschaffen. Eine gute Marktkenntnis bildet die Grundvoraussetzung für den Erfolg Ihres Unternehmens. Wir wollen Sie auf zwei Wegen an diese Thematik heranführen, und zwar über die Begriffe
- Marktforschung und
- Marketingsituation.

Methoden zur Informationsgewinnung
Lassen Sie sich von diesen Begriffen nicht abschrecken. Jedermann ist in der Lage – zumindest in einem gewissen Umfang –, den Markt, auf dem er sich bewegt, zu erforschen. In diesem Abschnitt finden Sie einige wesentliche Zusammenhänge, die Ihnen dabei behilflich sein werden, auf diesen Gebieten selbstständig die Grundlagen für Ihren eigenen Erfolg zu erarbeiten.
- **Marktforschung:** Marktforschung, das sind Methoden und Möglichkeiten, die Sie nutzen können, um gezielt und systematisch Informationen über Märkte zu beschaffen. Sie stellt damit ein ganz wesentliches Handwerkszeug des Marketings dar.
- **Marketingsituation:** Die Marketingsituation ist ein gedankliches Bezugssystem, das die Berücksichtigung sowie Verarbeitung aller Informationen, die Sie mithilfe der Methoden der Marktforschung über die Märkte erhalten haben, sicherstellt. Hier geht es um die konkrete Analyse und die daraus resultierende Umsetzung von Maßnahmen.

3.1 So erforschen Sie den Markt

Marktforschung betrifft grundsätzlich sowohl die Beschaffungs- als auch die Absatzmärkte. Im Folgenden konzentrieren wir uns jedoch ausschließlich auf die Absatzmärkte von Unternehmen.

Wozu Informationen?
Informationen aus Ihrem Markt brauchen Sie letztlich, um darin dauerhaft bestehen zu können und Ihre Produkte und Dienstleistungen abzusetzen. Informationen sichern das tägliche Überleben im Konkurrenzkampf um die Kunden. Konkret müssen Sie
- die Struktur Ihrer Märkte kennen,
- Ihre eigene Marktposition bestimmen,

- Ihre eigenen Absatzchancen auf den von Ihnen ausgewählten Märkten klären und
- die Eignung Ihres eigenen Marketingkonzepts überprüfen.

Nur wenn Sie möglichst genau wissen, wie Ihre Position auf Ihrem ureigenen Markt ist, können Sie erfolgreich agieren.

Wo finden Sie die Informationen?

Die meisten Informationen, die Sie benötigen, sind bereits vorhanden und innerhalb und außerhalb Ihres Unternehmens zu finden, also in **Sekundärquellen**. Gemeint sind damit Marktdaten, die vorher für andere Zwecke erhoben und verarbeitet wurden und in den verschiedensten Sekundärquellen zu finden sind. Der Aufwand, sie zu nutzen, ist relativ gering. Als wichtige Sekundärdaten bzw. -quellen gelten

- Zahlen aus Ihrem eigenen internen und externen Rechnungswesen,
- amtliche Veröffentlichungen z. B. des Statistischen Bundesamtes (www.destatis.de),
- Veröffentlichungen von Branchen- und Wirtschaftszeitungen (z. B. www.lebensmittelzeitung.net),
- Verbandsnachrichten (z. B. vom Verein Deutscher Ingenieure www.vdi.de),
- Informationen aus Tageszeitungen (z. B. www.faz.net), Wirtschaftsmagazinen (z. B. www.manager-magazin.de) und Fachzeitschriften (z. B. www.absatzwirtschaft.de),
- Angaben aus Preislisten und Katalogen der Wettbewerber,
- Informationsangebote von Forschungseinrichtungen (z. B. Universitäten und Fachhochschulen),
- Informationsmaterial des Deutschen Patent- und Markenamtes (www.dpma.de),
- Publikationen von Stiftungen (z. B. www.bertelsmann-stiftung.de)

und vieles mehr. Bevor Sie sich detaillierter mit einzelnen Sekundärinformationen beschäftigen, sollten Sie die folgenden Fragestellungen beantworten:

- Wie genau passen die Informationen zu meiner Fragestellung?
- Sind die Ergebnisse repräsentativ für unseren Markt, unsere Branche, unsere Produkte und Dienstleistungen?
- Wie aktuell sind diese?
- Wer hat die Informationen veröffentlicht?
- Welche Kosten sind mit der Beschaffung verbunden?
- Handelt es sich dabei um Print- oder Onlinemedien?

Beispiel: Spanische Knaller

Die Schall & Rauch GmbH bereitet ihren Einstieg in einen neuen Markt (Spanien) vor. Sie hat dafür einen neuen Silvesterknaller mit dem Namen »Octavius« kreiert. Um das Auslandsgeschäft einschätzen zu können, greift die Schall & Rauch GmbH auf die deutsche Exportstatistik (zu finden auf www.statista.com) sowie auf die Importstatistik Spaniens zurück. Bei beiden Statistiken handelt es sich um Sekundärquellen.

Primärinformationen müssen erst noch erhoben werden. Solche Ersterhebungen werden in der Regel durch selbstständige Marktforschungsinstitute durchgeführt. Wenn Sie diese Dienstleistung für sich in Anspruch nehmen wollen, sollten Sie prüfen, ob die dafür erforderlichen finanziellen Mittel auch wirklich wirtschaftlich eingesetzt werden. Außerdem sollten Sie sicherstellen, dass es sich um ein renommiertes Marktforschungsinstitut handelt. Ein wichtiges Qualitätskriterium ist zum Beispiel die Mitgliedschaft im Berufsverband Deutscher Markt- und Sozialforscher e. V. (www.bvm.org).

3.1.1 Welche Wege der Informationserhebung sollten Sie gehen?

- **Marktanalyse:** Marktanalysen sind einmalige Untersuchungen des zu bearbeitenden Marktes. Auch wenn Sie glauben, Ihren Markt zu kennen: Wenn Sie ihn von Zeit zu Zeit unter ausgewählten Gesichtspunkten und Fragen analysieren, werden Sie erstaunt sein, was sich mittlerweile geändert hat. Selbstgefälligkeit kann schnell zu Problemen führen, denn die anderen Marktteilnehmer schlafen nicht. Überdenken Sie deshalb immer wieder neu, nach welchen Aspekten Sie einen Teilmarkt gezielt durchleuchten sollten. Machen Sie die Marktanalyse zu einer regelmäßigen »Hausaufgabe« und nehmen Sie sich dafür ausreichend Zeit.
- **Marktbeobachtung:** Bei der Marktbeobachtung geht es um eine laufende Überwachung eines Teilmarktes. Für kleine und mittelständische Unternehmen ist die professionelle permanente Marktbeobachtung wegen des hohen Aufwands wenig empfehlenswert.
- **Marktprognose:** Die Marktprognose basiert auf Marktanalyse und Marktbeobachtung und versucht, die zukünftige Entwicklung eines Marktes vorherzusagen. Wie werden sich Ihre Märkte in der Zukunft voraussichtlich verändern? Sie selbst werden solche Prognosen sicherlich nicht erstellen. Das heißt aber nicht, dass Sie sich nicht zielgerichtet den Zugang zu Veröffentlichungen über solche Entwicklungen verschaffen können (z. B. www.zeitschrift-zukunftsforschung.de).

3.1.2 Welche Instrumente können Sie für die Marktforschung nutzen?

Die klassischen Instrumente der Marktforschung sind
- die Befragung,
- die Beobachtung und
- Experimente, die meistens eine Art Kombination aus Befragung und Beobachtung darstellen.

Nicht alle diese Instrumente sind für einen mittelständischen Unternehmer gleichermaßen und jederzeit anwendbar. Speziell die Befragung lässt sich aber mit vertretbarem Aufwand durchführen und für Ihre Zwecke nutzen. Deshalb werden wir auf diese Datenerhebungsmethode auf den folgenden Seiten detaillierter eingehen.

Die Befragung als universelles Instrument

Bei der Befragung werden Personen durch gezielte Fragen zu Antworten ermutigt bzw. aufgefordert. Kleine und mittelständische Unternehmen können dieses Instrument in vielen Fällen anwenden. Das gilt insbesondere dann, wenn es sich um eine kleinere Gruppe von Befragten handelt.

Sie können zum Beispiel nach dem Bekanntheitsgrad Ihrer Produkte, nach der Bedeutung des Kundendienstes für Ihre Zielgruppe, nach den Kaufabsichten Ihrer Zielgruppe, nach der Rolle Ihrer Preisforderung bei der Kaufentscheidung usw. fragen.

Die Vorbereitung der Befragung

Eine gründliche und systematische Vorbereitung der Befragung ist dabei zwingend erforderlich. Sie bildet damit die Basis für den Erfolg der Umfrage. In dieser Phase treffen Sie grundlegende Entscheidungen über das Vorgehen, zum Beispiel
- über die zu befragenden Themen,
- über die Art der Befragung (mündlich, schriftlich, telefonisch, online über das (mobile) Internet),
- über die Gestaltung des Fragebogens und vor allem
- zur Ermittlung und Festlegung der zu befragenden Personen.

Offene und geschlossene Fragen

Es gibt zwei Formen der Fragestellung:
- **Offene Fragen** (»Welche Vorschläge haben Sie zu …?«) lassen breiten Raum zur Antwort. Dies kann zwar tiefergehende Informationen über Ihre Kunden und deren Kaufverhalten geben, erschwert aber die Auswertung erheblich.
- **Geschlossene Fragen** (»Kreuzen Sie auf einer Skala von … bis … an«) erleichtern die Auswertung, erfordern aber genaue Formulierungen. Der Arbeitsaufwand verlagert sich hierbei also in die Vorbereitungsphase. Bitte beachten Sie dabei, dass Sie nur diejenigen Aspekte in den geschlossenen Fragen berücksichtigen, die für Ihre Kunden wirklich von Bedeutung sind. Anderseits dürfen Sie auch keine Aspekte vergessen, denn diese könnten während der Befragung von den Teilnehmern nicht angekreuzt werden.

Mithilfe der folgenden Checkliste können Sie in der Vorbereitungsphase Ihrer Befragung prüfen, ob Sie an alle wesentlichen Punkte gedacht haben. Je nach Art (telefonische oder schriftliche Befragung) und Umfang (einige wenige ausgewählte

Stammkunden oder mehrere Tausend Endkunden in einer bestimmten Region) der geplanten Befragung lässt sich diese Checkliste auch verändern.

Checkliste: Wie führe ich eine Befragung durch?

Fragestellung	ja	nein
Ist der zu befragende Personenkreis festgelegt?		
Sind die Themen der Befragung eindeutig festgelegt?		
Sind alle Fragen verständlich formuliert?		
Werden die Teilnehmer durch die Art der Fragestellungen zu einer bestimmten Antwort gedrängt? (Vermeiden Sie sog. Suggestivfragen.)		
Sind die Fragen zu den einzelnen Themenbereichen etwa gleich verteilt? (Vermeiden Sie Mehrfachfragen zum gleichen Thema.)		
Wurde an alle wichtigen Themenkomplexe gedacht?		
Benötigen wir Genehmigungen/Zustimmungen für die Durchführung der Befragung?		
Liegen diese Genehmigungen/Zustimmungen schriftlich vor?		
Sind die befragten Personen in der Lage, den Fragebogen in einer überschaubaren Zeit durchzuarbeiten?		
Sind die zu befragenden Personen über Ziel und Zweck der Befragung informiert?		
Lässt die Rücklaufquote Aussagen zu, die sich verallgemeinern lassen? Ist die Anzahl ausreichend?		
Ist eine attraktive Entlohnung für die Befragungsteilnehmer eingeplant (z. B. als Gewinnspiel)?		
Kann über den gesamten Befragungszeitraum eine ausreichend hohe Datensicherheit gewährleistet werden? (Beachten Sie die Datenschutzbestimmungen!)		
Sind die Auswertemodalitäten geklärt?		

Anleitung: So gestalten Sie den Fragebogen
- Der Aufwand für den Befragten sollte nicht mehr als zehn bis maximal fünfzehn Minuten betragen.
- Stellen Sie zu Beginn einfache und schnell zu beantwortende Fragen, damit die Anfangsscheu überwunden wird.
- Sichern Sie Anonymität und Vertraulichkeit zu!
- Wenn Sie bei geschlossenen Fragen eine Skala mit einer ungeraden Anzahl von Antwortmöglichkeiten anbieten, müssen Sie damit rechnen, dass sich ein Großteil der Befragten für die »goldene Mitte« entscheidet. Eine Alternative bieten Skalen

mit einer geraden Anzahl an Antwortmöglichkeiten. Hierbei müssen sich die Befragten wenigstens tendenziell entscheiden.
- Um die Teilnehmer zusätzlich zu motivieren, können Sie ihnen Ergebnisauszüge nach der Beendigung der gesamten Umfrage anbieten. Viele Kunden sind daran sehr interessiert und zeigen dadurch eine wesentlich höhere Teilnahme- und Auskunftsbereitschaft.
- Es versteht sich von selbst, dass die Personen (Interviewer), die die Befragung durchführen sollen, ordentlich eingewiesen werden.

Vergessen Sie nicht: Das Hauptziel besteht darin, Schlussfolgerungen zu ziehen und das Ganze in einem Abschlussbericht zusammenzufassen. Beim Schreiben dieses Abschlussberichtes sollten Sie sich immer die potenziellen Leser und deren Kenntnisstand vor Augen halten. Handelt es sich zum Beispiel um marktforschungserfahrene Mitarbeiter, können Sie auf die Erklärung von statistischen Grundlagen verzichten. Bei einem weniger erfahrenen Publikum ist dies jedoch empfehlenswert und sehr hilfreich.

Weitere Marktforschungsinstrumente

Beobachtung: Unter der Beobachtung wird die direkte Erfassung von Situationen und Verhaltensweisen verstanden, die nicht auf Fragen und Antworten basieren. Beobachtet werden können unter anderem:
- Eigenschaften und Verhaltensweisen von Personen, z. B. das Kaufverhalten, die Bewegungsrichtungen von Passanten usw.
- Sachen, z. B. die Platzierung von Produkten in Regalen, die Benutzung technischer Geräte usw.
- das Surfverhalten von Website-Besuchern oder das Bestellverhalten von Online-Shop-Kunden.

Wichtig bei der Beobachtung ist, dass
- die Informationen unabhängig von der Auskunftsbereitschaft der Beobachteten erhoben werden und
- die Informationen gesammelt werden können, ohne dass die beobachteten Personen sich dessen bewusst sind. Es gibt allerdings auch Ausnahmefälle, bei denen die Kunden wissen und auch damit einverstanden sind, dass sie beobachtet werden.

Experimente: Mit Experimenten werden in der Marktforschung Ursache-Wirkungs-Zusammenhänge genauer untersucht. Typische Anwendungsbereiche sind:
- Ermittlung der Wirkung einer Preisreduktion auf die Nachfrage,
- Überprüfung der Auswirkungen eines veränderten Designs auf das Interesse der Käufer (z. B. vor einem Facelift in der Automobilindustrie),

- Ermittlung, ob ein neues Produkt den Bedürfnissen von Testpersonen entspricht,
- Test einer neuen Website, bevor diese online geschaltet wird.

Panel: Eine Sonderform des Tests ist das Panel, bei dem ein gleich bleibender und repräsentativer Personenkreis über einen längeren Zeitraum und in bestimmten Zeitabständen über denselben Fragenkomplex befragt wird (z. B. verschiedene Verbraucherpanel der Gesellschaft für Konsumforschung (GfK SE; www.gfk.com)).

3.2 Die Marketingsituation

Die Marketingsituation ist die Gesamtheit aller Informationen, die mit den Märkten, Ihrem Unternehmen sowie dessen Umfeld zu tun haben. Sie gilt es zu analysieren und auf dieser Basis Ziele zu bestimmen und in konkrete Maßnahmen umzusetzen.

Konzentration auf das Wesentliche
Dabei werden Sie mit dem Problem konfrontiert sein, dass die Welt voll von Informationen und der freie Zugang zu ihnen exponentiell gestiegen ist. Sie werden möglicherweise auf so viele Informationen stoßen, dass eine vernünftige Ad-hoc-Aufbereitung nicht mehr zu schaffen ist. Versuchen Sie daher lieber, ein System zu entwickeln, mit dem Sie Informationen auf das Wesentliche konzentrieren und von anderen abgrenzen können. Konzentrieren Sie sich auf die konkrete Marketingsituation:

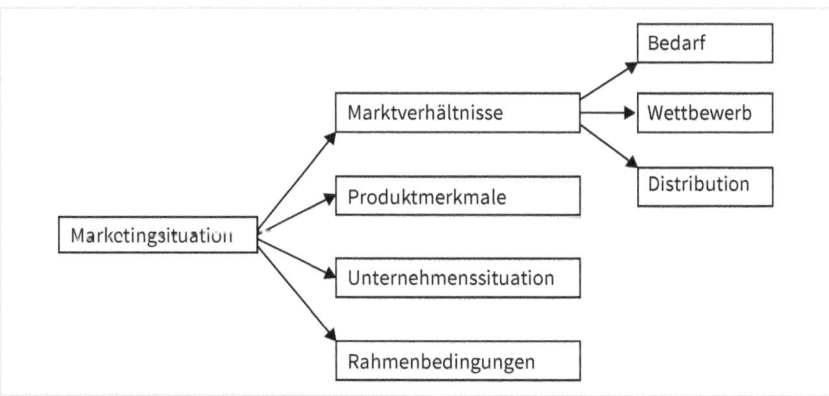

Abb. 1: Bestimmungsfaktoren der Marketingsituation

Die Bestimmung der Marketingsituation kann schrittweise erfolgen.

3.2.1 Schritt 1: Grenzen Sie Ihren Markt ab

Um die Marketingsituation möglichst detailliert zu erfassen, müssen Sie den Markt abgrenzen, auf dem Sie sich bewegen. Diese Abgrenzung ist möglich durch die Bestimmung
- des Kundenkreises,
- des Bedarfes und
- des Absatzgebiets.

Sich über den **Kundenkreis** klar zu werden, ist besonders wichtig:
- Teenager fragen andere Dinge nach als Mittfünfziger.
- Beim Verkauf von Investitionsgütern gelten andere Voraussetzungen als bei Konsumgütern.
- Direkt zu verkaufende Güter erfordern andere Verhaltensweisen als Güter, die an sogenannte Absatzmittler (Groß- und Einzelhändler) verkauft werden.

Bei der Abgrenzung nach dem **Bedarf** geht es um die Frage: Worum handelt es sich bei dem von Ihnen angebotenen Produkten und/oder Leistungen? Kundenkreis und Bedarf sind daher eng miteinander verbunden.

Bezüglich des **Absatzgebiets** müssen Sie sich fragen: In welcher Region befindet sich der Markt bzw. wo befinden sich die Märkte? In einem Bundesland? In mehreren Bundesländern? Über das ganze Land verteilt? Oder auch im Ausland?

3.2.2 Schritt 2: Klären Sie die vorhandenen Marktverhältnisse

Klären Sie die Verhältnisse auf diesem abgegrenzten Markt. Das ist ein wichtiger Schritt, um die Marketingsituation als Ganzes zu analysieren. Bedeutsam ist, wer die Marktteilnehmer sind, die auf dem Markt aufeinandertreffen. Sie verfolgen einerseits unterschiedliche Ziele, andererseits stehen sie in einem gegenseitigen Abhängigkeitsverhältnis. Marktteilnehmer sind:
- die **Verwender:** Das sind diejenigen, die Ihr Produkt oder Ihre Dienstleistung verwenden. Die Verwender bestimmen daher den Bedarf.
- die **Kunden:** Das sind Personen oder Institutionen, die Ihre Produkte und/oder Dienstleistungen käuflich erwerben. Die Kunden konkretisieren durch ihre Nachfrage den Bedarf.
- die **Anbieter** gleicher oder ähnlicher Produkte wie der Ihren. Die Anbieter bestimmen daher den Wettbewerb.
- die **Absatzmittler**, die Ihre Produkte und Dienstleistungen weiter an den Endabnehmer verkaufen. Sie bestimmen die Distribution.

Checkliste: Die Frage nach dem Bedarf

Fragestellung	ja	nein
Unterscheiden Sie nach bereits vorhandenen und potenziellen Kunden. Letztere können zu einer Umsatzsteigerung deutlich besser beitragen. Andererseits dürfen Sie bestehende Kundenbeziehungen nicht vernachlässigen. Verlorene Kunden wieder zu gewinnen ist sehr schwierig und zudem mit hohen Kosten verbunden.		
Zeichnen sich Veränderungen ab?		
Prüfen Sie neben dem Umfang auch die regionale Verteilung des Bedarfs.		
Versuchen Sie, die Meinung der Verbraucher zu den von Ihnen angebotenen Produkten und Leistungen zu erfragen. Haben die Verwender eventuell Erwartungen hinsichtlich neuer Produkte?		
Wie reagieren die Kunden auf Ihre Marketingaktivitäten?		
Können Sie etwas von den Kunden Ihrer Konkurrenten lernen? Haben diese vielleicht einen Bedarf, den Sie mit Ihren Produkten bisher nicht befriedigen können?		

Erweitern Sie gegebenenfalls diese Checkliste mit relevanten Fragen zum Bedarf in Ihrem speziellen Markt und gehen Sie die einzelnen Fragen in regelmäßigen Abständen immer wieder durch.

Wer bestimmt neben den Verwendern noch über den Bedarf?

Es gibt eine ganze Reihe von Personen oder Personengruppen, die die Höhe des Bedarfs beeinflussen. Das kann einerseits dadurch geschehen, dass sie selbst in mehr oder weniger hohem Maße die angebotenen Produkte und Leistungen verwenden, aber auch dadurch, dass sie die Meinung und Einstellung der Verwender beeinflussen. Einige dieser Personen wollen wir Ihnen kurz vorstellen. Denn es geht darum, sie und ihre Markt- und Meinungsmacht zu nutzen, um Leistungen und Produkte abzusetzen, die Sie als Unternehmer anbieten.

- **Meinungsbildner:** Achten Sie besonders auf sogenannte Meinungsbildner. Diese verbrauchen vielleicht nur wenige Ihrer Produkte, beeinflussen aber viele andere Menschen und setzen Trends (z. B. Künstler, Prominente usw.).
- **Bedarfsberater:** Prüfen Sie auch, ob sogenannte Bedarfsberater auf Ihren Märkten eine Rolle spielen. Bedarfsberater kaufen nicht direkt Ihre Produkte, aber sie können sie wegen ihres Fachwissens an Interessenten empfehlen (z. B. Ärzte, Lehrer, Spezialisten usw.). Ist das der Fall, dann sollten Sie nicht vergessen, diese Bedarfsberater mit Informationen über Ihre Leistung zu versehen.
- **Verwender und Intensivverwender:** Prüfen Sie, wer Ihre Produkte abnimmt. Neben den »normalen« Verwendern kann es auch sogenannte »Intensivverwender« geben.

Intensivverwender sind eine Käufergruppe, die für Sie sehr interessant sein kann. Diese Gruppe von Verwendern verbraucht große Mengen, macht aber im Vergleich zu den anderen Verwendern nur einen kleinen Teil der Käufer aus.

> **Beispiel: Reinigungsmittel**
>
> In der Branche der Reinigungsmittel finden wir sowohl Verwender als auch Intensivverwender. Verwender sind die zahlreichen Haushalte, die jeweils in relativ kleinen Mengen Reinigungsmittel kaufen. Intensivverwender sind z. B. Krankenhäuser, Gaststätten, Reinigungsunternehmen usw. Anbieter von Reinigungsmitteln müssen beide Gruppen mit unterschiedlichen Strategien bearbeiten: unterschiedliche Zusammensetzung der Reinigungsmittel, unterschiedliche Verpackungsgrößen, unterschiedliche Preise, unterschiedliche Distributionskanäle, unterschiedliche Werbung usw.

Überprüfen Sie, ob eine solche Differenzierung auf den Märkten, die Sie bearbeiten, sinnvoll ist. Wenn Sie herausfinden, dass auf Ihrem Markt potenzielle Intensivverwender, die nicht zu Ihrer Kundschaft gehören, vorhanden sind, sollten Sie versuchen, diese auf sich aufmerksam zu machen. Intensivverwender, die Sie langfristig an sich binden können, stellen eine sichere Umsatzquelle dar. Außerdem ist der Betreuungsaufwand im Verhältnis zu anderen Kundengruppen relativ gering, was sich wiederum positiv auf Ihre Kostensituation auswirkt.

3.2.3 Schritt 3: Ermitteln Sie den Bedarf

Erinnern Sie sich an die Abbildung zur Marketingsituation? Dann wissen Sie auch, dass der Bedarf eine ganz entscheidende Bezugsgröße für Ihr Marketing ist. Auch wenn es Ihnen schwierig erscheint, ist es unumgänglich, dass Sie eine konkrete Vorstellung über den Bedarf Ihrer Kunden entwickeln.

Markt, Marktpotenzial und Marktanteil
Mit den Instrumenten der Marktforschung haben Sie Informationen über den gesamten Markt gesammelt. Nun kommt es darauf an herauszufinden, wie hoch der konkrete Bedarf für Ihre Produkte und Leistungen ist. Selbstverständlich können Sie das nicht losgelöst vom Gesamtmarkt tun. Nähern Sie sich am besten gleichzeitig von zwei Seiten an diese Problematik an:
- Ermitteln Sie zunächst die aktuellen Marktdaten: Wie sieht es derzeit auf Ihrem Markt aus? Zusätzlich sollten Sie Vergangenheitswerte über Ihren Markt zusammentragen: Wie hat dieser sich in den letzten drei bis fünf Geschäftsjahren entwickelt? Darauf aufbauend können Sie besser abschätzen, wie sich der betrachtete Markt in den nächsten ein bis zwei Jahren vermutlich weiterentwickeln wird.
- Versuchen Sie andererseits festzustellen, wie die Position Ihres Unternehmens heute ist und welchen »Anteil vom Kuchen« Sie künftig abbekommen wollen.

Anleitung: So ermitteln Sie den Bedarf

Gehen Sie systematisch und schrittweise an die Bedarfsermittlung heran:
- Führen Sie eine Bedarfsanalyse durch.
- Untersuchen Sie die Aufnahmefähigkeit Ihrer Märkte.
- Untersuchen Sie das Kaufverhalten und die Käuferwünsche Ihrer Kunden.
- Berücksichtigen Sie auch mögliche Marktveränderungen. Sind Trends (z. B. Bio-Trend) im Kaufverhalten ausgewählter oder gar aller Kundengruppen erkennbar?

1. Führen Sie eine Bedarfsanalyse durch

Klären Sie zunächst die vorhandene Bedarfssituation. Das können Sie gezielt mit einer Checkliste tun, die Sie mit relevanten Fragen zum Bedarf auf Ihren Märkten ausarbeiten können. Ihr Ziel sollte es dabei sein, neue Produkte auf aktuellen Märkten oder sogar ganz neue Märkte, für die ein lohnender Bedarf vorhanden ist, ausfindig zu machen.

Checkliste: Eine Bedarfsanalyse durchführen

Fragestellung	ja	nein
Besteht lohnender Bedarf für meine angebotenen Leistungen?		
Gibt es andere Produkte, für die ein lohnender Bedarf besteht, die wir aber noch nicht anbieten?		
Wie äußert sich dieser Bedarf?		
Wie wird sich die Bedarfsentwicklung in der Zukunft gestalten?		
Wer sind die Verwender, die mein Produkt annehmen können?		
Wer sind die tatsächlichen Käufer?		
Was erwarten die potenziellen Kunden von meinem Angebot?		
Wie sollte die ideale Kombination aus Sach- und Dienstleistung aussehen?		

Untersuchen Sie als Nächstes, wie aufnahmefähig Ihr Markt ist, also welches **Bedarfsvolumen** vorhanden ist. Dafür können Sie folgende Kennziffern zu Hilfe nehmen:

Zahl der Verwender: Wie groß ist die Zahl der Verwender bzw. Intensivverwender, die für Ihre Produkte infrage kommen? Werten Sie Statistische Jahrbücher, Branchenbücher usw. aus.

Bedarfsgröße: Finden Sie anschließend heraus, wie hoch die Bedarfsgröße pro Käufer ist. Bei Konsumgütern und für einen Teil der Dienstleistungen liegen die jeweiligen Pro-Kopf-Verbräuche in den Statistischen Jahrbüchern und anderen Sekundärquellen vor (siehe dazu erneut www.destatis.de). Bei Investitionsgütern könnte es notwendig sein, direkt bei Ihren Zielgruppen Erhebungen anzustellen.

Ersatzbedarf: Berücksichtigen Sie, ob der Ersatzbedarf eine relevante Rolle spielt. Der Ersatzbedarf bezieht sich auf Güter, die neu angeschafft werden müssen. Das kann zum Beispiel den Ersatz von abgeschriebenen Betriebsmitteln oder auch den Ersatz einer veralteten Waschmaschine oder eines Kühlschranks betreffen. Die Entscheidung zum Kauf eines neuen Küchengerätes hängt unter anderem von der technischen, wirtschaftlichen oder modischen Lebensdauer des jeweiligen Produktes ab.

2. Ermitteln Sie die Aufnahmefähigkeit des Marktes

Die Aufnahmefähigkeit eines Marktes lässt sich anhand aussagekräftiger Marketingkennzahlen ermitteln, die wir kurz erörtern:

Absatzvolumen: Absatzvolumen bezeichnet den von Ihrem Unternehmen getätigten Absatz (mengenmäßig) oder Umsatz (Menge × Preis) auf einem bestimmten Markt in einem bestimmten Zeitraum.

> **Beispiel: Absatzvolumen**
> Die Radler OHG verkauft im Jahr 5.000 Stück des Stadtfahrades »Easy Rider« zu einem Preis von 1.500 Euro pro Stück = 7.500.000 Euro pro Jahr (Umsatz).

Marktvolumen: Das ist der realisierte bzw. prognostizierte Absatz bzw. Umsatz der gesamten Branche, in der Sie tätig sind.

> **Beispiel: Marktvolumen**
> Neben dem »Easy Rider« werden durch andere Unternehmen ähnliche Stadtfahrräder im Umfang von 23.500 Stück verkauft. Das Gesamtmarktvolumen beträgt daher = 28.500 Stück Stadtfahrräder.

Marktpotenzial: Das ist das erreichte Marktvolumen plus einer geschätzten Aufnahmefähigkeit des betreffenden Marktes. Im obigen Fall könnte man beispielsweise sagen, dass noch 10 Prozent mehr (= 2.850 Stadtfahrräder), also insgesamt 31.350 Stadtfahrräder verkauft werden könnten.

Absatzpotenzial: Das ist der Anteil am Marktpotenzial, das Ihr Unternehmen zu erreichen anstrebt.

Marktwachstum: Diese Kennziffer zeigt die Entwicklung des Marktvolumens in einem bestimmten Zeitraum an. Ein Marktwachstum von 5 Prozent für Stadtfahrräder würde z. B. bedeuten, dass sich bei einem Marktvolumen von 100.000 Stück der Markt in Richtung 105.000 Stück bewegen wird. Marktwachstum und Marktpotenzial hängen eng zusammen.

Marktanteil: Der Marktanteil zeigt das Verhältnis Ihres Absatz- bzw. Umsatzvolumens am gesamten Marktvolumen bzw. am gesamten Umsatz der Branche. Der Marktanteil ermittelt sich wie folgt:

$$Marktanteil = \frac{Absatzvolumen}{Marktvolumen} \times 100$$

Beispiel: Marktanteil

Bei einem Absatzvolumen des Mountainbikes von 15.000 Stück und einem Marktvolumen von 100.000 Stück in der Branche erreicht die Radler OHG einen Marktanteil von 15 Prozent.

Grad der Marktsättigung: Das ist das Verhältnis zwischen Marktvolumen und Marktpotenzial. Es zeigt, in welcher Höhe der Markt bereits ausgeschöpft wird. Dieser Sättigungswert wird wie folgt ermittelt:

$$Sättigungswert = \frac{Marktvolumen}{Marktpotenzial} \times 100$$

Vergessen Sie nicht: Märkte verändern sich, oftmals sehr schnell. Beobachten Sie daher die quantitative und auch die qualitative Veränderung des Bedarfs und schätzen Sie ihn ab. Nur dann werden Sie in der Lage sein, sich auf Veränderungen rechtzeitig einzustellen und sie als Chance zu nutzen.

3. Analysieren Sie Kaufverhalten und Käuferwünsche

Analysieren Sie nun, wie sich Ihre potenziellen Kunden beim Kaufen verhalten, und ermitteln Sie, welche Bedürfnisse, Wünsche und Probleme sie haben.

Wunsch und Verhalten der potenziellen Kunden

Gehen Sie davon aus, dass zwischen dem Kaufverhalten Ihrer potenziellen Kunden und den tatsächlichen Wünschen, die sie haben, sehr oft Unterschiede bestehen, zumindest in Teilbereichen. In dieser fehlenden Übereinstimmung sollten Sie eine große Chance für sich und Ihr Unternehmen sehen. Sie könnten diese Lücke mit Ihren Produkten und Dienstleistungen schließen.

Der Bedarf nach Ihren Gütern bzw. Dienstleistungen hängt von verschiedenen Faktoren ab. Damit ein Kunde sich für Ihre Produkte entscheiden kann, müssen einige Grundvoraussetzungen erfüllt sein:
- Es muss ein Bedürfnis vorhanden sein, das durch Ihr Angebot befriedigt werden kann.
- Es muss eine gewisse Dringlichkeit bezüglich der Bedürfnisbefriedigung beim Kunden vorhanden sein.
- Der Kunde muss von Ihrem Angebot wissen.
- Es muss genügend Kaufkraft beim Kunden verfügbar sein.

Nur wenn Sie über die tatsächlichen Bedürfnisse, Wünsche bzw. Probleme Ihrer Zielgruppe genau informiert sind, werden Sie in der Lage sein, Leistungen anzubieten, die den Wettbewerbern überlegen sind.

4. Stellen Sie sich auf Marktveränderungen ein

Märkte verändern sich und dies mit einer zunehmenden Dynamik. Das bedeutet, dass Sie Ihre Berechnungen ständig überprüfen und die Ziele anpassen müssen. Stellen Sie sich rechtzeitig auf Marktveränderungen ein. Das können Sie tun, indem Sie kontinuierlich sowohl die quantitative als auch die qualitative Entwicklung des Bedarfs beobachten und im Voraus schätzen. Gelingt Ihnen das besser als Ihren Wettbewerbern, haben Sie sich einen wichtigen Wettbewerbsvorteil erarbeitet.

3.2.4 Schritt 4: Klären Sie die Wettbewerbssituation

Zur **Klärung der Marktverhältnisse** gehört es auch, sich über die Wettbewerbssituation zu informieren. Gehen Sie dabei ebenfalls systematisch vor. Verschaffen Sie sich zunächst Klarheit über Ihre Konkurrenten. Unter Umständen können Wettbewerber Ihren Erfolg und somit die langfristige Existenz Ihrer Firma infrage stellen. Beobachten Sie daher ständig die Aktivitäten Ihrer Wettbewerber, um daraus die entsprechenden Schlussfolgerungen zu ziehen. Bedenken Sie, dass es auf Ihre heutigen und zukünftigen Wettbewerber ankommt. Verständlicherweise ist es wesentlich schwieriger, potenzielle als tatsächliche Wettbewerber zu erkennen. Zu denken ist dabei an neue Wettbewerber aus dem Ausland. Aber auch neue Internetanbieter sollten Sie in Ihre Betrachtung mit einbeziehen. Dabei kann Ihnen eine Checkliste mit relevanten Fragen zur Konkurrenz als Gedächtnisstütze dienen. Erste Anregungen dazu finden Sie in der folgenden Fragenauflistung.

Checkliste: Wettbewerbsanalyse

Fragestellung	
Wie groß ist die Zahl der Konkurrenten, die für meine Leistung infrage kommen?	
Wer sind meine Hauptkonkurrenten?	
Wie stark sind die Hauptkonkurrenten (z. B. Firmengröße, Angebote, Leistungsfähigkeit, Marktanteil usw.)?	
An welchen Standorten sind sie präsent?	
Welche Absatzgebiete werden von Konkurrenten bearbeitet?	
Gibt es Überschneidungen mit den Absatzgebieten, die ich bearbeite? Wenn ja, wo?	
Welche Absatzwege nutzen meine Konkurrenten?	
Welche Ziele haben meine Hauptkonkurrenten? Wie ist ihr Konkurrenzverhalten zu beurteilen?	

Fragestellung	
Welches Marketing haben meine Konkurrenten? Wie wirksam sind ihre Marketingmaßnahmen?	
Wie könnten meine Hauptkonkurrenten auf meine eigenen Marketingaktivitäten reagieren?	
Wie wird der Wettbewerb zukünftig aussehen? Was kommt auf mich zu bzw. welche Unternehmen kommen hinzu?	
Welche betriebswirtschaftlichen Größen muss ich berücksichtigen (z. B. Umsatzanteil, Marktanteil, Preise, Vertrieb, Kommunikation/Werbung usw.)?	

Vergleichen Sie diese Informationen mit Ihren eigenen Kennziffern und ziehen Sie daraus die entsprechenden Schlussfolgerungen für Ihre künftigen Entscheidungen.

Klären Sie nun die **Konkurrenzbeziehungen** auf Ihrem Markt und wie sich diese auf das Einkommen bzw. Budget Ihrer Kundschaft auswirken. Dabei könnten sich unterschiedliche Konstellationen herauskristallisieren, die Sie im Rahmen Ihrer Wettbewerbsstrategien berücksichtigen müssen. Sie könnten drei verschiedene Konkurrenzebenen vorfinden:

- Sie stehen im Wettbewerb mit anderen Unternehmen, die den gleichen regionalen Markt mit gleichen oder ähnlichen Produkten bearbeiten.
- Sie können darüber hinaus auch mit Unternehmen im Wettbewerb stehen, die Substitutionsgüter (Ersatzgüter) anbieten. Diese Wettbewerber bieten den Kunden Alternativen für die Leistungen, die Sie anbieten.
- Prüfen Sie, ob es einen Wettbewerb mit Firmen gibt, die zwar nicht zu Ihrer Branche gehören, aber die gleichen Zielgruppen bearbeiten. Zum Beispiel stehen Reisebüros indirekt mit der Möbel-, der Automobil- und anderen Branchen in Konkurrenzbeziehungen. Wieso? Es geht um das Einkommen bzw. die Budgets der gleichen Zielgruppen.

Verknüpfen Sie in einem dritten Schritt Ihre Wettbewerbs- mit einer Kundenanalyse. Berücksichtigen Sie, dass Ihre eigenen Marketingmaßnahmen mögliche Reaktionen seitens Ihrer Wettbewerber auslösen können. Ob es zu solchen Reaktionen kommt oder nicht, hängt von verschiedenen Faktoren ab, nämlich

- ob es sich um wachsende oder gesättigte Märkte handelt,
- ob es zu einer regionalen Überschneidung der zu bearbeitenden Märkte kommt,
- von der Zahl und der Größe der Anbieter im Verhältnis zum Marktpotenzial,
- von der Marktform, also ob Sie auf einem monopolistischen, einem oligopolistischen oder einem polypolistischen Markt tätig sind.
- Nicht zu vergessen sind die Marketingstrategien Ihrer Wettbewerber. Stehen die Zeichen eher auf Angriff oder friedliche Koexistenz?

Gehen Sie davon aus, dass Gegenreaktionen gerade dann erfolgen werden, wenn das Wachstum Ihres Unternehmens zulasten des Umsatzes und möglicherweise des Wachstums der Konkurrenten realisiert werden muss (Verdrängungswettbewerb).

3.2.5 Schritt 5: Klären Sie die Distributionssituation

Zur Entscheidungsfindung über die Absatzwege sollten Sie sich an bestimmten Kriterien orientieren. Das können spezielle Voraussetzungen in der Branche sein, die Vielfalt der Zielgruppen sowie betriebswirtschaftliche Überlegungen. Unternehmen der Konsumgüterproduktion bevorzugen meist den indirekten Absatzweg und schalten dafür einen oder mehrere Absatzmittler ein, während Investitionsgüterproduzenten fast durchweg direkt absetzen.

Hier ein Beispiel für eine Checkliste, die die verschiedenen Fragestellungen zur Distribution beinhaltet.

Checkliste: Distributionsanalyse

Fragestellung	
Welche Vertriebskanäle gibt es überhaupt?	
Welches sind übliche Absatzwege, die bisher auf dem zu analysierenden Markt genutzt wurden?	
Über welche Marktanteile verfügen die einzelnen Absatzwege in meiner Branche?	
Wer sind Absatzmittler, die für meine Leistungen infrage kommen?	
Aus welchen Betriebsformen, -größen und -strukturen setzen sich diese zusammen?	
Welche Leistungen bieten die Absatzmittler?	
Welche Absatzpolitik verfolgen sie?	
Wie hoch sind die Distributionskosten bei den unterschiedlichen Absatzwegen und Absatzmittlern?	
Mit welchen Veränderungen bei den Absatzmittlern ist in Zukunft zu rechnen?	
Welche neuen Absatzwege stehen mir zur Verfügung (z. B. das (mobile) Internet)?	
Wie gestaltete sich die bisherige Zusammenarbeit innerhalb der jeweiligen Absatzkanäle?	
Ist es denkbar, dass wir einen völlig neuen Absatzkanal initiieren (z. B. Auslieferung von Onlinebestellungen über Tankstellen in der Nähe des Wohnortes unserer Kunden)?	

3.2.6 Schritt 6: Klären Sie die Produktmerkmale

Die Verwendungsmöglichkeiten eines Gutes sind von seinen Eigenschaften abhängig. Diese Eigenschaften bestimmen ihrerseits die Märkte, für die ein Gut infrage kommt. Ihre Produktanalyse sollte mindestens die folgenden Aspekte beinhalten:
- den Nutzen des Produkts, also seine Verwendungsmöglichkeiten,
- die produktionstechnischen Eigenschaften der Güter, wie zum Beispiel Fertigungskapazitäten, Herstellungsverfahren, benötigte Werkstoffe, technische Anforderungen an Personal usw.,
- die distributionstechnischen Merkmale der Leistungen, wie zum Beispiel die Sperrigkeit, das Gewicht, das Volumen, die Haltbarkeit usw.

Ziel Ihrer Produktanalyse sollte die stete Verbesserung der Eigenschaften der Güter bzw. Dienstleistungen sein. Suchen Sie nach Möglichkeiten, den Nutzen Ihres Angebots zu vergrößern. Dabei können Sie weiter zwischen dem Grundnutzen und dem Zusatznutzen Ihrer Produkte unterscheiden. Der Grundnutzen eines Autos besteht darin, dass der Kunde von Ort A nach Ort B fahren kann. Die Klimaanlage stellt dagegen auch an heißen Tagen eine angenehme Temperatur im Wageninneren her. Dies wird als Zusatznutzen bezeichnet.

3.2.7 Schritt 7: Klären Sie Ihre Unternehmenssituation

Ihre Analyse der Marketingsituation sollte nicht bei unternehmensexternen Gesichtspunkten Halt machen. Beschäftigen Sie sich intensiv mit der konkreten Situation Ihrer eigenen Firma. Welche Stellung nimmt sie in dieser komplexen Marketingsituation ein? Versuchen Sie, sich ein klares Bild über die vorhandenen Stärken und Schwächen Ihrer Firma zu verschaffen. Sie sind gut beraten, wenn Sie das immer im Vergleich zu Ihren Hauptkonkurrenten tun. **Stärken** Ihres Unternehmens spiegeln Chancen wider, die Sie ganz gezielt im Rahmen des Marketings nutzen können.

> **Beispiel: Haarverlängerung und heiße Schere**
>
> Frau Schall hat sich umgesehen: Ein Friseursalon in ihrer Nachbarschaft bietet immer die neuesten Leistungen an, nun sogar eine Haarverlängerung und den Schnitt mit der heißen Schere, der die Haare schont. Der alte Meister Himmelreich ist immer up-to-date, obwohl er das Rentenalter schon längst erreicht hat.

Dagegen stellen **Schwächen** Bedrohungen für ein Unternehmen dar. Und diese Bedrohungen gilt es, durch gezielte Maßnahmen abzuwenden. Beispiele für Schwächen sind geringe Kapitalstärke, mangelndes Know-how, unzureichender Service, geringe Mitarbeitermotivation usw.

Durch Klärung der vorhandenen Unternehmenssituation können Sie bestimmen, ob es sich für Ihre Firma aufgrund ihrer Stärken und Schwächen überhaupt lohnt, bestimmte Märkte zu bearbeiten.

> **Beispiel: Lohnt sich eine Expansion?**
>
> Ein Friseursalon, der bis jetzt an einem Standort sehr erfolgreich gearbeitet hat, beschließt eine Expansion in andere Stadtgebiete. Eine eingehende Prüfung des Unternehmenspotenzials zeigt jedoch, dass die Firma nicht in der Lage sein wird, die hohen Investitionsaufwendungen zu finanzieren.

Bei der Klärung der Unternehmenssituation Ihrer Firma könnten Sie sich unter anderem auf folgende Informationen stützen:

Informationen zur Klärung der Konkurrenzsituation

Produktions- und Absatzprogramm	Marktanteil
Image	Umsatz und Umsatzstruktur
Kostenstruktur	Vertriebskosten
Gewinn und Gewinnentwicklung	gegenwärtige Marketingpolitik
gegenwärtige Marketingorganisation	Beschäftigungsstruktur
Produktionspotenzial	vorhandenes Know-how
Lagerkapazitäten IT-Infrastruktur F & E-Kompetenz	vorhandene Finanzierungs- und Kapitalkraft Standortkapazitäten

3.2.8 Schritt 8: Klären Sie die Rahmenbedingungen

Die Marketingsituation, die Sie zu klären versuchen, wird noch von anderen Faktoren geprägt. Sie benötigen zusätzliche Informationen allgemeiner Art, die sowohl auf die Marktverhältnisse im Allgemeinen als auch auf die Unternehmenssituation im Speziellen und auf die angebotenen Leistungen einwirken, die sogenannten Rahmenbedingungen. Dazu zählen die allgemeine Konjunkturlage, die Entwicklung der nationalen und internationalen politischen Lage, der wissenschaftlich-technische Fortschritt, die gesetzlichen Bestimmungen, Umwelterfordernisse usw.

3.2.9 Welche Analyseinstrumente gibt es?

Die **Stärken-Schwäche-Analyse** dient der Analyse der internen Unternehmenssituation. In ihr fließen die Analyse der Unternehmenspotenziale und die Informationen aus der Konkurrenzanalyse zusammen.

Die **Chancen-Risiken-Analyse** ist wichtig, um das externe Feld zu bewerten. Sie beinhaltet sowohl Informationen aus der Kundenanalyse als auch solche aus der Umfeld- bzw. Umweltanalyse. In ihr werden alle Chancen, aber auch alle Risiken bzw. Bedrohungen, denen Sie gegenüberstehen, deutlich.

In der **SWOT-Analyse** (**S**trengths = Stärken, **W**eaknesses = Schwächen, **O**pportunities = Chancen, **T**hreats = Risiken) werden die beiden vorher genannten Analyseinstrumente miteinander in Beziehung gebracht. Daraus lassen sich die Marketingaufgaben Ihrer Firma ableiten.

Ergänzende Analyseinstrumente sind unter anderem
- die Positionierungsanalyse,
- die Lebenszyklusanalyse und
- die Portfolioanalyse.

4 Die Marketingkonzeption

> **Beispiel: Der Friseursalon**
> Frau Schall und Frau Rauch genügt es nicht, ihren Ehemännern zuzuhören, wenn diese, was nicht gerade selten vorkommt, zu Hause von den Mühen ihres Geschäftsalltags bei der Schall & Rauch GmbH berichten. Schließlich ist Frau Schall selbst Friseurmeisterin. Warum soll sie nicht wieder in ihrem Beruf arbeiten? Frau Rauch will sie bei der Eröffnung des neuen Geschäfts beraten.

Die Basis eines erfolgreichen Marketings bildet eine Marketingkonzeption, die langfristig angelegt sein muss. Gehen Sie konzeptionslos vor, laufen Sie Gefahr, Ihre Kraft und Ihre Mittel zu verschwenden. Schnell wird Wichtiges vergessen oder es werden Aufgaben doppelt erledigt und, was noch viel kritischer ist, nicht auf Ihre Zielgruppe abgestimmt durchgeführt.

Inhalte der Marketingkonzeption
Zu einer Marketingkonzeption gehören mindestens die folgenden Punkte:
- Ihre Marketingziele
- Ihre Entscheidungen zur Markt- und Produktwahl
- die Zusammensetzung Ihres Leistungskonzepts
- die Festlegungen zu Ihrer Marketingstrategie

Ergänzend sollten Sie auch methodische Ansätze für Ihre Erfolgsmessung schriftlich festhalten. Hinzu kommen alle Festlegungen, die zum Marketingmix gehören, und zwar bezüglich
- Ihrer Produkt- und Leistungspolitik,
- Ihrer Preis- und Konditionenpolitik (Kontrahierungspolitik),
- Ihrer Kommunikationspolitik und
- Ihrer Distributionspolitik.

Zunächst wenden wir uns den oben genannten vier Schwerpunkten zu. Auf den Marketingmix gehen wir in Kapitel 5 näher ein.

4.1 Welches sind Ihre Marketingziele?

Basierend auf den Erkenntnissen und Informationen, die Sie im Rahmen der Analyse Ihrer Marketingsituation gewonnen haben (Ist-Situation), können Sie Ihre allgemeinen Marketingziele (Soll-Situation) ableiten. Setzen Sie dabei Schwerpunkte, die unter

Berücksichtigung Ihrer allgemeinen Unternehmensziele wie folgt formuliert sein könnten:

- Erhöhung der Gewinnspanne
- Steigerung des Absatzes
- Senkung der Vertriebskosten
- Verringerung des Kapitaleinsatzes

Ihre Marketingziele müssen mit den allgemeinen Zielen Ihres Unternehmens korrespondieren.

Einige Beispiele, wie Unternehmensziele in diesem ersten, allgemeinen Schritt aussehen könnten, finden Sie in der nachfolgenden Checkliste.

Checkliste: Welche Unternehmensziele habe ich?

Unternehmensziele	ja	nein
Erhöhung der Gewinnspanne		
Erhöhung des Absatzes		
Erhöhung des Preises		
Senkung der Vertriebskosten		
Einführung von Rabatten, Skonti usw.		
Erweiterung der Vertriebsinfrastruktur		
Einstellung von Vertriebsmitarbeitern		
Erhöhung des Werbebudgets		
Intensivierung der Kommunikation mit potenziellen Kunden		

In einem zweiten Schritt sollten Sie dann diese Schwerpunkte durch konkrete Vorgaben näher bestimmen, zum Beispiel **konkrete Ziele** zu

- Absatzmengen,
- Umsatzmengen,
- Marktanteilen,
- Marketingkosten usw.

> **Tipp: Messbare Ziele**
>
> Formulieren Sie Ihre Ziele nicht zu allgemein, sonst haben Sie später keine Kontrollmöglichkeiten und können nicht überprüfen, ob Sie diese wirklich erreicht haben. Die Gewinnspanne kann beispielsweise von ein auf zwei Prozent verdoppelt werden. Trotzdem ist ein Unternehmen, das seine Gewinnspanne von acht auf neun Prozent erhöht, erfolgreicher!

4.2 Treffen Sie Ihre Markt- und Produktwahl

Sie müssen entscheiden, mit welchen Gütern Sie auf welchem Markt bzw. welchen Märkten tätig sein wollen. Damit legen Sie fest
- in welchem Bedarfsbereich,
- in welchem Absatzgebiet und
- für welchen Verwendungszweck

Ihre Angebote gedacht sind.

Wenn Sie Entscheidungen über die Wahl eines Marktes treffen, dann ergeben sich für Ihr Unternehmen einige wichtige Konsequenzen, die Sie bei der Entscheidungsfindung berücksichtigen sollten:
- Der Markt und nur der Markt entscheidet über die Absatz- und Gewinnchancen Ihres Unternehmens.
- Ihr Markterfolg hängt davon ab, in welchem Umfang es Ihnen gelingt, die auf einem Markt ausgemachten Chancen tatsächlich durch gezielte Aktionen zu nutzen. Das wiederum wird bestimmt von der Leistungsstärke und der Absatzpolitik Ihres Unternehmens.
- Um Absatzchancen zu nutzen, müssen Sie das Vertrauen des Marktes in Ihr Unternehmen gewinnen.

Die Marktwahl ist eine Entscheidung, die auf einen längeren Zeithorizont hin angelegt ist. Denn in der Regel sind Investitionen für den Aufbau von Produktions- und Absatzkapazitäten erforderlich.

Sie werden bei Ihrer Marktwahl vor einer konkreten Marktstruktur stehen, die von anderen Marktteilnehmern (Abnehmern, Wettbewerbern sowie Absatzmittlern) beeinflusst wird. Auf diese Struktur müssen Sie sich einstellen. In den wenigsten Fällen werden Sie in der Lage sein, einen Markt selbst gravierend zu beeinflussen. Ihre Chance besteht jedoch darin, ihn zu analysieren und Ihr Verhalten daran auszurichten.

Prüfen Sie möglichst objektiv und ohne Wunschdenken:
- Handelt es sich um einen lohnenden Markt? Berechnen Sie die Wirtschaftlichkeit Ihres Vorhabens.
- Ist Ihr Unternehmen in der Lage, den ausgewählten Markt zu erschließen und rentabel zu bearbeiten?

Dafür sind vielfältige Untersuchungen erforderlich, zum Beispiel die
- Aufnahmefähigkeit des zu bearbeitenden Marktes,
- Konkurrenzsituation auf diesem Markt,
- Produktart, die für die Zielgruppe infrage kommt,

- geografische Verteilung der Zielgruppen,
- Kundenstruktur, die sich hinter jeder Zielgruppe verbirgt,
- Phase, die Ihr Angebot im Produktlebenszyklus einnimmt,
- notwendige Fertigungskapazität,
- benötigten Finanzmittel usw.

> **Tipp: Sorgfältig analysieren**
> Analysieren Sie sorgfältig, bevor Sie Entscheidungen für einen oder mehrere Märkte treffen! Diese Entscheidungen lassen sich oft gar nicht oder nur mit hohem Kostenaufwand wieder rückgängig machen.

Zielgruppen

Einen Markt zu bestimmen allein reicht noch nicht aus. Auf den Märkten agieren verschiedene Gruppen von Personen. Um erfolgreich zu sein, müssen Sie den Geschmack, die Gewohnheiten und auch den Geldbeutel der einzelnen Zielgruppen beachten. Nur so können Sie Absatz- und Gewinnchancen von Märkten nutzen.

Um erste Vorstellungen über die angestrebte Zielgruppe bzw. Zielgruppen zu erlangen, nutzen Sie die folgende Checkliste.

Checkliste: Zielgruppen analysieren

Fragestellung	Notizen
Wer gehört zu meiner Zielgruppe bzw. meinen Zielgruppen?	
Welche Bedürfnisse, Wünsche bzw. Probleme hat meine Zielgruppe?	
Werden Leistungen für diese Zielgruppe bereits angeboten?	
Über welche Vertriebswege kauft meine Zielgruppe ein?	
Über welche Kommunikationskanäle erreiche ich meine Zielgruppe?	
Wie werden auf dem Markt angebotene Leistungen von der Zielgruppe beurteilt?	
Wie werden sich Abnehmer, die zu meiner Zielgruppe gehören, in der Zukunft verhalten?	
Ist diese Zielgruppe dem Internet gegenüber aufgeschlossen?	
Interessiert sich diese Zielgruppe für innovative Produkte und/oder Dienstleistungen?	

Nach diesem ersten Schritt empfiehlt es sich, noch gründlicher vorzugehen. Dafür sollten Sie eine Marktsegmentierung durchführen.

4.2.1 So segmentieren Sie den Markt

Ein Markt ist normalerweise kein einheitliches Ganzes, sondern besteht aus verschiedenen Teilbereichen, den Marktsegmenten. Finden Sie heraus, welche Teilmärkte innerhalb eines Marktes (einer Branche) vorhanden sind. Dann können Sie entscheiden, welche dieser Segmente Sie mit welchen Leistungen bedienen wollen.

Gesamt- und Teilmarkt

Unterscheiden Sie zwischen Gesamtmarkt und Teilmärkten. In der Regel besteht ein Markt für ein Gut (z. B. Seife) aus mehreren Teilmärkten, die unterschiedliche Kundenwünsche innerhalb dieses Marktes widerspiegeln. Diese unterschiedlichen Kundenwünsche können sich auf die Qualität, auf die Bezugsmöglichkeiten, auf die Preise usw. beziehen. Die heutigen Märkte neigen hier zu einer wachsenden Differenzierung. Innerhalb von Märkten entstehen immer häufiger neue Kundensegmente, die ein sehr unterschiedliches Informations-, Kommunikations- und Kaufverhalten zeigen und daher ganz unterschiedlich bearbeitet werden müssen.

> **Beispiel: Mobiltelefone**
>
> Als die ersten Mobiltelefone auf den Markt kamen, waren sie für heutige Verhältnisse groß, unhandlich und man konnte nur eines damit: telefonieren. Inzwischen gibt es eine Vielzahl von Endgeräten mit den unterschiedlichsten Funktionen und mannigfache Tarife, die sich alle an unterschiedliche Segmente des Marktes wenden, zum Beispiel die Gruppe der Smartphone-Jugend, die viel telefonierenden Geschäftsleute, die Senioren, die im Ernstfall auch vom Garten aus jemanden erreichen wollen usw.

In solch einem Fall müssen Sie entscheiden, ob Sie
- den Gesamtmarkt mit einem einzigen Universalprodukt,
- verschiedene Teilmärkte mit einem entsprechenden Spezialprodukt oder
- mehrere Teilmärkte mit differenzierten Produkten

bearbeiten wollen, können oder müssen.

Anleitung: So gehen Sie bei der Marktsegmentierung vor
- Unterteilen Sie einen Gesamtmarkt in homogene Kundengruppen oder -segmente.
- Entscheiden Sie, ob Sie ein einzelnes, mehrere oder alle Marktsegmente mit unterschiedlichen Marketingstrategien bearbeitet wollen.
- Entscheiden Sie, welche Strategie Sie für jedes ausgewählte Segment verfolgen werden.

Die angebotenen Leistungen sollten sich zum Beispiel in Preisen, Qualitäten, Farben, Größen, Formen usw. unterscheiden. Verschiedenartige Teilmärkte verlangen eine

Differenzierung der angebotenen Leistung. Die Vielfalt der Leistungen richtet sich nach den spezifischen Gegebenheiten auf den durch die Segmentierung ermittelten Teilmärkten.

Marktsegmente verlangen auch eine differenzierte Ausgestaltung der übrigen Bestandteile des Marketingmix, wie zum Beispiel der Distributionspolitik oder der Kommunikationspolitik.

Es gibt drei klassische Arten der Marktsegmentierung:
- die demografische Segmentierung
- die geografische Segmentierung
- die psychografische Segmentierung

Die demografische Segmentierung

Die demografische Segmentierung unterteilt den Gesamtmarkt nach Kriterien wie Geschlecht, Alter, Haushaltsgröße, Einkommen, Familienstand, Zahl und Alter der Kinder, Beruf, Religion, sozialen Status usw. Auch die Größe des Wohnorts, das soziale Umfeld und Ähnliches können bei der Segmentierung eine Rolle spielen. Diese Kriterien werden als **sozio-ökonomische Kriterien** bezeichnet.

> **Beispiel: Frisieren nach Einkommen?**
>
> Normalerweise würde Frau Schall ihre Kunden im Friseursalon nicht nach Einkommen oder Kinderzahl befragen. Aber: Ein Friseursalon in einem Nobelviertel mit einem hohen Anteil nicht berufstätiger, aber dafür finanzkräftiger Frauen wird sehr wahrscheinlich andere Leistungen anbieten können als das Geschäft in der Nähe eines Stahlwerks in einem klassischen Arbeitergebiet. Dort werden häufig andere Leistungen und Preise nachgefragt. Allerdings treten zunehmend »hybride« Konsumenten auf den Märkten auf. Dies sind Kunden mit einem niedrigen/hohen Einkommen, die situativ wechselnd auch in teuren/preisgünstigen Geschäften einkaufen. Für Sie bedeutet dies, dass die demografische Segmentierung nicht pauschal und ungeprüft als Entscheidungsgrundlage dienen sollte.

Die geografische Segmentierung

Die geografischen Aspekte haben teils immense Bedeutung und müssen unbedingt in Segmentierungsentscheidungen einbezogen werden. Die folgende Abstufung hat sich für geografische Segmentierungen bewährt und gilt mittlerweile in der Marktforschung als etabliert:
- global, weltweit (bezieht alle Länder ein)
- international (z. B. Europa)
- national (z. B. Deutschland)

- regional (z. B. Bayern)
- lokal (z. B. München)
- bis hin zur Frage des Mikrostandorts innerhalb einer Stadt.

> **Beispiel: Wo frisieren?**
> Für Frau Schall steht außer Frage, dass sie nur in ihrem Stadtviertel den Salon betreiben will. Vielleicht soll später einmal ein zweiter Standort in einem anderen Stadtteil folgen. Einer ihrer Wettbewerber, die Ladenkette »Kamm in and feel well«, hat sich für eine etwas andere Strategie entschieden. In allen deutschen Städten mit mehr als 100.000 Einwohnern werden nach und nach Filialen in hoch frequentierten Einkaufszentren eröffnet.

Das Problem, welche Märkte geografisch infrage kommen, lässt sich unter anderem an den erforderlichen Transportwegen und anderen **logistischen Herausforderungen**, an den dadurch entstehenden Kosten usw. klären. Aber auch die **klimatischen Gegebenheiten** in den jeweiligen Ländern können zu völlig unterschiedlichen Möglichkeiten, aber auch Herausforderungen führen. So wird es wohl kaum sinnvoll sein, Fußbodenheizungen in die Karibik zu exportieren und in extremen Trockengebieten wird es sicherlich selten Nachfrage nach regendichter Trekking-Kleidung geben.

Die psychografische Segmentierung

Als psychografische Kriterien gelten Erwartungen, Einstellungen, Vorstellungen der potenziellen Kunden gegenüber den angebotenen Leistungen. Diese lassen sich ebenfalls als Segmentierungskriterien verwenden.

Auch grundlegende **Persönlichkeitsmerkmale und Charaktereigenschaften** wie Flexibilität, Offenheit, Konservatismus, Rigidität usw. können in die Betrachtung einfließen. Darüber hinaus können Verhaltensweisen wie Lebens-, Konsum- und Einkaufsgewohnheiten zur Unterscheidung dienen.

Typische psychografische Kriterien	Typische Verhaltensweisen
- Kenntnisse - Einstellungen - Interessen - Involvement - Emotionen - Erwartungen - Kaufmotive usw.	- Informationsverhalten - Kommunikationsverhalten - Konsum- und Einkaufsverhalten - Lebens- und Wohngewohnheiten - Mediennutzungsverhalten - Preisverhalten - Wahl der Einkaufsstätten usw.

Welche Strategie passt?

Für die unterschiedlichen Zielgruppen lassen sich verschiedene Strategien verfolgen.

Strategie	Erläuterung
Gesamtmarktstrategie	Sie entscheiden sich für eine vollständige Abdeckung des gesamten Marktes. Das heißt, Sie werden versuchen, alle Kundensegmente, die Sie ausfindig gemacht haben, mit entsprechend zugeschnittenen Produktvarianten zu versorgen. **Beispiel:** Seifen in unterschiedlichen Farben, Formen und Düften für alle möglichen Konsumentengruppen.
Selektive Strategie	Sie entscheiden sich dafür, nur einige ausgewählte, für Sie besonders attraktive Kundensegmente zu bedienen. Diese Bereiche beliefern Sie dann mit speziell auf die jeweiligen Kundensegmente zugeschnittenen Produktvarianten. **Beispiel:** verschiedene Gels und Seifen jeweils speziell für Frauen, Männer oder Kinder gestaltet, verpackt und beworben.
Marktspezialisierungsstrategie	Sie entscheiden sich dafür, nur ein Kundensegment mit unterschiedlichen Produktvarianten zu bearbeiten. **Beispiel:** Sie liefern verschiedene Duschgels und Seifen ausschließlich für Frauen.
Produktspezialisierungsstrategie	Sie entscheiden sich, nur ein Produkt für alle Kundensegmente anzubieten. **Beispiel:** ein unverwechselbarer Seifentyp, der sowohl für Kinder als auch für Frauen und Männer attraktiv ist. Früher war dies die Kernseife, die von jedermann genutzt wurde und bei vielen Gelegenheiten zur Anwendung kam.
Nischenstrategie	Sie konzentrieren sich auf ein einzelnes Kundensegment mit einem ganz speziellen Produkt. **Beispiel:** Das sehr spezielle »Kunden«-Segment der Babys und Kleinstkinder wird mit einer speziellen hautfreundlichen Seife versorgt.

Dass erfolgreiche Unternehmen oder Branchen solch eine Segmentierungspolitik verfolgen, kann man bei genauerem Hinsehen schnell erkennen. Einige Beispiele haben wir für Sie zusammengestellt. Vielleicht regen sie Sie an, über die Möglichkeiten der Marktsegmentierung in Ihrem eigenen Unternehmen nachzudenken und nach bisher ungenutzten Markt(segment)chancen zu suchen.

Hugo Boss AG

Sozio-ökonomische Kriterien: Der Konzern führt im Herrenbekleidungssegment drei Marken, die unterschiedliche Zielgruppen ansprechen sollen: Boss, Hugo und Baldessarini.

- Die Marke »Boss« soll den Durchschnittskunden im hohen Preissegment ansprechen.
- Die Marke »Hugo« richtet sich an junge Leute im höheren Preissegment.
- Baldessarini wurde für den Luxusmarkt kreiert und spricht das höhere Einkommenssegment an. Ein Anzug kostet etwa dreimal so viel wie ein Boss-Anzug und ist damit ein Nischenprodukt.

Banken
Zielgruppengerechte Zusatzleistungen: Banken teilen ihre Kunden nach unterschiedlichen Zielgruppen ein und bieten unterschiedliche Zusatzleistungen zielgruppengerecht an. Beispiele für die Zielgruppe »Jugendliche« sind:
- Informationsterminals, an denen Jugendliche elektronische Kontaktanzeigen aufgeben können
- Herausgabe von Computerspielen für den heimischen PC
- vorformulierte Bewerbungsschreiben und Bewerbungstests sowie Fotoaktionen, bei denen Schulabgänger kostenlos Bewerbungsfotos von sich aufnehmen lassen können
- Möglichkeit zur Versendung kostenloser SMS über das Internet

Auch andere soziale Gruppen werden differenziert angesprochen. Sehen Sie sich dazu einmal die vielfältig gestalteten Internetauftritte der einzelnen Kreditinstitute mit den verschiedenen Angeboten für die unterschiedlichsten Zielgruppen an. Die meisten Banken verfolgen damit eine **Gesamtmarktstrategie**.

Fallstudie zu Reinigungs- und Pflegemitteln
Stellen Sie sich vor, Sie wollen ein Unternehmen gründen, das Reinigungs- und Pflegemittel der unterschiedlichsten Art auf den Markt bringen will. Sie sind mit der Wahl von Produkten und Märkten betraut. Definieren Sie möglichst konkret die unterschiedlichen Zielgruppen innerhalb des Marktes. Sie können wie folgt vorgehen:

Anleitung: Wahl von Produkten und Märkten
Schritt 1: Welche unterschiedlichen Anwendungsmöglichkeiten von Reinigungs-/Pflegemitteln gibt es? Mit dem Segmentierungskriterium »Anwendungsbereiche« werden Sie sehr schnell auf folgende potenzielle Zielgruppen stoßen:
- Geschäftskunden: Reinigungs-/Pflegemittel für Industrie, Handwerk, Handel, Dienstleistungen
- Privatkunden: Reinigungs-/Pflegemittel für den Haushaltsbereich
- Reinigungs-/Pflegemittel für Gebäude
- Reinigungs-/Pflegemittel für Tiere
- Reinigungs-Pflegemittel für Menschen

Schritt 2: Sie konzentrieren sich auf das letztgenannte Segment, Reinigungs-/Pflegemittel für Menschen. Dabei ist zu unterscheiden zwischen:
- Reinigungs-/Pflegemittel für Babys und Kleinstkinder
- Reinigungs-/Pflegemittel für Kinder
- Reinigungs-/Pflegemittel für Jugendliche
- Reinigungs-/Pflegemittel für Frauen
- Reinigungs-/Pflegemittel für Männer

Schritt 3: Die einzelnen Gruppen (z. B. Männer und Frauen) lassen sich noch weiter nach ihrem jeweiligen Alter segmentieren. Ein 20-jähriger Student hat andere Ansprüche als ein 50-jähriger Manager und dieser wiederum andere als ein Senior im Seniorenstift. Entsprechendes gilt für Frauen.

Schritt 4: Darüber hinaus können Sie das Einkommen als Segmentierungskriterium einbeziehen: niedrig, mittel oder hoch. Dementsprechend sollten Angebote von »preiswert« bis »luxuriös« vorliegen.

Schritt 5: Nachdem Sie die wesentlichen Zielgruppen erkannt haben, klären Sie, wie groß die einzelnen Segmente sind.

Schritt 6: Entscheiden Sie, welche dieser Segmente bearbeitet werden sollen. Berücksichtigen Sie dabei, ob das Unternehmen dazu technisch und wirtschaftlich auch in der Lage ist.

Schritt 7: Definieren Sie eines oder mehrere spezifische Produkte für jedes dieser Segmente.

4.2.2 Diversifikation – Erweiterung um zusätzliche Produkte oder Leistungen

Bei Ihren Produkt-Markt-Entscheidungen können Sie auf die Möglichkeit der Diversifikation zurückgreifen. Diversifikation liegt vor, wenn Sie Güter bzw. Dienstleistungen in Ihr Programm aufnehmen, die von Ihnen bisher nicht angeboten wurden und die keinen oder nur einen geringen Bezug zu Ihren bisherigen Produkten und Dienstleistungen aufweisen. Dabei verfolgen Sie das Ziel, in neue, bisher von Ihnen noch nicht bearbeitete Märkte vorzudringen.

Diversifikation kann Ihnen helfen, folgende Ziele zu erreichen:
- das Risiko der Einseitigkeit reduzieren
- das Unternehmenswachstum fördern

- die Rentabilität durch zusätzliche Aktivitäten erhöhen
- eine bessere Auslastung von Fertigungskapazitäten erreichen
- die Vertriebsorganisation effizienter auslasten
- den Rückzug von unergiebigen Märkten ermöglichen usw.

Es gibt verschiedene Arten der Diversifikation:
- die horizontale Diversifikation
- die vertikale Diversifikation
- die laterale Diversifikation

Im Rahmen der horizontalen Diversifikation können Sie Güter bzw. Dienstleistungen in Ihr Produktions- und Absatzprogramm aufnehmen, die mit Ihrem aktuellen Programm in einer sachlichen Beziehung stehen. Das heißt, sie beziehen sich auf die gleiche Zielgruppe und/oder den gleichen Anwendungsbereich. Das hat den Vorteil, dass bereits Anknüpfungspunkte zum neuen Absatzbereich vorhanden sind.

Vertikale Diversifikation
Bei der vertikalen Diversifikation können Sie vor- und/oder nachgeschaltete Güter in das vorhandene Produktions- und Absatzprogramm aufnehmen, zum Beispiel wenn ein Automobilhersteller ein Stahlwerk kauft und zukünftig auch Stahl anbietet. In der chemischen Industrie ist es eine übliche Strategie, anfallende Kuppelprodukte separat zu vermarkten.

Laterale Diversifikation
Bei der lateralen Diversifikation nehmen Sie neue Güter in das Programm auf, die in keinem sachlichen Zusammenhang mit dem vorhandenen Programm stehen. **Beispiele:** Stahl und Kommunikation bei Mannesmann, Versicherungsgeschäft bei der REWE usw. Dies ist sicherlich die interessanteste Diversifikationsstrategie. Allerdings ist sie auch mit vielen Risiken verbunden, die sich hauptsächlich durch zu geringe Branchenkenntnisse ergeben.

Anleitung: So gehen Sie beim Diversifizieren vor
- Beginnen Sie mit einer Bestandsaufnahme des vorhandenen Produktions- und Absatzprogramms Ihres Unternehmens und bestimmen Sie Ihre Diversifikationsziele.
- Suchen und erarbeiten Sie brauchbare Produktideen.
- Wählen Sie besonders geeignete Produktideen aus.
- Führen Sie systematische Marktanalysen für die ausgewählten Produktideen durch.
- Wählen Sie den Produktvorschlag mit der besten Eignung aus.
- Führen Sie, falls erforderlich, eine Produktentwicklung durch.

- Planen Sie Ihr Marketingkonzept.
- Führen Sie einen Markttest durch und/oder beauftragen Sie ein Marktforschungsunternehmen damit.
- Führen Sie das Produkt in den Markt ein.
- Entwickeln Sie ein Leistungskonzept.

Zum **Leistungskonzept** gehören die Firmenleistungen, die Zusatzleistungen und das Angebotsimage. Im Mittelpunkt Ihres Angebots stehen die Firmenleistungen. Das sind die eigentlichen Verkaufsobjekte. Darüber hinaus können verschiedene **Zusatzleistungen** angeboten werden. Je nach Branche und Leistung könnten das zum Beispiel sein:
- besonders kurze Lieferzeiten
- sachkundiger und schneller Kundendienst
- günstige Zahlungsbedingungen
- überdurchschnittliche Auswahlmöglichkeiten
- entgegenkommende Behandlung von Reklamationen
- schnelle Auftragserledigung
- Schulung und Beratung
- zusätzliche Garantieleistungen
- Leasing usw.

Zusatzleistungen in der Bauindustrie: die BOT-Projekte
Bei BOT-Projekten werden die Bauleistungen ergänzt durch Finanzierungsleistungen, Betreiberleistungen usw. Ein Beispiel dafür lieferte der Bau des neuen Flughafens in Athen: Er wurde von einem Baukonsortium gebaut, das dieses Projekt entwickelte, baute und finanzierte. Als Gegenleistung darf es 30 Jahre lang den Flughafen betreiben. Danach geht das Objekt zum Nulltarif an den Auftraggeber zurück.

Jedes Angebot vermittelt ein bestimmtes **Image des Anbieters**, das Angebotsimage. Von diesem gewünschten Soll-Image müssen Sie eine klare Vorstellung haben.

Das Angebotsimage wird über drei Ebenen konkretisiert:
- die Qualität und den Preis der angebotenen Leistungen,
- die Aufmachung der angebotenen Güter (Design) und
- die Präsentation des Leistungsangebots durch die Kommunikation.

Bei der Entwicklung Ihres Leistungskonzepts müssen Sie festlegen, welche Merkmale der angebotenen Güter bzw. Dienstleistungen in den Vordergrund gestellt werden sollen. Es geht dabei um die Grundeigenschaften, die Ihre Leistungen kennzeichnen, also um das Besondere Ihres Angebots, Ihrer Angebotsidee. Diese Angebotsidee liefert die Grundlage für Ihre Verkaufsargumentation.

4.3 Wie Sie Ihre Marktstrategie umsetzen

Nachdem Sie Ihr(e) Konzept(e) definiert haben, sollten Sie sich mit den für Sie am geeignetsten Strategien befassen.

4.3.1 Was sind Strategien?

Eine Strategie ist ein auf lange Sicht angelegter detaillierter Plan des eigenen Vorgehens, um selbst gesteckte Ziele zu erreichen. Man versucht (nicht) beeinflussbare Faktoren, die das eigene Handeln beeinflussen könnten, von vornherein einzukalkulieren. Die Frage lautet also: Wie kann ich das Gewollte erreichen, ohne dabei vom Weg abzukommen?

Um die eigenen Ziele zu erreichen, bildet das Marketingkonzept eine feste Einheit aus Zielbestimmung, Bestimmung der Einflussfaktoren und eigenen Handlungen sowie abschließenden Kontrollmaßnahmen.

Wegen des herrschenden Wettbewerbs reicht es nicht aus, den richtigen Markt und ein marktkonformes Leistungskonzept zu wählen. Der Verkaufserfolg ist darüber hinaus vom Einsatz des richtigen Marketingmix abhängig. Diese drei Faktoren sollten Sie gemeinsam planen. Etwas salopp formuliert: strategisch unter einen Hut bringen.

Selbstverständlich können Sie auch ohne definierte Strategie arbeiten. Das heißt aber auch, dass Sie eine Strategie des kurzfristigen Lavierens, des Reagierens auf andere verfolgen. Und dann bestimmen nicht Sie, sondern andere, wie sich der Markt entwickelt. Das ist im Normalfall mit erhöhten Aufwendungen und geringerem Erfolg verbunden. Wollen Sie das?

Strategische Entscheidungen sind vielfältig, so vielfältig wie die Einflussfaktoren, die es zu berücksichtigen gilt. Demzufolge kann es auch keine einheitliche, in allen Situationen zutreffende Marktstrategie geben. Vielmehr müssen Sie sich darüber klar werden, auf welchen Feldern strategische Entscheidungen zu treffen sind, und diese dann umsetzen.

Welches sind die unternehmerischen Hauptgebiete, auf denen strategische Entscheidungen zu treffen sind?
- Das erste Entscheidungsfeld ist die Bearbeitung der potenziellen Kunden (abnehmerorientierte Strategie), dann kommen
- die Einstellung zum Wettbewerb (konkurrenzorientierte Strategie) und
- Fragen der Distribution (absatzkanalorientierte Strategie).

Innerhalb dieser Bereiche gibt es wiederum eine Vielzahl von Einzelaspekten, die wir im Folgenden nur kurz streifen können.

> **Tipp: Setzen Sie Prioritäten**
>
> Überlegen Sie sich, wann und wo Sie welche strategischen Entscheidungen treffen müssen. Bedenken Sie dabei, dass sich die gesamte Unternehmensstrategie aus vielen Einzelstrategien zusammensetzt. Setzen Sie Prioritäten. Letztlich ist die konkrete Situation des Unternehmens die relevante Entscheidungsgrundlage.

4.3.2 Strategien der Marktbearbeitung

Marktbearbeitungsstrategien beziehen sich auf die Ebene der
- Produkt-Markt-Wahl – Ihre Marktfeldstrategie,
- Präferenz- oder Niedrigpreispolitik – Ihre Marktstimulierungsstrategie,
- Zielgruppenbestimmung und die Wahl der entsprechenden Angebote – Ihre Marktsegmentierungsstrategie,
- geografischen Ausrichtung bzw. Ausdehnung – Ihre Marktarealstrategie.

Marktfeldstrategien

Marktfeldstrategien basieren auf einer Produkt-Markt-Matrix, in der Produkte (vorhandene und neue) und Märkte (vorhandene und neue) systematisch miteinander kombiniert werden. Sie teilen Produkte und Märkte jeweils in »alt« und »neu« ein und bilden alle vier möglichen Kombinationen. Je nachdem, in welchem Feld der Matrix Sie sich bewegen, resultieren daraus unterschiedliche strategische Handlungsoptionen.

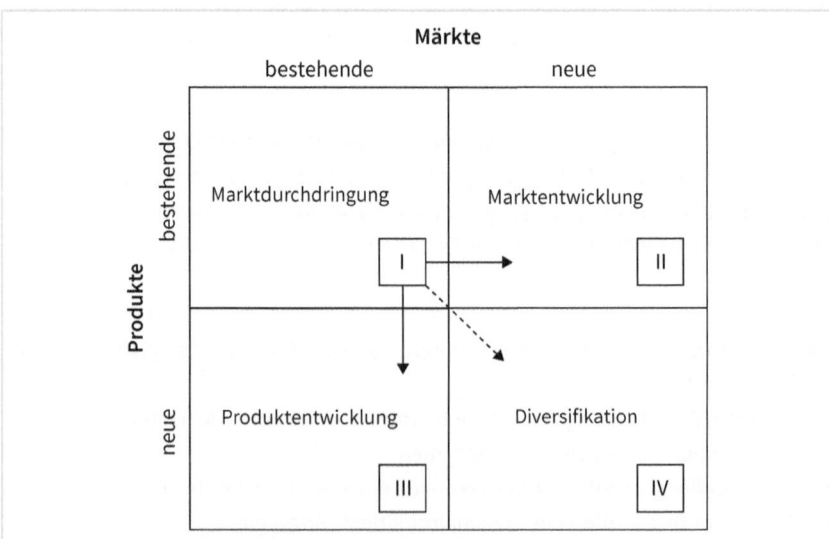

Abb. 2: Die Produkt-Markt-Matrix

Wollen Sie mit Ihren bestehenden Leistungen weiterhin auf den gleichen Märkten tätig bleiben, dann empfiehlt sich die **Marktdurchdringungsstrategie**. Der Schwerpunkt der Marktbearbeitung besteht hier in der Intensivierung der bisherigen Marketingaktivitäten (zum Beispiel verstärkte Kommunikation, Verstärkung der Verkaufsförderungsaktionen, Preisaktionen usw.). Kernziel ist es, Ihre Marktanteile zu halten bzw. Marktanteile auf Kosten der Konkurrenz auszuweiten, um den Gewinn zu erhöhen.

> **Beispiel: Silvesterfeuerwerk**
> Die Radler OHG schätzt ein, dass der regionale Markt für Stadtfahrräder weitgehend ausgereizt ist. Durch verschiedene Werbe- und Preisaktionen versucht sie, ihren Bekanntheitsgrad zu erhöhen und eventuell der Turbo Bike GmbH & Co. KG einen Teil des Terrains abzujagen.

Wollen Sie mit Ihren bestehenden Leistungen neue Märkte erobern, dann bietet sich die **Marktentwicklungsstrategie** an. Mit ihr lassen sich »neue Märkte« in zwei Richtungen interpretieren:
- zum einen als neue Kundengruppen, die Sie bis jetzt noch nicht bearbeitet haben,
- zum anderen als eine neue geografische Region, in der Sie bis jetzt noch nicht präsent sind.

Das Ziel besteht hierbei darin, Wachstum durch Ausdehnung auf neue Kundensegmente bzw. Regionen zu erreichen, zusätzliche Marktanteile zu erobern und den Gewinn zu steigern.

> **Beispiel: Seniorenböller**
> Mit der Entwicklung »Lange Leitung« wendet sich die Schall & Rauch GmbH der bisher vernachlässigten Gruppe der Senioren zu. Einerseits ist die Zündschnur besonders lang, um auch langsamen Menschen ein rechtzeitiges Entfernen vom Knaller zu ermöglichen. Andererseits wird mehr Wert auf Farbenpracht als auf den lauten Knall gelegt.

Wollen Sie bei Ihren bestehenden Märkten bleiben, jedoch neue Leistungen anbieten, dann kommt dafür die **Produktentwicklungsstrategie** infrage. Die Grundidee besteht dabei darin die vorhandenen Kunden mit innovativen Produkten und/oder Dienstleistungen zu versorgen. Das können echte Innovationen (New to the World) oder auch bisher von Ihrem Unternehmen noch nicht geführte Leistungen sein (New to the Company).

Neue Leistungen auf neuen Märkten führen Sie zur Diversifikation. Auf diese Möglichkeit sind wir oben bereits ausführlich eingegangen.

Marktstimulierungsstrategien
Hier entscheiden Sie, ob Sie den Markt mit der
- Präferenzstrategie oder

Penetrationsstrategie (Niedrigpreisstrategie alternativ auch als Verdrängungsstrategie bekannt) bearbeitet werden.

Bei der **Präferenzstrategie** legen Sie den Schwerpunkt auf das Image Ihrer Angebote und Ihrer Firma. Ihre wichtigsten Verkaufsargumente könnten zum Beispiel geprägt werden durch
- eine exklusive Qualität Ihrer Leistungen,
- ein besonders vielfältiges Angebot,
- eine besondere individuelle Beratung,
- eine spezielle, einzigartige Absatzmethode (z. B. der exklusive Vertrieb von Computern über das Internet »Direkt von Dell«).

In diesem Fall werden Sie durch eine konsequente Imagepflege (z. B. »Das Beste oder nichts« Mercedes Benz; »Vorsprung durch Technik« Audi) Ihre Marktposition stärken und langfristig gegen Ihre Konkurrenten absichern. Ziel einer solchen Präferenzpolitik ist es, eine führende Position auf dem Markt aufzubauen. Dies ermöglicht Ihnen, langfristig höhere Preise durchzusetzen.

Bei der **Verdrängungsstrategie** legen Sie dagegen den Schwerpunkt auf den Preiskampf! Sie streben an, Kunden durch vergleichsweise niedrige Preise an sich zu binden. Diese Strategie können Sie verfolgen, wenn Sie im Vergleich zu Ihren Wettbewerbern eine günstige Kostenstruktur aufweisen können. Typisches Beispiel sind die Discounter im Handel (z. B. »Lidl lohnt sich«).

Marktsegmentierungs- und Marktarealstrategien
Auf die Fragen der Marktsegmentierung sind wir bereits eingegangen. Die Strategie hinsichtlich des Marktareals bezieht sich auf die regionale Präsenz. Auch hierbei geht es um die konsequente und kundengerechte Umsetzung des zuvor Gesagten.

4.3.3 Wettbewerbsstrategien

Ihr Verhalten gegenüber den Wettbewerbern ist unter zwei Gesichtspunkten wichtig:
- Wo befindet sich Ihre angestrebte Position auf dem Markt? Aus dieser Zielstellung resultiert Ihre Marktstellungsstrategie.
- Wie soll Ihr Verhalten gegenüber direkten Konkurrenten aussehen? Ergebnis ist Ihre Verhaltensstrategie.

Marktstellungsstrategien
Wollen Sie mit Ihrem Unternehmen auf dem Markt wachsen? Die passende Strategie ist die **Marktwachstumsstrategie**. Aber wie kann man diese umsetzen?

Voraussetzung ist, dass Sie in der Lage sind, komparative Konkurrenzvorteile (KKV) auszubauen. In gesättigten Märkten zu wachsen bedeutet für Sie, auf Kosten Ihrer Wettbewerber zu wachsen. Sie müssen Wettbewerber aus dem Markt verdrängen. Dabei provozieren Sie eine Intensivierung des Wettbewerbs. Ihre Mitbewerber werden reagieren oder auf die gleiche Strategie setzen. Vielleicht sogar aggressiver als Sie!

Jedoch kann es auch eine andere Variante des Wachstums geben: Sie setzen auf Innovationen und entwickeln neue Märkte. Damit entsprechen Sie der Leitidee der Nachfragestimulation, wie sie in Kapitel 1.4 bereits herausgearbeitet worden ist.

Erhaltungsstrategie: Nicht immer wird sich eine Wachstumsstrategie durchsetzen lassen, zumal diese meist mit erhöhten Aufwendungen verbunden ist. Oft reicht es aus, Konkurrenten vom Markt fernzuhalten. Der Weg besteht darin, alles daranzusetzen, die bestehenden Konkurrenzvorteile aufrechtzuerhalten bzw. auszubauen.

Abschöpfungsstrategie: Wollen Sie hauptsächlich Gewinne abschöpfen? Diese Strategie ist dann angebracht, wenn weder Wachstum noch eine Erhaltung der derzeitigen Marktstellung zu erwarten sind. In solchen Fällen sollten Sie versuchen, durch Rationalisierungsmaßnahmen Synergien zu erzielen und Kostensenkungen zu realisieren.

> **Beispiel: Das Männermagazin Playboy**
>
> Zum Jahreswechsel 2002/2003 wechselte die deutsche Lizenz des bekannten Männermagazins den Besitzer. Als der bisherige Verlag davon erfuhr, dass er die Lizenz zum Jahresende zurückgeben muss, konzentrierte er sich ausschließlich auf kurzfristige Maßnahmen zur Erhöhung der Rentabilität ohne Rücksicht auf Langzeitwirkungen. Und das mit beträchtlichem Erfolg!

Es lohnt nicht, von vornherein aussichtslose Geschäfte mit Gewalt wieder zum Leben zu erwecken. Versuchen Sie lieber, so viel Gewinn wie möglich zu erzielen, und konzentrieren Sie Ihre Kräfte auf die Entwicklung neuer, besonders ertragreicher Segmente. Dafür können Sie den in den bisherigen Marktsegmenten abgeschöpften Gewinn verwenden.

Verhaltensstrategien

Hier geht es um die Frage, wie Sie sich gegenüber Wettbewerbern verhalten wollen. Damit ist nicht das Treffen am Stammtisch oder im Verband gemeint, sondern Ihre Strategie auf dem Markt.

Ein gesunder Wettbewerb zwischen Unternehmen sollte sich keinesfalls negativ auf persönliche Beziehungen auswirken. In vielen Fällen sitzen Sie gemeinsam im gleichen Boot, dann sollte man auf jeden Fall miteinander reden können. Und vielleicht bietet sich auch einmal die Gelegenheit, im Rahmen einer Forschungs- und Entwicklungskooperation zusammen ein Produkt zu entwickeln (z. B. VW Sharan, Seat Alhambra und Ford Galaxy). Dies wird auch als Kooperationswettbewerb bzw. Coopetition bezeichnet. Diese umfasst zum Beispiel eine strategische Kooperation in Forschung und Entwicklung. Bei der späteren Vermarktung der Produkte begegnen sich die Unternehmen auf dem Absatzmarkt wieder als Konkurrenten.

Hinsichtlich der Verhaltensstrategien stehen Ihnen grundsätzlich die folgenden Möglichkeiten offen:
- **Angriffsstrategie:** Sie können Ihre Konkurrenten mit unterschiedlichen Marketingmaßnahmen bekämpfen.
- **Umgehungs-/Ausweichstrategie:** Sie können der Konkurrenz ausweichen und auf anderen Märkten tätig werden.
- **Differenzierungsstrategie:** Sie können Ihr Angebot von dem der Konkurrenz deutlich abgrenzen.
- **Imitations-/Me-too-Strategie:** Sie könnten Ihre Konkurrenten imitieren und mit gleichen oder ähnlichen Produkten später auf den gleichen Markt kommen.
- **Kooperationsstrategie:** Sie könnten mit Ihren Konkurrenten kooperieren, um gemeinsam die gleichen Marktziele zu erreichen.
- Sie könnten Ihre Konkurrenten aber auch völlig ignorieren. Davon raten wir allerdings ganz deutlich ab!

Überdenken Sie die jeweiligen Vor- und Nachteile dieser Möglichkeiten in jedem konkreten Fall neu und entscheiden Sie dann. Eine allzeit richtige Lösung gibt es nicht!

4.3.4 Distributionsstrategien

Hier geht es um die von Ihnen gewählten Vertriebswege. Falls Sie den indirekten Vertrieb favorisieren, gehört zu den Distributionsstrategien auch Ihre Haltung gegenüber den Absatzmittlern. Berücksichtigen Sie auf jeden Fall die Ebene
- der Vertriebswege (Vertriebswegestrategie),
- Ihrer Präsenz im Handel (Distributionsgradstrategie),
- Ihres Verhaltens gegenüber den Absatzmittlern (Verhaltensstrategie),
- der geografischen Ausdehnung.

Die folgende Tabelle gibt Ihnen einen Überblick über die wichtigsten Strategien innerhalb Ihres Distributionssystems.

Strategie	Ihre Aufgabe
Vertriebswegestrategien	Legen Sie fest, ob Sie Ihre Leistungen direkt oder indirekt bzw. über eine Kombination von beidem an den Kunden bringen wollen.
Distributionsgrad-strategien	Legen Sie fest, inwieweit Sie in den Verkaufseinrichtungen des Handels oder in Ihren eigenen präsent sein wollen. Dabei haben Sie mehrere Alternativen: Sie können zwischen einem universalen, einem selektiven oder einem exklusiven Vertrieb wählen.
Verhaltensstrategien	Legen Sie fest, wie Sie sich gegenüber Absatzmittlern, die eine erhebliche Marktmacht aufbieten können und daher auch sehr stark die Bedingungen einer Zusammenarbeit mit Ihnen beeinflussen, verhalten wollen. Im Prinzip gelten die gleichen Möglichkeiten wie bei den Wettbewerbsstrategien. Entscheiden Sie zwischen folgenden Verhaltensweisen: Anpassung, Konflikt, Kooperation oder Umgehung (z. B. durch einen eigenen Direktvertrieb über das (mobile) Internet).

5 Auf die richtige Mischung kommt es an: der Marketingmix

Beispiel: Der Friseursalon
Kommen wir noch einmal zurück zum Friseursalon von Frau Schall. Frau Rauch und sie sitzen zusammen und überlegen. Beide haben erkannt, dass es nicht ausreicht, eine gute Friseurin zu sein. Nein, man muss seine Leistung auch verkaufen. Und dazu gehört, dass man sie bekannt macht. Schließlich sind es die Kunden, die über die Bezahlung der angebotenen Leistungen den Betrieb überhaupt erst ermöglichen.

5.1 Marketingmix – was ist das?

Um Marketing erfolgreich realisieren zu können, stehen Ihnen verschiedene **Marketinginstrumente** zur Verfügung, die in unterschiedlichen Kombinationen eingesetzt werden können. Sie sind abhängig von der vorgefundenen Marktsituation und können sich in einem bestimmten Zeitraum auch ändern. Da es sich immer um verschiedene Instrumente handelt, spricht man vom Marketingmix. Dazu zählen:

- **Produkt- und Leistungspolitik, Servicepolitik:**
  Welcher Nutzen lässt sich für den Kunden erzielen?
- **Preis- und Konditionenpolitik (Kontrahierungspolitik):**
  Zu welchem Preis kann ich verkaufen?
- **Kommunikationspolitik:**
  Wie erreiche ich meinen Kunden, wie kann ich ihm die Vorzüge meiner Angebote verdeutlichen?
- **Distributionspolitik:**
  Wie kommt die Ware zum Kunden?

Durch das geschickte Kombinieren dieser Instrumente können Sie Ihre Unternehmensziele realisieren bzw. erreichen.

5.2 Die Produkt- und Leistungspolitik

Bei der Produkt- und Leistungspolitik geht es darum, die angebotenen Leistungen festzulegen und zu ergänzen.

In den meisten Fällen besteht das Angebot eines Unternehmens aus einem komplexen Leistungsbündel. Im Mittelpunkt dieses Leistungskomplexes steht das »Produkt« in der Form eines oder mehrerer Güter oder Dienstleistungen. Dieses »Produkt« wird in der Regel durch eine Fülle von Zusatzleistungen (Service, Beratung, technische Unterstützung usw.) begleitet, womit das gesamte Leistungsbündel eines Unternehmens entsteht. Aus diesen Gründen wird zwischen **Produkt- und Sortimentsgestaltung** unterschieden.

> **Beispiel: »Waschen und Legen« oder mehr?**
> Das Grundsortiment eines Friseursalons kann sich grundsätzlich aus einem Herren- und/oder Damenbereich zusammensetzen. Damit ist auch schon die erste Grundsatzentscheidung angesprochen: Damen- oder Herrensalon oder beides?

5.2.1 Produkte gestalten zum Nutzen des Kunden

Denken Sie immer daran: Nicht Ihre eigenen Vorstellungen stehen im Mittelpunkt, sondern der Nutzen für Ihre Kunden! Wenn Sie diesen Leitgedanken berücksichtigen, wird es für Sie wesentlich einfacher sein, die Leitgedanken der Produktpolitik umzusetzen.

Die Produktgestaltung an sich wird durch zwei Bestandteile bestimmt:
- durch die technologischen und stofflichen Eigenschaften des Produkts: Diese Eigenschaften spiegeln die »innere« Gestaltung der Produkte wider;
- durch die Produktaufmachung, sozusagen die »äußere« Gestaltung des Produkts.

> **Beispiel: Handwerkliche Leistung und ihre Darstellung**
> Die handwerkliche Leistung von Frau Schall und ihrer Mitarbeiterinnen und Mitarbeiter ist das eigentlich »Produkt« bzw. hier die eigentliche »Dienstleistung«. Frau Rauch ergänzt diese Kernleistung um zahlreiche kleine Annehmlichkeiten (z. B. eine Tasse Kaffee oder ein Kaltgetränk zur Überbrückung der Wartezeit). Außerdem spielt die Gestaltung der Räumlichkeiten für das Wohlbefinden der Kunden eine große Rolle.

Es reicht bei weitem nicht mehr aus, wenn Sie Ihre Produkte lediglich mit den für die Aufgabenerfüllung notwendigen Technologien ausstatten. Vielmehr müssen Sie auch darauf achten, dass Ihre Produkte verkaufswirksam gestaltet sind.

5.2.2 Geben Sie Ihren Produkten ein prägnantes Äußeres

Konzentrieren Sie sich zunächst auf die folgenden Kernaspekte:
- die Produktaufmachung
- die Verpackung
- die Markierung (Logo, Slogan und Farben)
- die Kundendienst- und Garantieleistungen

Dabei ist es von besonderer Bedeutung, dass Sie alle Teilaspekte zu einem harmonischen Ganze zusammenfügen.

Wählen Sie eine verkaufsfördernde Produktaufmachung

Bei der Produktaufmachung geht es um Fragen des Designs der Güter. Das Design bestimmt das Erscheinungsbild der Produkte und kann somit erheblich zum Verkaufserfolg beitragen. Wenn Ihre Produkte anders sind als die der anderen Anbieter, warum sollten sie dann nicht auch anders aussehen?

Die Aufmachung der Produkte wird durch bestimmte **Gestaltungselemente** wie Form, Größe, Farbe, Beschriftung, verwendetes Material, Verpackung, Gewicht usw. bestimmt. Solche Gestaltungselemente können die Verkaufsfähigkeit Ihrer Produkte erhöhen.

Natürlich müssen Sie beim Design immer die **technischen und funktionalen Aspekte der Produkte** berücksichtigen. Das Design kann durchaus die Verwendungsmöglichkeiten oder auch die Leistungsfähigkeit Ihrer Produkte positiv aber auch negativ beeinflussen.

> **Beispiel: Handliche Formen**
>
> Die handliche Form eines Konsumguts, etwa eines Duschgelbehälters oder einer Zahnbürste, aber auch eines Buches (denken Sie daran, wo überall gelesen wird), kann sowohl den Gebrauch als auch die Absatzfähigkeit dieser Güter beeinflussen. Die übersichtliche Anordnung und Größe von Bedienungselementen an einem Konsum- bzw. Investitionsgut wird den Bedienungskomfort (Usability) und die Verkaufschancen der Güter erhöhen.

Psychologie der Verpackung

Verpackungen erfüllen mehr als nur die üblichen technischen Funktionen (z. B. Schutz des Produkts bei Transport und Lagerung). Sie üben auch eine psychologische Wirkung auf den Konsumenten aus. Alle Funktionen einer Verpackung können zum Kaufen animieren. Daher werden an Verpackungen mindestens zwei wesentliche Anforderungen gestellt.

- **Technisch-wirtschaftliche Anforderungen:** Die Erfüllung dieser Anforderungen wird von Herstellern, Händlern aber auch Käufern verlangt. Damit sind beispielsweise die Transportfähigkeit, das leichte Öffnen und Wiederverschließen, die Aufbewahrung und der Schutz der Güter, ein raumsparender Transport und eine ebenfalls platzsparende Lagerung sowie niedrige Verpackungs- und Füllkosten gemeint.
- **Marktpsychologische Anforderungen:** Andererseits sind marktpsychologische Anforderungen an die Verpackung zu stellen. Die Verpackung soll nicht nur zum Kauf motivieren, sie soll auch helfen, dass der Käufer Ihre Produkte in der Masse der angebotenen Güter wahrnimmt. Die Verpackung soll zum Kauferlebnis beitragen. Dadurch kann es gelingen, die Absatzmengen zu steigern.

> **Beispiel: Der etwas andere Salon**
> Eine Verpackung für Haarschnitte gibt es nicht. Aber Frau Rauch empfiehlt, den Salon in einer Form zu gestalten, der ihn von vornherein aus der Masse der anderen heraushebt. Genaueres will sie sich noch einfallen lassen.

Eine Marke muss her!

Ihre Produkte bzw. Dienstleistungen dürfen nicht anonym angeboten werden. Dann besteht nämlich die Gefahr, dass sie in der Masse der anderen Angebote »untergehen«. Sie benötigen markante Bezeichnungen für Ihre Leistungen. Güter werden aus dem anonymen Angebot durch die Einführung eines **Waren- bzw. Markenzeichens** (Bild und/oder Slogan sowie Wort und/oder Slogan) hervorgehoben. Sobald Ihre Leistung unter Ihrem Markenzeichen von den Kunden (wieder-)erkannt und akzeptiert wird, spricht man von einer Marke. Marken erfüllen gleichzeitig mehrere Funktionen:

- **Identifizierungsfunktion:** Durch die Kennzeichnung Ihrer Produkte werden diese für den Käufer wahrnehmbar und gleichzeitig von Konkurrenzprodukten abgegrenzt.
- **Werbefunktion:** Marken dienen zur Verstärkung des von Ihnen gewollten Produktimages. Eine Marke kann das Vertrauen, das ein Kunde einem Produkt oder einer Dienstleistung entgegenbringt, erheblich verstärken. Sie kann zu einem Begriff für Qualität und Zuverlässigkeit werden. Insofern kann die Marke die marktpsychologischen Wirkungen des Designs von Gütern verstärken.

Ihre Marke soll sich bei Ihren potenziellen Kunden einprägen und auf Ihrem Markt zu einem positiven Begriff werden. Prüfen Sie anhand der folgenden Checkliste, ob Sie an alles gedacht haben.

Checkliste: Eine einprägsame Marke entwickeln

Fragestellung	ja	nein
Ist die Marke unverwechselbar?		
Ist sie kurz und prägnant (z. B. ARAL, Bit, Uhu …)?		
Ist sie leicht auszusprechen?		
Suggeriert sie einen Wert (z. B. Super-Kraftstoff …)?		
Beinhaltet sie kurzlebige Modeworte?		
Löst die Marke positive Assoziationen aus?		

Inzwischen haben sich zahlreiche Agenturen in Deutschland etabliert, die für Sie Markenbezeichnungen ausarbeiten können. Weitergehende Informationen rund um das Thema Marke finden Sie auf der Webseite des Deutschen Patent- und Markenamts (DPMA; www.dpma.de).

Service: Ein Schlüssel zum Erfolg!

Entscheiden Sie im Zusammenhang mit der Produkt- und Sortimentspolitik, was Sie auf dem Gebiet des Kundendienstes und der Garantieleistungen Ihren Kunden anbieten, um sich dadurch dauerhaft Konkurrenzvorteile aufzubauen. Der Service kann einen wesentlichen Beitrag zur Bildung eines positiven Images Ihres Unternehmens sowie der einzelnen Produkte bzw. Dienstleistungen leisten. Zufriedene Kunden fühlen sich den Produkten und Dienstleistungen verbunden und können dadurch an die Leistungen Ihres Unternehmens gebunden werden.

Unter »Kundenservice« werden alle Maßnahmen verstanden, die Sie ergreifen können, um die Inanspruchnahme und Nutzung der von Ihnen angebotenen Leistungen zu erleichtern. Beim Kundenservice trifft man im Allgemeinen die folgende Unterteilung, die allerdings nicht immer ganz überschneidungsfrei ist:
- technischer Kundendienst
- kaufmännischer Kundendienst

Der **technische Kundendienst** kann zum Beispiel Installations- und Montageleistungen, die Inbetriebnahme von technischen Geräten, Reparaturleistungen, Wartungsleistungen, Inspektionen, die Bereitstellung von Ersatzteilen, einen 24-Stunden-Service, die Bereitstellung von Gebrauchsanleitungen sowie Schulungen beinhalten.

Der Verkaufserfolg technischer Produkte hängt stark von einem gut funktionierenden Kundendienst ab. In vielen Fällen ist der Verkauf von technischen Gütern nur möglich, wenn gleichzeitig bestimmte ergänzende Leistungen angeboten werden, zum Beispiel Wartung, Schulung und Unterweisung des Personals, Ersatzteillieferung usw.

Der **kaufmännische Kundendienst** umfasst Zusatzleistungen allgemeiner Art wie zum Beispiel Informationsdienst, Beratungsleistungen, Umtauschrecht, Gutscheine, Abwicklung von Bestellungen usw.

Auch **Fragen der Reklamationsabwicklung** sind Bestandteil des Kundenservices. Sehr wahrscheinlich können Sie aus eigener Erfahrung der folgenden Aussage zustimmen: Eine zufriedenstellende Bearbeitung von Reklamationen kann viel dazu beitragen, das Image eines Unternehmens und der jeweiligen Produkte zu stärken. Ein positives Reklamationsmanagement kann die Treue Ihrer Kunden erhöhen und darüber hinaus dazu beitragen, neue Kunden zu gewinnen.

Auf Märkten, auf denen die Produkte bzw. Dienstleistungen nahezu homogen oder gar identisch sind, können Sie sich von den Wettbewerbern oft nur dadurch abgrenzen, dass Sie eine Servicepolitik betreiben, die sich von der Servicepolitik Ihrer Konkurrenten positiv abhebt.

> **Beispiel: Kundenservice im Friseursalon**
> Warum sollte Frau Schall ihren Kunden die Wartezeit nicht dadurch verkürzen, dass sie neben der Lektüre der ausliegenden Zeitschriften die Möglichkeit haben, im Internet zu surfen?

Produktbegleitende Leistungen werden schnell zum entscheidenden Kaufargument für Ihre Kunden. Entwickeln Sie für Ihre Produkte Zusatzleistungen, die Ihren Kunden einen größeren Nutzen bieten.

Die Garantieleistungen

Garantieleistungen stellen **Verpflichtungen gesetzlicher oder vertraglicher Art** dar. Sie garantieren zum Beispiel die Haltbarkeit einer Ware oder die Funktionsfähigkeit eines Guts. Wenn Sie die Absicht haben, sich über Garantieleistungen einen Wettbewerbsvorteil zu verschaffen, dann sollten Sie überprüfen, ob Sie diese über die gesetzlichen Vorschriften hinaus anbieten können, zum Beispiel durch eine großzügigere zeitliche Ausdehnung der Gewährleistungsfristen, durch die Anpassung Ihrer Haftungspflichten usw.

5.2.3 Wie Sie Ihr Sortiment gestalten

Bei der Sortimentsgestaltung geht es um die Zusammenführung der verschiedenen Produkte bzw. Dienstleistungen zu einem Verkaufsprogramm. Dabei gilt, dass ein gut abgestimmtes Verkaufsprogramm mehr ist, als die Summe der einzelnen Produkte und Dienstleistungen. Dadurch erhöhen sich die Absatzchancen der einzelnen Güter Ihres Unternehmens erheblich.

Nach welchen Kriterien Sie Güter in Ihr Sortiment aufnehmen sollten, können Sie anhand der folgenden Checkliste überprüfen.

Checkliste: Überprüfen Sie Ihr Sortiment

Fragestellung	ja	nein
Erwarten die Kunden aufgrund unseres Firmenimages bestimmte Produkte im Sortiment?		
Sind diese Produkte in unserem Sortiment enthalten?		
Gibt es Produkte, die das Image unseres Unternehmens positiv verändern könnten?		
Sind wir in der Lage, diese Güter anzubieten (durch Eigenerstellung oder durch Zukauf)?		
Tragen die Güter unseres Sortiments zur Ertragssteigerung bei?		

Fragestellung	ja	nein
Verfügen alle Güter unseres Sortiments über einen positiven Deckungsbeitrag?		
Wenn nicht, auf welche könnten wir verzichten?		
Gibt es zwischen einzelnen Produkten Verbundeffekte (z. B. Rasierer und Rasierklingen)?		
Wenn wir auf diese Verbundprodukte nicht verzichten können, was müssten wir tun, um einen positiven Deckungsbeitrag zu erzielen?		

Im Folgenden lernen Sie einige Grundgedanken kennen, die Sie bei Ihren Sortimentsentscheidungen beachten sollten.

Wollen Sie ein **Vollsortiment** anbieten? Klären Sie, ob Sie alle möglichen Güter der Branche anbieten wollen/können oder ob es sinnvoller ist, sich auf eine bestimmte Anzahl zu beschränken.

Beispiel: Das Sortiment eines Friseursalons

Ein Konzept wäre, die volle Sortimentsbreite des Damen- und Herrenbereichs anzubieten. Das erfordert allerdings entsprechende Räumlichkeiten und (Personal-)Kapazitäten.

Ein anderes Konzept wäre, das Sortiment nicht in die Breite, sondern in die Tiefe auszubauen: beispielsweise einen Herrensalon zu eröffnen, der neben dem Haarschnitt weitere Leistungen wie spezielle Herrenkosmetik, Bartpflege und die zugehörige Beratung anbietet. Frau Rauch ist sich noch nicht im Klaren, ob dieses Konzept von den Herren auch angenommen wird, aber warum sollen immer nur die Damen schön sein?

Der Markt verändert sich und erfordert immer wieder **neue Produkte und Leistungen**. In vielen Branchen werden neue Produkte entwickelt bzw. viele andere verbessert. Sollten Sie alle im Sortiment aufnehmen?

Wenn Sie sich entscheiden, neue Produkte und Leistungen anzubieten, bedenken Sie in einem solchen Fall, dass möglicherweise andere Produkte aus Ihrem Sortiment gestrichen werden müssen. Denn es hat sich gezeigt, dass ein »**aufgeblähtes**« **Sortiment** für die Kunden schnell unübersichtlich wird und sich dadurch auch die Absatzchancen verringern.

5.2.4 Produktentscheidungen sind strategische Entscheidungen

Entscheidungen über Produkten und Leistungen sind strategische Entscheidungen. Sie können ein Sortiment nicht ständig ändern. Dies geht häufig schon aus technischen Gründen nicht, und wirtschaftlich sinnvoll ist ein permanenter Sortiments-

wechsel ohnehin nicht. Bei Ihren Sortimentsentscheidungen sollten Sie sich auf zwei wesentliche Bereiche konzentrieren:
- die **Sortimentsbreite**, d. h. die Entscheidung über die Anzahl verschiedener Produkte bzw. Dienstleistungen, die in das Sortiment aufgenommen werden sollen, und
- die **Sortimentstiefe**, d. h. die Entscheidung, wie viele Ausführungen bzw. Varianten innerhalb einer Produktart im Sortiment geführt werden sollen.

Begriffe, die im Zusammenhang mit der Produkt- und Leistungspolitik eine wichtige Rolle spielen, sind unter anderem
- die Produktdifferenzierung,
- die Produktvariation,
- die Programmmodifikation,
- die Programmerweiterung,
- die Programmdiversifikation,
- die Programmreduktion und
- die Innovation.

Produktdifferenzierung
Kunden erwarten oft eine **größere Vielfalt** und eine stärkere Individualität des Angebots. Differenzierung heißt in diesem Zusammenhang, dass Sie neben Ihren auf dem Markt befindlichen Produkten bzw. Dienstleistungen zusätzliche Varianten zur Verfügung stellen. Prüfen und nutzen Sie diese Chance, wenn eine Erweiterung Ihres Produktions- bzw. Absatzprogramms erwartet wird.

> **Beispiel: Zusätzliche Knallkörper**
> Die Herren Schall und Rauch treffen die Entscheidung, zusätzliche Knallkörper ins Produktions- und Absatzprogramm aufzunehmen. Damit erweitern sie ihr Programm auf fünfzehn verschiedene Produkte.

Produktvariation
Verändern Sie bestehende Produkte bzw. Dienstleistungen aus Ihrem Produktions- bzw. Absatzprogramm und passen Sie sie den veränderten Kundenwünschen an! Eigenschaften Ihrer Produkte könnten in funktionaler, ästhetischer oder physikalischer Hinsicht verändert werden.

> **Beispiel: »Flüstertüte«**
> Die Produktionsleitung der Schall & Rauch GmbH beschließt, bestimmte Sorten von Knallköpern aus dem Programm zu nehmen und sie durch die von vielen Kunden gewünschten sicheren und geräuscharmen Knaller »Flüstertüte« zu ersetzen.

Programmmodifikation und Programmerweiterung

Sie müssen nicht gleich das gesamte Programm verändern. Oft reicht es, wenn Sie Programmteile bzw. einzelne Produkte modifizieren oder verändern. Es könnte sich durchaus als sinnvoll erweisen, Ihr Produktions- und Absatzprogramm zum Nutzen Ihrer Kunden zu erweitern. Ist das der Fall, nutzen Sie diese Chance.

> **Beispiel: Scherzartikel**
>
> Bisher hat sich die Schall & Rauch GmbH vor allem auf Silvesterknaller und die Produktion für professionelle Feuerwerker gestützt. Herr Rauch hat die Produktion sonstiger Scherzartikel als eine sinnvolle Ergänzung erkannt. Auf diese Weise wäre das Geschäft weniger saisonabhängig und außerdem könnten den Kunden komplette, um Scherzartikel ergänzte Sortimente zur Verfügung gestellt werden.

Programmdiversifikation

Haben Sie schon einmal mit der Idee gespielt, mit neuen Produkten neue Märkte zu erschließen? Eine Diversifikation liegt vor, wenn ein Produktions- bzw. Absatzprogramm um zusätzliche Produktgruppen, die bisher noch nicht geführt wurden, erweitert wird. Dabei wird das Ziel verfolgt, in neue Märkte einzusteigen, also in neue Regionen und/oder in neue Kundensegmente.

> **Beispiel: Asiatisches Pulver**
>
> Die Gesellschafter Schall und Rauch erwägen, einen Pulverproduzenten in Asien zu erwerben, um die Zuverlässigkeit der Lieferung von Pulver zu gewährleisten.

Programmreduktion

Die bisher genannten Maßnahmen führen mittelfristig zu einer Ausweitung des Programms. Das bedeutet, dass sich Ihr Produktions- und Absatzprogramm irgendwann gegenüber der Startphase stark ausgeweitet haben wird. Im Ergebnis kann es passieren, dass Sie überproportional viele Vorräte, Ersatzteile usw. vorhalten müssen. Prüfen Sie, ob alle Produkte und Leistungen Ihres Sortiments gleichermaßen zum Ergebnis Ihres Unternehmens beitragen und immer noch ausreichend nachgefragt werden. Sollte das nicht der Fall sein, ist es sinnvoll, das Sortiment zu reduzieren und sich auf seine Kernkompetenzen zu konzentrieren.

Setzen Sie den Rotstift nicht zu schnell ein

Nicht alle Produkte, die keinen ausreichenden Beitrag zur Deckung der Fixkosten leisten, kann man einfach aus dem Sortiment entfernen. Oft dienen sie als notwendige Ergänzung anderer Produkte oder machen das Kerngeschäft überhaupt erst möglich. Diese Produkte und Leistungen dürfen keinesfalls dem Rotstift zum Opfer fallen! Beispielsweise ist der Zahlungsverkehr bei Banken und Sparkassen trotz der erhobenen

Gebühren deutlich defizitär. Können Sie sich jedoch ein Kreditinstitut vorstellen, das keine Überweisungen ausführt? In diesem Fall wurde ein anderer Weg eingeschlagen, nämlich die Kostenreduzierung durch den elektronischen Zahlungsverkehr vom heimischen PC aus.

Die Innovation
Innovationen sind eine Grundvoraussetzung zur **Sicherung der langfristigen Wettbewerbsfähigkeit** eines Unternehmens. Innovative Produkte und Leistungen müssen am Markt eingeführt und etabliert werden. Auch dabei sollte der Kundennutzen im Vordergrund stehen. Eine Innovation um ihrer selbst willen, die für den Kunden keinen erkennbaren Nutzen hervorbringt, ist wirtschaftlich nicht sinnvoll. Jedoch sollten in einem langfristigen Prozess sukzessive veraltete Produkte durch innovative ersetzt werden.

5.2.5 Produktpolitik und Wettbewerb

Bei der Ausgestaltung Ihrer Produktpolitik sind Sie nicht allein. Beachten Sie, dass Ihre Konkurrenten auf dem gleichen Markt mit ähnlichen bzw. gleichen Leistungen tätig sind. Prinzipiell können die Angebote Ihrer Konkurrenten schlechter, gleich gut oder besser bzw. interessanter als Ihre sein. Gehen Sie grundsätzlich davon aus, dass die Produkte und Dienstleistungen Ihrer Konkurrenten mindestens so gut – wenn nicht sogar besser – als Ihre Leistungen sind.

In vielen Fällen werden erfolgreiche Unternehmen träge. Und plötzlich merken sie, dass Wettbewerber an ihnen vorbeiziehen und Sie plötzlich im Wettbewerb um die Kunden das Nachsehen haben. Das sollte Ihnen nicht passieren! Entwickeln Sie deshalb eine von einem gesunden Selbstbewusstsein geprägte Einstellung gegenüber Konkurrenzangeboten. Das können Sie erreichen, wenn Sie sich immer wieder die folgenden Fragen stellen.

Checkliste: Überprüfen Sie Ihr Angebot unter dem Konkurrenzaspekt

Fragestellung	ja	nein
Welche Produkte und Dienstleistungen stellen aus Kundensicht ernstzunehmende Wettbewerbsangebote dar?		
Unterscheidet sich unser Angebot positiv von diesen?		
Gibt es etwas Besonderes an unseren Leistungen (komparative Konkurrenzvorteile), was dazu führt, dass potenzielle Kunden bei uns und nicht beim Wettbewerb kaufen?		

Fragestellung	ja	nein
Ist unser Angebot so interessant, dass vorhandene Kunden uns weiterhin treu bleiben?		
Führt dies sogar dazu, dass unsere Kunden positive Mund-zu-Mund-Kommunikation für uns betreiben?		

Potenzielle bzw. vorhandene Kunden werden sich für Sie entscheiden, wenn mindestens zwei wesentliche Voraussetzungen erfüllt sind. Kunden müssen erkennen, dass
- Ihre Firma etwas ganz Besonderes zu bieten hat und
- dass sie bei Ihnen einen größeren Nutzen als bei Ihren Konkurrenten erwerben können.

Kunden erfassen den Nutzen als Ganzes. Sie sehen nicht nur das Produkt allein, sondern alles, was damit in Verbindung steht. Dabei könnte es sich um folgende Aspekte handeln:
- eine besondere Vergünstigung beim Preis und/oder den Zahlungs- und Lieferbedingungen
- ein interessantes Geschenk
- eine tolle Zugabe usw.

Gehen Sie also bei Ihrer Produktpolitik nicht ausschließlich von einzelnen Produktmerkmalen Ihres Angebots aus, sondern stellen Sie den **Kundennutzen** in den Mittelpunkt Ihrer Überlegungen. Versuchen Sie, die Wünsche und Bedürfnisse Ihrer Zielgruppe zu ermitteln. Und kreieren Sie anschließend einen ganz besonderen Kundennutzen. Kommunizieren Sie dazu mit Ihrer Zielgruppe! Die Möglichkeiten sind sehr zahlreich, zum Beispiel:
- Befragung potenzieller Kunden
- persönliche Beziehungen zu Kunden aufbauen
- Partnerschaften erzeugen usw.

Dies gibt Ihnen die Chance, auf noch verborgene Wünsche, Probleme oder Bedürfnisse zu stoßen, die Sie wiederum in Ihre Produktpolitik einfließen lassen könnten. Wenn Ihnen das gelingt, können Sie einen zusätzlichen Nutzen für diese Kunden (und zwar schneller als Ihre Konkurrenten) anbieten. Bemühen Sie sich dauerhaft, die Wünsche, Probleme und Bedürfnisse Ihrer Zielgruppe zu erfassen, und versuchen Sie, im Rahmen Ihrer Produktpolitik Wünsche, Probleme und Bedürfnisse, die noch nicht erfüllt, gelöst oder befriedigt sind, so schnell wie möglich in fantasievolle Produkte und Dienstleistungen umzuwandeln.

Viele, wenn nicht die meisten Produkte bzw. Dienstleistungen werden sich immer ähnlicher, sowohl hinsichtlich der Leistung als auch hinsichtlich der Qualität und sogar hinsichtlich des Preises. In vielen Fällen reichen daher die Produktqualität oder ein niedrigerer Preis für die Kaufentscheidung nicht mehr aus. Es sind zusätzliche Argumente nötig. Derjenige Anbieter, der im Vergleich zum Wettbewerb die bessere Bedürfnisbefriedigung garantiert, der die Kundenwünsche am besten erfüllen kann, der die beste Problemlösung anbietet, wird auch die größten Chance haben, sich im Konkurrenzkampf erfolgreich durchzusetzen.

> **Tipp: Ständige Überprüfung**
> Prüfen Sie kontinuierlich, ob Ihre Produkte und Dienstleistungen den Kundenanforderungen entsprechen und ob sie den Bedürfnissen, Wünschen und Problemen Ihrer Zielgruppe(n) gerecht werden. Stellen Sie dabei nicht Ihre vorhandenen Leistungen in den Mittelpunkt, sondern immer und ausschließlich die Sicht des Kunden und dessen Wünsche.

Die folgende Checkliste hilft Ihnen dabei zu überprüfen, worin das Besondere Ihrer Angebote liegt.

Checkliste: Das Besondere unseres Angebots

Fragestellung	ja	nein
Bieten wir eine besondere Technologie, die zum Vorteil des Kunden eingesetzt werden kann?		
Bieten wir eine besondere Qualität, die zum Vorteil des Kunden eingesetzt werden kann?		
Haben wir ein besonderes Design?		
Ist unser Kundenservice hervorragend?		
Haben wir einen besonders günstigen Preis?		
Gibt es besondere Zusatzleistungen, die nur wir anbieten? Zum Beispiel:		
• außergewöhnlich schnelle Lieferung		
• Einpackservice		
• Auslieferungs- oder Änderungsdienst		
• Möglichkeit der telefonischen Bestellung		
• besonders gut erreichbaren Standort		
• besondere Geschäftsausstattung		
• benutzerfreundlicher Online-Shop		
• Online-Kundendienst		

Fragestellung	ja	nein
• besondere persönliche Ausstrahlung		
• besondere Kundenfreundlichkeit		
• besonders günstige Konditionen		
• besondere Finanzierungshilfen		
• besonders unkomplizierte Reklamationsabwicklung		
• besonders bequeme Bezugsmöglichkeit		

In der Gastronomie finden sich viele Beispiele für individualisierte Angebote. So kann ein Restaurant seinen Gästen die Möglichkeit bieten, sich ihr Eisdessert selbst zusammenzustellen, oder der Barkeeper mixt die Cocktails nach Kundenwunsch.

Suchen Sie nach Differenzierungsmöglichkeiten, um sich ganz gezielt von den Angeboten Ihrer Wettbewerber abzusetzen. Und wenn Sie solche finden, setzen Sie sie gleich um! Versetzen Sie sich dabei in die Lage Ihrer Kunden! Diese werden es Ihnen mit zusätzlichen Aufträgen danken.

Versuchen Sie, so attraktiv zu sein, dass der Kunde gerne auf Sie zugeht. Ihr Angebot und damit Ihre Produktpolitik müssen darauf ausgerichtet sein, sehr interessante Leistungen anzubieten. Versuchen Sie immer wieder, ausgetretene Pfade zu verlassen. Neue Wege, die die Attraktivität Ihrer Leistung erhöhen, sind gefragt. Tun Sie nicht, was die anderen tun. Suchen sie nach Unterschieden, die für den Kunden erkennbar sind. Versuchen Sie, Trends in Ihrer Branche frühzeitig zu erkennen besser noch selbst zu setzen.

> **Tipp: Nutzen Sie die Neuen Medien**
> Im Rahmen Ihrer Produktpolitik sollten Sie auch die Möglichkeiten nutzen, die Ihnen die neuen Medien bieten. Überprüfen Sie zum Beispiel, ob Sie Online-Dienste anbieten können.

5.3 Die Preispolitik – Zu welchem Preis kann ich verkaufen?

Der Fachausdruck für Preispolitik lautet Kontrahierungspolitik – damit ist die Kunst, Verträge (= Kontrakte) zu schließen, gemeint. Über Preise und Konditionen können Sie sich Wettbewerbsvorteile verschaffen!

Der Vertrag beinhaltet einerseits das Entgelt für Ihre Leistungen, andererseits die Konditionen, zu denen diese Leistungen angeboten werden. Das sind zum Beispiel Rabatte, Lieferungs- und Zahlungsbedingungen, Kundenkredite, Gutscheinsysteme (Couponing) usw.

Der Preis ist ein zentrales Element der Wettbewerbsstrategie. Sie sollten es jedoch nicht losgelöst von der Produkt-, der Kommunikations- und der Distributionspolitik betrachten und isoliert einsetzen.

Bestimmen Sie zielgerichtet die Preispolitik, die Sie für Ihre Leistungen durchsetzen wollen. Berücksichtigen Sie dabei vor allem folgende grundsätzliche Überlegungen:
- Der Preis ist das Geld, das ein Kunde für eine Mengeneinheit Ihres Produkts oder Ihrer Dienstleistung entrichten muss.
- Der Kunde wird diesen Preis nur erbringen, wenn er den Nutzen des Produkts höher bewertet als den Preis. Daher spricht man in diesem Zusammenhang auch von Nettonutzen.
- Demzufolge bestimmt der Preis darüber, ob der Kunde überhaupt kauft, und darüber hinaus, bei wem der Kunde kauft.

Entweder Sie bieten hochwertigere Produkte zum gleichen Preis oder die gleichen Produkte zu einem günstigeren Preis an als Ihre Wettbewerber. Kunden kaufen ein Produkt nicht nur, weil es billig ist. Sie werden Nutzen und Preis gegeneinander abwägen. Das Preis-Leistungs-Verhältnis wird damit zur entscheidenden Erfolgsgröße.

5.3.1 Wie Sie Ihre Preise festlegen

Die zentrale Frage lautet: Wie kann ich meine Preise festlegen, sodass sie markt- und konkurrenzfähig sind? Allein von den Kosten auszugehen reicht nicht aus. Nicht Ihre Kosten sind das Entscheidungskriterium, sondern der Markt.

Andererseits müssen Sie aus wirtschaftlichen Gründen dafür Sorge tragen, dass die Preise Ihre Kosten decken. Wenn der Markt keine höheren Preise akzeptiert, können Sie nur wirtschaftlich arbeiten, wenn Sie die Kosten anpassen (d. h. indem Sie sparen). Allerdings sind jeder Kostensenkungsstrategie Grenzen gesetzt.

Die Kunden müssen daher erkennen, dass der Nutzen, den sie aus Ihrem Produkt ziehen können, höher ist als der dafür zu entrichtende Preis. Daher spielen die Wahrnehmung des Preises und die Wahrnehmung der Produktleistung durch Ihre Kunden eine ganz entscheidende Rolle.

Anleitung: 5 Schritte zur Preisfestlegung
1. Analysieren Sie, welchen preispolitischen Spielraum Sie zur Verfügung haben. Dazu benötigen Sie einen Überblick über Ihre Konkurrenz- und Kundensituation.
2. Legen Sie Ihre preispolitischen Ziele fest. Diese können Sie kurz-, mittel- und langfristig definieren.

3. Beachten Sie die preispolitischen Strategien, die Ihnen zur Verfügung stehen. Beobachten Sie auch immer die Preisstrategien Ihrer wichtigsten Konkurrenten sowie deren Reaktionen auf Ihre Preismaßnahmen.
4. Legen Sie die notwendigen preis- und konditionenpolitischen Maßnahmen fest und führen Sie diese konsequent durch.
5. Führen Sie regelmäßig Preiskontrollen durch.

5.3.2 Schritt 1: Welchen preispolitischen Spielraum haben Sie?

Preise lassen sich nicht willkürlich festlegen. Loten Sie Ihren Spielraum aus! Ihre Mindestpreisforderung beruht zunächst auf den bei Ihnen vorhandenen Selbstkosten und einem geplanten Gewinn. Überlegen Sie dabei auch, welche Gewinne Ihnen bei alternativen Preisforderungen realisierbar erscheinen.

Darüber hinaus müssen Sie nach der Akzeptanz der Absatzmittler und Endabnehmer für die von Ihnen geplanten Preisforderungen fragen. Die **Preisakzeptanz** stellt zum einen die Ober-, aber auch die Untergrenze Ihres preispolitischen Spielraums dar. Was zu teuer ist, wird nicht gekauft. Bedenken Sie jedoch, dass Qualität auch ihren Preis hat. Das bedeutet, dass zu günstige Produkte ebenfalls mit preisbedingten Absatzschwierigkeiten zu kämpfen haben.

> **Tipp: Alternative Angebotspreise**
> Versuchen Sie herauszufinden, wie sich das Nachfrageverhalten in Abhängigkeit von alternativen Angebotspreisen verändern kann.

Der **Wettbewerb** ist die dritte Grenze, die Sie bei Ihrer Preisfestlegung berücksichtigen müssen. Gehen Sie davon aus, dass Wettbewerber auf Ihre Preisfestsetzung und eventuelle Preisänderungen reagieren werden. Sie müssen diese möglichen Reaktionen in Ihr Preiskalkül einbeziehen.

5.3.3 Schritt 2: Legen Sie Ihre preispolitischen Ziele fest

Überprüfen Sie, ob es möglicherweise Konflikte zwischen Ihren Preiszielen gibt. Diese können beispielsweise zwischen
- Ihren Preisvorstellungen und den von Ihnen gesetzten allgemeinen Unternehmenszielen,
- Ihren Zielen und denjenigen der Verwender,
- Ihren Zielen und denjenigen der Absatzmittler

entstehen.

> **Beispiel: Preisvorstellungen und Handel**
>
> Die Preisvorstellung der Radler OHG für das Stadtfahrrad »City Bike« liegt bei 1.100 Euro. Eine Fahrradfachhandelskette ist der Meinung, das Fahrrad lasse sich für maximal 950 Euro an den Endkunden verkaufen. Da sie damit allerdings keinen Gewinn erzielen könnte, bestellt sie ein »vergleichbares« Stadtfahrrad aus Asien.

Prüfen Sie, welche Ziele für Sie Priorität haben: die Listung in einer Handelskette (Mengenstrategie) oder eine entsprechende Marge beim Verkauf Ihrer Produkte über den Facheinzelhandel (Markenstrategie). Auch bei anderen Widersprüchen gilt es, Prioritäten zu setzen und danach zu handeln. Vermeiden Sie, sich Ergebnisse »schönzurechnen«.

5.3.4 Schritt 3: Entscheiden Sie sich für Ihre preispolitische Strategie

Bezüglich Ihrer Preisstrategie müssen Sie sich auf unterschiedlichen Ebenen festlegen.

Preisniveau

Welches Preisniveau sollen Ihre Produkte oder Dienstleistungen haben? Dabei gibt es folgende grundsätzliche Möglichkeiten:

- Ein hohes Preisniveau (Premiumpreise) können Sie anstreben, wenn Ihre Produkte besondere Leistungsvorteile für Ihre Kunden zu bieten haben.
- Ein mittleres Preisniveau ist empfehlenswert, wenn Sie im Rahmen der Produktpolitik ein Standardqualitätsniveau für Ihre Leistungen definiert haben.
- Sollte es der Fall sein, dass Ihre Produkte nur eine Mindestqualität bieten, dürfen die Preise nicht zu hoch angesetzt werden (niedriges Preisniveau).

Welches Preisniveau streben Sie an?

Prüfen Sie genau, welches Preisniveau Sie anstreben. Ist Ihr Produkt gut, wird es auch zu höheren Preisen seine Käufer finden. Manchmal sind höhere Preise sogar Voraussetzung, gute Produkte zu verkaufen, weil die Käufer mit einem bestimmten Preisniveau auch bestimmte Qualitätsmerkmale verbinden.

> **Beispiel: Preise im Friseursalon**
>
> Frau Rauch hat Frau Schall davon überzeugen können, dass niedrige Preise nicht automatisch für viel Kundschaft sorgen. Das gehobene Niveau des Salons muss bezahlt werden. Das wissen die Kunden, die einen solchen Salon betreten, und sie sind bereit, hohes Niveau zu honorieren. Der relativ hohe Preis wird damit zum Qualitätsindikator. Insbesondere für Neukunden, die sich noch nicht von Frau Schall die Haare haben schneiden lassen.

Preiswettbewerb

Die nächste Frage lautet: Welche Stellung wollen Sie im Preiswettbewerb einnehmen? Wollen Sie die Preisführerschaft in Ihrer Branche anstreben? Das könnte dann der Fall sein, wenn Sie in der Lage sind, den höchsten Preis im Markt durchzusetzen.

> **Beispiel: Der Snob-Effekt**
>
> Bei manchen Luxusartikeln steht der Preis in keinem unmittelbaren Verhältnis zum Aufwand für die Herstellung des Produkts. Bei einer exklusiven Marke wird nicht selten auf den sogenannten Snob-Effekt gebaut – je teurer ein Produkt ist, desto weniger Menschen können sich das Produkt kaufen. Dies freut den Snob-Kunden.

Preiskampf

Oder wollen Sie sich auf einen Preiskampf einlassen? Das wäre dann der Fall, wenn Sie den geringsten Preis am Markt fordern wollen, also zum Beispiel einen aggressiven Discountpreis. Mit einem sehr konsequenten Kostenmanagement sollten Sie dann allerdings auch in der Lage sein, diese Strategie durchzuhalten! Aldi und Lidl sind Beispiele für den Erfolg einer solchen Strategie.

Wollen Sie sich mit einer Preisfolgerschaft begnügen? Dann verfolgen Sie eine Preispolitik, die sich an diejenige Ihrer Wettbewerber anpasst.

Preisabfolge

Darüber hinaus müssen Sie Entscheidungen treffen, die mit der Preisabfolge zu tun haben. Dabei geht es um die Verknüpfung der Preisstrategie mit der Marktphase, in der sich Ihre Produkte gerade befinden (Einführungs-, Wachstums-, Sättigungs- oder Degenerationsphase). Folgende Alternativen haben sich bewährt:

- **Penetrationsstrategie:** Sie bieten einen niedrigen Anfangspreis, um den Markt schnell zu erschließen bzw. zu erobern. Nachdem Sie genügend Kunden gewonnen haben, können Sie überprüfen, ob Sie a) den Einführungspreis beibehalten, b) den Preis weiter absenken (sofern dies möglich ist) oder c) den Preis (leicht) anheben. Diese Strategie ist auch als Penetrationsstrategie bekannt.
- **Skimmingstrategie:** Sie fordern für Ihre Produkte und Dienstleistungen einen (sehr) hohen Einführungspreis. Dabei verfolgen Sie das Ziel, die Zahlungsbereitschaft der ersten Kunden abzuschöpfen und hohe Deckungsbeiträge zu realisieren. Mit steigenden Umsätzen senken Sie nach und nach die Preise. Diese Preisabfolge wird als Skimmingstrategie bezeichnet und eignet sich nur bei wirklich neuartigen Produkten bzw. Technologien (echten Innovationen), die über erheblich verbesserte Eigenschaften verfügen.

Das Umfeld

Auch die Umfeldbedingungen, die Sie auf Ihren Märkten vorfinden (Preisdynamik), haben Einfluss auf Ihre Preisstrategie. Sie haben grundsätzlich folgende Möglichkeiten:

- **Festpreisstrategie:** Sie legen Ihre Preise für einen bestimmten Zeitraum fest und lassen sie unverändert (Preiskonstanz). Eine solche Festpreisstrategie ist typisch beispielsweise für Automobilverkäufer und Versandhäuser (insbesondere gilt dies für Händler, die gedruckte Kataloge an ihre Zielgruppe verschicken).
- **Flexible Preisstrategie:** Bei der flexiblen Preisstrategie möchten Sie Ihre Preise schnell an die sich verändernden Marktgegebenheiten anpassen.
- **Pulsierende Preisstrategie:** Bei einer pulsierenden Preisstrategie verändern Sie die Preise in bestimmten, von Ihnen festgelegten Zeitabständen nach oben und unten. Dazwischen können Sie aber auch kleine Preisänderungen vornehmen. Typisches Beispiel ist der Mineralölmarkt.

Preisdifferenzierungen

Preisdifferenzierungen stellen eine weitere Preisstrategie dar.

- **Räumliche Differenzierung:** Sie könnten eine räumliche Preisdifferenzierung anstreben, indem Sie verschiedene Preise für Ihre Leistungen in unterschiedlichen Regionen (z. B. Inland/Ausland) verlangen.
- **Zeitliche Differenzierung:** Sie können eine zeitliche Preisdifferenzierung anstreben, indem Sie unterschiedliche Preise für Ihre Angebote zu unterschiedlichen Zeiten festlegen (Saisonpreise im Tourismus).
- **Zielgruppenspezifische Differenzierung:** Sie können eine zielgruppenspezifische Preisdifferenzierung anstreben, indem Sie Sonderpreise für unterschiedliche Abnehmergruppen (z. B. Jugendliche, Kinder, Senioren, Berufsgruppen usw.) festlegen.
- **Mengenmäßige Differenzierung:** Sie könnten auch eine mengenmäßige Preisdifferenzierung anstreben, indem Sie Preise nach der gekauften Menge staffeln (Mengenrabatt).

Eine Ausnahme bildet die **verwendungsbezogene Preisdifferenzierung**. Beispielsweise hat Heizöl eine wesentlich niedrigere Besteuerung als Dieselkraftstoff. Obwohl es sich in vielen Fällen um das gleiche Produkt handelt.

5.3.5 Schritt 4: Preispolitische Maßnahmen festlegen

Basierend auf den Festlegungen der ersten drei Schritte, müssen Sie anschließend konkrete Entscheidungen treffen. Diese betreffen

- die Preishöhe für die jeweiligen Angebote,
- die Art und Formen der möglichen Preisnachlässe,
- die Fixierung der Preise in Preislisten sowie
- die konkrete Aushandlung von Preisen bei Geschäftspartnern.

Als Ergebnis dieses Schrittes haben Sie dann ein verbindliches Preis- und Konditionensystem für Ihre Produkte bzw. Dienstleistungen.

Sie können Ihre Preise nach drei verschiedenen, aber miteinander verflochtenen Ansätzen kalkulieren:
- nach dem kostenorientierten Preisansatz,
- nach dem konkurrenzorientierten Preisansatz oder
- nach dem kundenorientierten Preisansatz.

Da alle Preisbildungsprinzipien mit »K« (wie Kosten, Konkurrenten und Kunden) beginnen und Sie idealerweise alle drei simultan berücksichtigen sollten, hat sich der Begriff des »magischen Dreiecks der Preispolitik« sowie die Bezeichnung »Die drei K der Preispolitik« etabliert.

Kostenorientierte Preisbildung
Eine Preis- bzw. Angebotskalkulation Ihrerseits ist unumgänglich. Sie müssen wissen, was Sie die angebotene Leistung kostet und welchen Gewinn Sie machen können. Ermitteln Sie Ihre Selbstkosten und bestimmen Sie einen vertretbaren Gewinnzuschlag. Die Summe ist der Preis für Ihre Produkte bzw. Dienstleistungen, den Sie aufgrund Ihrer Kostensituation erreichen müssten.

Dafür stehen Ihnen zwei prinzipielle Wege offen:
- die Vollkostenrechnung
- die Teilkostenrechnung

An dieser Stelle konzentrieren wir uns auf die Darstellung der Grundideen der Voll- bzw. Teilkostenrechnung. Genaueres zu dieser Problematik finden Sie in der betriebswirtschaftlichen Fachliteratur speziell unter dem Stichwort »Kostenrechnung«. Besonders empfehlen möchten wir in diesem Zusammenhang das Fachbuch von Jörg Wöltje »Kosten- und Leistungsrechnung« (Haufe 2022).

Der Preis auf Basis der Vollkostenrechnung kann von Branche zu Branche unterschiedlich berechnet werden.

Defizite der Vollkostenrechnung
Die Vollkostenrechnung als Algorithmus für die Preiskalkulation weist zwei wichtige Defizite auf:
- Zum einem geht sie von der Kostensituation des Anbieters aus. Sie berücksichtigt nicht die Reaktion der potenziellen Kunden auf die Preisfestsetzung. Das kann dazu führen, dass Aufträge, bedingt durch einen zu hohen Gewinnaufschlag, zu teuer kalkuliert werden und daher verloren gehen.
- Zum anderen berücksichtigt sie nicht die erreichbaren Absatzmengen bzw. die Anzahl der Aufträge.

Diese und andere, hier nicht weiter ausgeführten Gründe haben dazu geführt, dass man sich im Rahmen der Preiskalkulation verstärkt der Teilkostenrechnung zugewandt hat.

Teilkostenrechnung

Der Grundgedanke bei der teilkostenorientierten Preisbildung besteht darin, den Preis aus dem Markt und nicht primär aus den Gegebenheiten des Unternehmens zu ermitteln. Sie bestimmen die Absatzmengen, die Sie benötigen, um Ihre Kosten zu decken und Gewinne zu erwirtschaften.

Zu diesem Zweck werden die Kosten in ihre variablen und fixen Bestandteile aufgegliedert. Damit lassen sich zwei wichtige Fragen beantworten:
- Wie hoch müssen meine Umsatzerlöse sein, um alle meine Kosten zu decken? Diese Größe heißt auch **Gewinnschwelle** bzw. **Break-even-Punkt**. An dieser Stelle sind die Gesamtkosten (also die Summe von Fix- und variablen Kosten) genauso hoch wie die Umsatzerlöse.
- Wie hoch ist der Deckungsbeitrag? Das ist der Teil der Umsatzerlöse, der zur Deckung der Fixkosten beiträgt.

Bei der Break-even-Analyse, auch »Gewinnschwellenanalyse« genannt, wird untersucht, wann die erzielten Deckungsbeiträge die fixen Kosten genau abdecken (Break-even-Punkt). Grafisch lässt sich dies folgendermaßen darstellen:

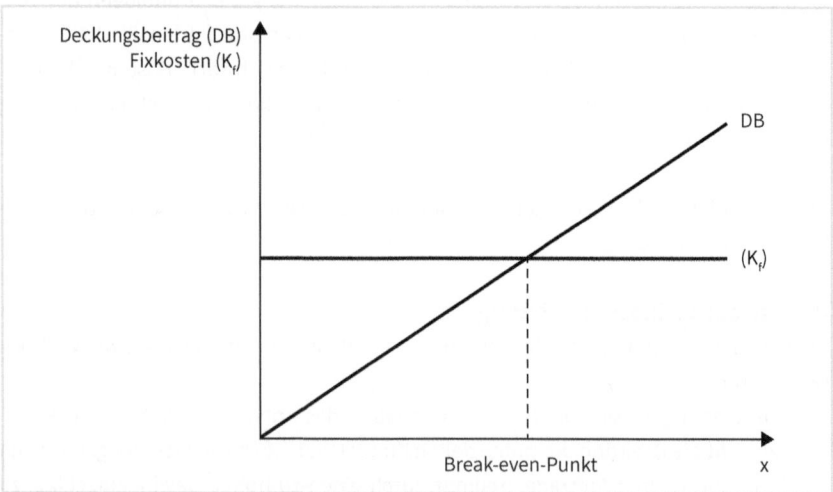

Abb. 3: Break-even-Analyse (grafische Darstellung)

Der Break-even-Punkt (Gewinnschwelle) lässt sich mit folgender Formel errechnen:

$$Gewinnschwelle = \frac{Fixkosten}{Preis - variable\ Kosten}$$

Bei der Einführung oder der Aufnahme neuer Produkte in das Sortiment sind diese Entscheidungen besonders wichtig. Die Gewinnschwellenermittlung ermöglicht Entscheidungen über den Verbleib oder die Eliminierung von Produkten aus dem Sortiment.

Bei folgenden Entscheidungen hilft Ihnen die Deckungsbeitragsrechnung:
- Gewinnschwellenermittlung: Ab welcher Absatzmenge entsprechen die gesamten Erlöse den Gesamtkosten?
- Ermittlung einer Preisuntergrenze: Welchen Angebotspreis müssen Sie mindestens fordern?
- Welche Produkte erzielen den höchsten Gewinnbeitrag?
- Lohnen sich (kleinere) Zusatzaufträge zur besseren Kapazitätsauslastung?
- Make-or-Buy: Lohnt sich die Eigenfertigung oder ist der Fremdbezug vorteilhafter?

Die Grundformel der Deckungsbeitragsrechnung lautet dabei wie folgt:

Deckungsbeitrag	= Erlöse – Teilkosten
Betriebserfolg	= Deckungsbeitrag – Restkosten

Konkurrenzorientierte Preisbildung

Ein weiterer Ansatz ist die konkurrenzorientierte Preisbildung. Sie haben es vorrangig mit Konkurrenten zu tun, die auf dem gleichen Preisniveau wie Sie aktiv sind. Vergleichen Sie deren Preise und Zahlungsbedingungen mit Ihren eigenen Preisvorstellungen. Die zentrale Frage lautet dabei: Bieten Konkurrenten vergleichbare Leistungen zu gleichen, höheren oder niedrigeren Preisen an?

> **Beispiel: Eröffnung des Friseursalons**
> Frau Schall hat ihren Salon eröffnet. Kurz danach muss sie feststellen, dass zwei Friseure in der Nähe in einer Aktionswoche die Preise gesenkt haben. Wie soll sie darauf reagieren?

Liegen die Preise Ihrer Konkurrenten auf einem höheren oder auf dem gleichen Niveau, dann können Sie Ihre Preise als konkurrenzfähig betrachten. Sie haben gute Chancen im Preiswettbewerb. Liegen die Preise Ihrer Mitbewerber für vergleichbare Leistungen aber auf einem niedrigeren Niveau, dann haben Sie ein Problem. Dies gilt insbesondere dann, wenn Sie mit diesen Preisen gerade einmal Ihre Kosten decken können. In diesem Fall müssen Sie handeln! Welche Alternativen gibt es?

Anleitung: So gehen Sie vor, wenn Ihre Preise zu hoch sind

Schritt 1: Prüfen Sie Ihre Kostenstruktur. Haben Sie vielleicht noch Kostensenkungspotenziale, die Sie nutzen könnten? In Ihrer Verwaltung, bei Ihren Mitarbeitern, in der Effizienz Ihrer Produktion, in der Rationalisierung von Abläufen, im Vertrieb, …?

Schritt 2: Versuchen Sie, Ihren Deckungsbeitrag zu verbessern! Überprüfen Sie, ob Sie die Möglichkeit haben, Ihre variablen Kosten zu senken, indem Sie den Bezug Ihrer Materialien kostengünstiger gestalten, zum Beispiel bei preisgünstigeren Anbietern oder durch die Inanspruchnahme von Mengenrabatten, Skonti usw.

Schritt 3: Könnten Sie (zumindest zeitweise) auf einen Teil Ihres Gewinns verzichten? Überprüfen Sie, ob Sie (wenn Ihnen nichts anderes übrigbleibt) Ihre Gewinnerwartungen ändern können und sich der Gewinnaufschlag verringern lässt.

Schritt 4: Können Sie ohne deutliche Erhöhung der Kosten Ihr Leistungsangebot derart verbessern, dass Ihre höheren Preise im Vergleich zur Konkurrenz wieder gerechtfertigt sind?

Grundsätzlich könnten Sie Ihre Preise auch unabhängig von Ihrer eigenen Kostensituation und von der Nachfrageentwicklung festlegen, indem Sie Ihre Preise vollständig an denen Ihrer Wettbewerber ausrichten. Dabei bieten sich zwei Möglichkeiten an:
- Entweder Sie orientieren sich dabei an den durchschnittlichen Branchenpreisen oder
- Sie orientieren sich am Preisführer innerhalb Ihrer Branche.

Das ist dann sinnvoll, wenn Sie ziemlich sicher sind, dass Ihre Kostenstruktur mit derjenigen Ihrer Wettbewerber übereinstimmt. Speziell in Branchen, die nicht durch einen hohen Innovationsgrad gekennzeichnet sind, ist das häufig der Fall. Trotzdem sollten Sie regelmäßig prüfen, ob Sie kostendeckend und mit ausreichender Marge arbeiten.

Nachfrageorientierte Preisbildung

Stellen Sie sich vor, dass Sie sich bei Ihrer Preisfestlegung sowohl an Ihrer Kostenstruktur als auch an der Konkurrenzsituation orientieren und trotzdem nicht die vorgesehenen Mengen absetzen. Das könnte bedeuten, dass Sie Ihre (potenziellen) Kunden bei der Preisfestlegung nicht berücksichtigt haben. Kurz gesagt: Ihre Preisbildung ist nicht kundenorientiert.

Für eine **kundenorientierte Preisfestlegung** sind folgende Aspekte besonders relevant:
- die Struktur der Nachfrage
- die Preisvorstellung Ihrer Zielgruppe(n)
- die Preisbereitschaft Ihrer Zielgruppe(n)
- die Preisklasse, in der sich Ihre Zielgruppe(n) bewegen
- die Bedeutung der Qualität der Produkte und ihres Images für Ihre Zielgruppe(n)

Wie der Gesamtbedarf zu ermitteln ist, haben wir schon besprochen. Dieser Gesamtbedarf ist aber nicht homogen. Es gibt vielfältige Verflechtungen.

Ein Aspekt, den Sie nicht übersehen sollten, sind die sogenannten **Substitutions- und Komplementärgüter**.
- **Substitutionsgüter** sind Produkte, die durch andere ersetzt werden können (z. B. Öl durch Gas, Butter durch Margarine).
- **Komplementärgüter** sind Produkte, die zwangsläufig den Gebrauch eines anderen Produkts bedingen (z. B. Auto und Reifen, Hardware und Software usw.).

Überprüfen Sie für Ihren Markt, ob solche Güter vorhanden sind. Ist das der Fall, untersuchen Sie, wie sie sich auf die Nachfrage auswirken. Beachten Sie, dass Preisänderungen Ihrer angebotenen Leistungen zu Nachfrageveränderungen beim Substitutions- bzw. Komplementärgut führen können.

Gehen Sie davon aus, dass Ihre potenziellen Kunden ganz konkrete Preisvorstellungen und auch Akzeptanzschwellen bzw. -grenzen haben, seien sie nun bewusst oder unbewusst. Die Akzeptanzgrenze wird von den Preisvorstellungen, der Kaufkraft und der Dringlichkeit, einen Bedarf zu decken, bestimmt. Bei Entscheidungsträgern in Organisationen wird die Akzeptanzgrenze häufig maßgeblich durch das verfügbare Budget bestimmt.

> **Beispiel: Minibar-Preise im Hotel**
>
> Das Ehepaar Schall verfügt über ein gutes monatliches Nettoeinkommen. Als sie sich jedoch bei einer Hotelübernachtung die Preisliste der Minibar ansehen, ist ihre Akzeptanzgrenze überschritten. Herr Schall macht sich noch einmal auf den Weg in den nebenan gelegenen Supermarkt, um eine 1,5-Liter-Flasche Wasser für knapp einen Euro zu erstehen. Über den Minibar-Preis von 4 Euro für eine Viertelliter-Flasche ist er so verärgert, dass er seine »Beute« demonstrativ am Portier vorbeiträgt.

Die vorher erwähnten Preisvorstellungen und die Preisbereitschaft der potenziellen Kunden konkretisieren sich in der Regel nach Preisklassen: untere, mittlere und obere Preisklasse bzw. niedriges, mittleres oder hohes Preissegment.

Im **Niedrigpreissegment** positionieren Sie sich, wenn
- Sie klare Kostenvorteile gegenüber Wettbewerbern und
- einen kleinen Marktanteil haben.

In einer solchen Situation sind kaum Reaktionen seitens des Marktführers zu erwarten. Er müsste Preissenkungen an viele Kunden weitergeben.

Im **Hochpreissegment** können Sie sich positionieren, wenn
- Ihre Kunden auf Preisänderungen wenig reagieren und
- wenn Sie in der Lage sind, langfristig komparative Konkurrenzvorteile (KKV) aufzubauen (z. B. durch innovative Produkte).

Im **Mittelpreissegment** werden Sie sich positionieren, wenn Sie keine andere Wahl haben, weil Kunden bei niedrigen Preisen den Eindruck gewinnen könnten, dass sich dahinter Qualitätsprobleme verbergen, oder weil es sich um Produkte handelt, die leicht substituierbar sind und dementsprechend keine hohen Preise zulassen.

> **Tipp: Der Einfluss von Qualität und Image**
> Überprüfen Sie, welche Rolle solche Faktoren wie Qualität und Image bei Ihrer Preisfestsetzung spielen. Kunden entscheiden über Kaufen oder Nichtkaufen unter Berücksichtigung der Preise, der Qualität und ihrer Markenpräferenz.

Markenpräferenz bedeutet, dass bestimmte Kunden oder Kundengruppen bestimmte Marken bevorzugen. Besonders deutlich wird dies bei den Konsumgewohnheiten junger Menschen, wenn einige Marken besonders »in« sind und die Kunden darüber ihre Gruppenzugehörigkeit ausdrücken. Aber auch andere Gruppen bevorzugen bestimmte Marken, denken Sie nur an die Automobilindustrie. Markenpräferenzen sind aber auch Schwankungen im zeitlichen Ablauf unterworfen. Was heute bevorzugt wird, kann morgen schon »out« sein.

5.3.6   Schritt 5: Preiskontrollen durchführen

Ihre Preise sollten Sie regelmäßig kontrollieren. Märkte ändern sich und die Preise müssen den sich ändernden Bedingungen angepasst werden.

Anleitung: So überprüfen Sie Ihre Preise
Schritt 1: Beginnen Sie mit einer Kontrolle der Konkurrenzpreise. Bestehen Unterschiede zu Ihren eigenen Preisen?

Schritt 2: Kontrollieren Sie die Handelsabgabepreise, d. h. die Preise, zu denen Sie an die Händler abgeben. Beachten Sie die Unterschiede bei verschiedenen Vertriebskanälen!

Schritt 3: Sind die Endverbraucherpreise bei verschiedenen Vertriebskanälen und in verschiedenen Regionen noch zeitgemäß?

Sollten Sie feststellen, dass sich die Situation auf den von Ihnen bedienten Märkten schneller ändert als ursprünglich angenommen, sollten Sie nicht davor zurückschrecken, die Preise auch in kürzeren Abständen zu kontrollieren. Ob Sie dann zu dem Schluss kommen, sie auch tatsächlich zu ändern, ist eine Frage Ihrer Preisstrategie.

5.4 Die Kommunikationspolitik

Beispiel: Die Eröffnung naht

Frau Rauch und Frau Schall haben viel Zeit in die Vorbereitung der Geschäftseröffnung gesteckt. Der Termin, an dem die ersten Kunden erscheinen sollen, naht. Nur – wer wird der erste Kunde sein?

Frau Rauch erinnert sich, dass ihre Ehemänner seinerzeit von der Bank, die die Existenzgründung finanzieren sollte, genau das gefragt wurden: »Wer ist Ihr erster Kunde?« Es reicht nicht aus, das Geschäft zu eröffnen und zu warten. Es gilt, die Verbindung zum Markt aufzunehmen und mit dem Markt zu kommunizieren. Kommunikation betrifft immer zwei Seiten. Einerseits muss der Markt, müssen die potenziellen Kunden informiert werden. Andererseits sollten Sie als Unternehmer auch die vom Markt ausgehenden Signale aufnehmen, verarbeiten und in Entscheidungen umsetzen.

Wie baue ich die notwendigen Beziehungen zu meinen potenziellen Kunden auf? Kommunikation ist ein Marketinginstrument. Nutzen Sie es, um sich Wettbewerbsvorteile zu erarbeiten! Dabei sind grundsätzlich die folgenden Aufgaben zu bewältigen:

Anleitung: Aufgabenspektrum der Kommunikation

Schritt 1: Kontaktieren Sie Ihre potenziellen Kunden und erhalten bzw. vertiefen Sie den hergestellten Kontakt.

Schritt 2: Informieren Sie Ihre Kunden über Ihr Angebot und beraten Sie sie.

Schritt 3: Versuchen Sie, Ihr Angebot verkaufswirksam vorzustellen.

Schritt 4: Bewegen Sie Ihre Kunden zum Kauf.

Schritt 5: Nehmen Sie die Aufträge Ihrer Kunden entgegen, bestätigen Sie die Auftragsannahme und sorgen Sie für deren Ausführung.

Die Formen der Kommunikation sind eng an die Distribution gebunden. Verschiedene Absatzwege – ob Sie unmittelbar an die Abnehmer oder über Absatzmittler verkaufen wollen – erfordern auch verschiedene Kommunikationswege.

Die **Hauptfrage der Kommunikationspolitik** lautet: Wer kommuniziert mit wem welche Inhalte über welche Kanäle in welchem Zeitraum mit welcher Wirkung? In dieser Form klingt das recht kompliziert. Wir formulieren es daher in mehreren einzelnen Fragestellungen:
- Welches Unternehmen kommuniziert, wer ist der Kommunikator?
- Welche Botschaft möchte man senden?
- Wer ist der Empfänger der Botschaft, also die Zielgruppe?

- Welche Werbeträger werden dafür ausgewählt?
- Über welchen Zeitraum und wie oft sollte man mit der Zielgruppe kommunizieren?
- Wie erfolgreich sind Ihre kommunikativen Anstrengungen gewesen, welcher Verkaufserfolg und welches Image sind dabei entstanden?

In diesem Zusammenhang sollten Sie sich überlegen, wie der grundlegende **Kommunikationsprozess** abläuft. Um erfolgreich zu kommunizieren, müssen bestimmte Voraussetzungen erfüllt sein:

- Es muss ein sogenannter »Sender« vorhanden sein. Das sind in diesem Fall Sie. Aber auch Ihre Leistungen können zum Sender werden.
- Der Sender muss eine »Botschaft« senden. Und zwar eine Botschaft, die Ihre Kunden animiert, Ihre Leistungen in Anspruch zu nehmen.
- Diese Botschaft benötigt einen »Träger«. Das bedeutet, dass sie durch geeignete Medien zur Zielgruppe »transportiert« wird.
- Ein »Empfänger« muss zugegen sein, der die gesendete Botschaft aufnimmt und so verarbeitet, dass es zu einer positiven Reaktion kommt.

Die Mittel und Wege, das zu erreichen, nennt man **Kommunikationsinstrumente**. Diese stehen Ihnen in großer Vielfalt zur Verfügung. Ihre zielgerichtete Nutzung ist einerseits ein Mittel, den Unternehmenserfolg durch Marketing zu steigern, andererseits kann man durch eine falsche oder unzureichende Nutzung schnell Erfolgspotenziale verschenken. Die wichtigsten Kommunikationsinstrumente sind

- (Online-)Werbung,
- Product-Placement,
- Sponsoring,
- Direktmarketing,
- Verkaufsförderung,
- Öffentlichkeitsarbeit und
- Event-Marketing.

Auf diese Instrumente gehen wir in den folgenden Abschnitten genauer ein.

5.5 Zentrale Rolle im Marketing: die Werbung

Der Werbung kommt im Marketing eine zentrale Rolle zu. Aus diesem Grund werden wir im Folgenden besonders ausführlich darauf eingehen.

Mit Werbung können Sie potenzielle Kunden veranlassen, ihre Kaufentscheidung zugunsten Ihres Unternehmens zu treffen, und zwar dadurch, dass Ihre Kunden informiert und zum Kauf animiert bzw. motiviert werden.

5.5.1 Die Informationsfunktion der Werbung

Soll der Markt Ihre Produkte und Leistungen annehmen, müssen Sie sie anbieten, und zwar offensiv. Sie müssen nicht nur das Produkt oder die Leistung selbst, sondern auch die Produkteigenschaften auf den Märkten bekannt machen. Beispielsweise sollten Sie die folgenden Informationen liefern:
- den Namen Ihrer Produkte bzw. Dienstleistungen sowie Ihres Unternehmens
- die wesentlichen Eigenschaften, wobei Angaben über die Vorzüge und den Nutzen besonders wichtig sind
- mögliche Verwendungszwecke der angebotenen Leistungen
- sonstige Vorteile, die Sie anbieten
- Gebrauchsanweisungen, Rezepte, Bedienungsanleitungen

Sie können das Image, das potenzielle Kunden von Ihren Leistungen gewinnen, durch die optische bzw. akustische Gestaltung der jeweiligen Werbebotschaft verstärken.

> **Tipp: Werbung genau planen**
> Wenn Sie Fehler bei der Werbung machen, kann auch Ihr Image abgeschwächt oder verfälscht werden! Denken Sie daher unbedingt daran: Nicht immer ist der eigene Geschmack ausschlaggebend. Sie müssen den Geschmack des Kunden treffen. Oder anders gesagt: Der Köder muss dem Fisch schmecken!

In diesem Zusammenhang sollten Sie besonderes Augenmerk auf die **Gestaltungselemente der Werbung** legen. Das sind zum Beispiel: Typografie, Farben, Stimmen, Zeichen, Bilder usw. Lassen Sie sich lieber von Werbefachleuten beraten, wenn Sie sich nicht sicher sind.

5.5.2 Die Motivationsfunktion der Werbung

Ihre Werbung muss verkaufsfördernd wirken, das heißt, sie muss Kaufargumente präsentieren. Verkaufen hat viel mit Emotionen zu tun. Und zwar viel mehr, als man sich zunächst vorstellt. Liefern Sie, basierend auf sachlichen Argumenten, die für einen Kauf infrage kommenden emotionalen Argumente für die Kaufentscheidung Ihrer potenziellen Kunden. Kunden zum Kauf zu bewegen ist unter anderem durch folgende Aktivitäten möglich:
- durch eine bedarfsgerechte Präsentation Ihrer Leistungen
- durch Aktivitäten, die zu einer Steigerung des Bedarfsdrucks führen
- durch die Anpassung der Kundenwünsche an die angebotenen Güter

> **Tipp: Präsentieren Sie Ihre Leistungen bedarfsgerecht**
>
> Präsentieren Sie Ihr Angebot so, dass Sie bei Ihren Kunden den Eindruck erwecken, es entspräche ihren Wünschen so vollkommen wie möglich. Das setzt natürlich voraus, dass Sie diese Wünsche kennen. Auf dieser Basis können Sie dann die Eigenschaften der von Ihnen angebotenen Leistung, also die sachlich-technischen Vorzüge Ihres Angebots, in den Mittelpunkt stellen.

Bedürfnisdruck erzeugen

Sie wollen Menschen zum Kauf bewegen? Dann steigern Sie den emotionalen »Druck« auf Ihre potenziellen Kunden. Das können Sie tun, indem Sie gezielt darauf hinwirken, die Bereitschaft der Kunden zu erhöhen, bestimmte Bedürfnisse auch zu befriedigen. Und dies können sie dann durch den Kauf Ihrer Produkte erreichen.

Kunden sind zum Erwerb einer Leistung bereit, wenn Bedürfnisse einen bestimmten Dringlichkeitsgrad erreichen. Das gilt insbesondere für den Konsum, der nicht zur Befriedigung der Primärbedürfnisse zählt (zum Beispiel Schmuck, Freizeitgestaltung, Reisen usw.).

Um den Bedürfnisdruck durch Werbung zu steigern, können Sie sowohl optische als auch akustische Gestaltungselemente einer Werbebotschaft einsetzen.

> **Tipp: Passen Sie Ihr Angebot an die Wünsche Ihrer Zielgruppe an**
>
> Versuchen Sie, eine größtmögliche Übereinstimmung zwischen den Wünschen Ihrer Zielgruppe(n) und den von Ihnen angebotenen Leistungen herzustellen. Auf diese Weise erreichen Sie einen Zuwachs an Kunden. Ein Teil der Zielgruppe, der bisher noch nicht bei Ihnen Kunde war, kauft nun bei Ihnen ein.

5.5.3 Erscheinungsformen der Werbung

> **Beispiel: Werbeaktionen**
>
> Frau Schall hat über die Handwerkskammer einen Kollegen kennengelernt, der gerade dabei war, zahlreiche Anzeigen zu schalten, um die Auslastung seiner beiden Salons zu erhöhen. Sie ist begeistert. Frau Rauch bremst jedoch: Sie macht deutlich, dass in unterschiedlichen Situationen unterschiedliche Werbemaßnahmen des Unternehmens sinnvoll sein können.

Werbung ist nicht gleich Werbung. Es gibt unterschiedliche Erscheinungsformen. Für welche Sie sich entscheiden, hängt von verschiedenen Kriterien ab.

Ziele der Werbung

Ein erstes wichtiges Kriterium sind die Ziele, die Sie mit der Werbung verfolgen wollen. Häufig kommt es darauf an, den Absatz der Erzeugnisse zu steigern und/oder die Re-

putation des Unternehmens auszuweiten. Es gibt jedoch noch weitere Erscheinungsformen und Zielsetzungen:
- Einführungswerbung
- Expansionswerbung
- Erhaltungswerbung
- Reduktionswerbung

Bei der erstmaligen Werbung für ein neues Produkt (oder eine neue Firma) spricht man von **Einführungswerbung**. Ziel der Einführungswerbung ist es, das Unternehmen oder Produkt erstmalig bekannt zu machen.

> **Beispiel: Markteinführung der Firma »Daewoo«**
> Beim Markteintritt der Firma Daewoo in Europa erschien auf großen Plakaten nur der Name der Firma mit einem Fragezeichen. Damit wurde die Neugierde der Betrachter geweckt, was sich wohl hinter diesem Namen verbirgt.

Expansionswerbung ist dann erforderlich, wenn es um die Erhöhung von Marktanteilen oder die Steigerung des Absatzes geht. Die Produkte oder Dienstleistungen werden bereits auf dem Markt angeboten, sind also schon bekannt.

Erst nachdem der Name bekannt ist, ist es sinnvoll, Informationen über die Produkte und nicht ausschließlich über das Unternehmen zu verbreiten. Einmalige Bekanntheit reicht nicht aus, das Gedächtnis der Kunden ist kurz. Um erfolgreich zu werben, müssen Sie immer wieder von neuem an Ihre Leistungen und Produkte erinnern (**Erhaltungswerbung**). Dabei können Sie mehrere Ziele gleichzeitig verfolgen, zum Beispiel:
- die Erhaltung bzw. Erweiterung des Bekanntheitsgrads
- die Imagebildung bzw. den Imageaufbau
- die Verstärkung der Information über ein Produkt usw.

TV-Werbung für Konsumgüter, Anzeigenwerbung für Dienstleistungen usw. sind klassische Beispiele für Erhaltungswerbung. Wird sie unterlassen, gerät auch die beworbene Leistung nach und nach in Vergessenheit. Immer dann, wenn Sie ein neues Produkt einführen wollen, ohne das alte allzu deutlich vom Markt zu nehmen, kann das geschehen, indem Sie die Erhaltungswerbung einfach unterlassen. Diese Strategie ist eng verknüpft mit der Reduktionswerbung.

Reduktionswerbung erfolgt dann, wenn Sie die Absicht haben, ein bestehendes Produkt allmählich durch ein neues zu ersetzen. Sie weisen auf die Vorzüge des bestehenden Produkts hin und machen gleichzeitig deutlich, dass das neuere Produkt neben den bereits bekannten Vorzügen noch weitere aufweist, die es positiv von dem bekannten Produkt abheben. So wird gezielt ein Produkt durch ein neues ersetzt.

Anzahl der beworbenen Kunden

Ein zweites wichtiges Kriterium bezieht sich auf die Anzahl der potenziellen Kunden, die Sie ansprechen wollen. Man unterscheidet zwischen

- (individualisierter) Einzelwerbung und
- Massenwerbung.

Von **Einzelwerbung** spricht man, wenn Sie einen oder mehrere genau festgelegte potenzielle Kunden mit einer individuell gestalteten Werbebotschaft ansprechen wollen. Beispiele dafür sind die zahlreichen Werbebriefe und E-Mail-Aktionen.

Von **Massenwerbung** spricht man, wenn Sie eine definierte Zielgruppe, aber keine bestimmten Einzelpersonen ansprechen wollen, zum Beispiel Studenten (etwa die Studentenwerbung der Krankenkassen), Senioren (etwa die Werbung der Tourismusanbieter für Senioren), Autobesitzer (etwa die Autoclubwerbung) usw.

Hersteller- oder Handelswerbung

Ein drittes wichtiges Kriterium ist die Unterscheidung zwischen

- Herstellerwerbung und
- Handelswerbung.

Je nachdem, ob Sie Hersteller oder Händler sind, werden Sie Wert auf eine andere Werbebotschaft legen.

Als **Hersteller** ist Ihr vorrangiges Ziel, die von Ihnen hergestellten Güter bekannter zu machen. Dabei wird die Werbebotschaft durch das Informationsbedürfnis nach Produkteigenschaften, Formen, Farben usw. maßgeblich beeinflusst. Ein Beispiel dafür ist unter anderem die TV-Werbung für Waschmittel.

Als **Händler** haben Sie dagegen eher das Interesse Ihr Sortiment, Ihren Standort sowie besondere Serviceleistungen zu bewerben.

Information oder Emotion?

Wenn Sie sachliche Informationen in den Mittelpunkt Ihrer Verkaufsargumentation stellen, werden rationale Argumente, die die Kaufentscheidung Ihrer potenziellen Kunden beeinflussen, geliefert. Funktionsparameter von Maschinen, niedriges Gewicht eines Produkts usw. sind Beispiele für solch eine **Informationswerbung**.

> **Beispiel: Farbenpracht**
>
> In diesem Jahr bietet die Schall & Rauch GmbH als Neuerung den »Kubischen Urknall« an, bei dem es ihr erstmalig gelungen ist, alle sieben Farben des Regenbogens zehn Sekunden lang gleichmäßig blinkend darzustellen. Auf diese technische Leistung weist die Firma in ihrer Werbung hin.

Wenn Sie die Emotionen Ihrer Zielgruppe als Verkaufsargumentation in den Mittelpunkt Ihrer Werbebotschaft setzen wollen, spricht man von **Suggestivwerbung**. Vergessen Sie nicht: Emotionen haben auch im Geschäftsleben eine große Bedeutung, die Sie nicht unterschätzen sollten. Insbesondere im Konsumgütermarkt können Sie versuchen, die positiven Gefühle Ihrer potenziellen Kunden zugunsten Ihres Angebots anzusprechen.

> **Beispiel: Parfüm**
> Frau Schall hat im Angebot ihres Friseursalons hochwertige Parfüms. Auch wenn die dafür verlangten Preise nicht im Zusammenhang mit den Herstellungskosten stehen, werden sie bezahlt – sie vermitteln ein Gefühl von Luxus und damit ein gehobenes Selbstwertgefühl.

5.5.4 Werbeplanung und Werbedurchführung

Auch wenn Werbung viel mit Intuition und spontaner Kreativität zu tun hat, ist eine gelungene Werbung das Ergebnis eines gut durchdachten Prozesses. Wir schlagen Ihnen daher die folgende Systematik vor:

Anleitung: Werbeplanung und -durchführung
- Legen Sie die Werbeziele fest.
- Legen Sie das Werbebudget fest
  (Bestimmung und Bereitstellung der erforderlichen finanziellen Mittel).
- Bestimmen Sie die Zielgruppe(n), die Sie ansprechen möchten.
- Formulieren Sie die entsprechende Werbebotschaft.
- Suchen Sie geeignete Werbemittel und Werbeträger aus.
- Legen Sie zeitliche Aspekte und die geografischen Gebiete Ihrer Werbemaßnahme fest.
- Führen Sie die Werbemaßnahme durch.
- Kontrollieren Sie unbedingt den Werbeerfolg.

Auf diese acht Schritte gehen wir nun im Einzelnen ein.

Schritt 1: Was wollen Sie mit der Werbung erreichen?
Leiten Sie Ihre Werbeziele aus den von Ihnen vorher formulierten Marketingzielen und aus Ihrer Marketingkonzeption ab. Die folgenden Werbeziele könnten für Sie relevant sein:
- Weitergabe von Informationen über Funktion, Einsatzmöglichkeiten, Nutzen, Kosten usw. der von Ihnen angebotenen Güter bzw. Dienstleistungen.
- Erhalt oder Erhöhung des Bekanntheitsgrads Ihres Unternehmens und Ihrer Leistungen.
- Stärkung der Absatzchancen Ihrer Leistungen bei gleichzeitiger Erhöhung des Vertrauens Ihrer Kunden in Ihre Produkte.
- Entwicklung von Vorlieben bei Ihren Zielgruppen und Verbesserung Ihres Images.

Überlegen Sie genau, was Sie mit der Werbemaßnahme erreichen wollen, und richten Sie Ihre Aktivitäten ganz präzise daran aus.

Schritt 2: Wie viel Geld steht zur Verfügung?

Die Kunst besteht nicht darin, möglichst viel Geld auszugeben, sondern die vorhandenen Mittel effektiv und effizient einzusetzen. Haben Sie Ihre Werbeziele festgelegt? Dann schätzen Sie, welche finanziellen Mittel dafür benötigt werden. Legen Sie ein Werbebudget fest.

Sie müssen versuchen die Frage zu klären, wie wertvoll Ihnen die Werbeziele sind, die Sie definiert haben. Wie viel sollte zweckmäßigerweise ausgegeben werden? Dieser Aufgabe kann man sich auf verschiedenen Wegen nähern:

Die ausgabenorientierte Methode: Dabei gehen Sie von der Überlegung aus, dass Sie alles, was Sie sich leisten können, in die Werbung stecken. Die Summe ermitteln Sie anhand des Vorjahresgewinns. Die Problematik dieser Methode besteht darin, dass Sie nicht wissen, ob im laufenden Jahr der Gewinn wieder eine ähnliche Höhe erreicht. Außerdem könnte es Ihnen passieren, dass Sie zu viel bzw. zu wenig für Ihre Werbemaßnahmen ausgeben.

> **Tipp: Überlegen Sie gut, was Sie sich leisten können**
>
> Es könnte sein, dass Sie sich durch die Verstärkung der Werbung eine Steigerung des Umsatzes versprechen. Aber was ist, wenn Sie momentan nur über geringe finanzielle Mittel verfügen? Ist in diesem Falle eine Erhöhung des Werbebudgets überhaupt möglich bzw. sinnvoll?

Die Prozentsatz-Methode: In diesem Fall legen Sie die Höhe des Werbebudgets aus einem vorher bestimmten Prozentsatz des Umsatzes bzw. des Gewinns des vorherigen Geschäftsjahres fest. Obwohl diese Methode sich durch ihre Einfachheit auszeichnet und daher auch in der Praxis oft Anwendung findet, sollten Sie die Grenzen kennen: War Ihr Umsatz bzw. der Gewinn des vorherigen Geschäftsjahres hoch genug, um ausreichend finanzielle Mittel zur Erreichung Ihrer Werbeziele zur Verfügung zu stellen?

> **Beispiel: Die Schere zwischen Umsatz und Werbebudget**
>
> Ihr Umsatz im vorherigen Geschäftsjahr erreichte 120.000 Euro und in Ihrer Branche ist es üblich, 10 Prozent des Umsatzes für Werbung aufzuwenden. Das wären 12.000 Euro. Sie stellen aber fest, dass Sie für die Umsetzung Ihrer Werbeziele 20.000 Euro benötigen. Wenn Ihr Umsatz stark von der Werbung abhängt, sollten Sie deshalb nicht allein auf diese Methode vertrauen.

Die konkurrenzorientierte Methode: Wie schon der Name andeutet, zielt diese Form auf einen Vergleich mit den Werbebudgets der Konkurrenten. Problematisch daran ist, dass die konkrete Situation Ihres Unternehmens sowie die Ziele, die Sie sich für die Werbung vorgenommen haben, nicht berücksichtigt werden. Es könnte durchaus sein, dass Sie durch diese Herangehensweise mehr Mittel binden, als im Moment von den Erfordernissen des Marktes her betrachtet notwendig wäre. Oder Sie müssen mehr Mittel aufwenden, als es die Finanzlage Ihres Unternehmens derzeit erlaubt.

Die Ziel- und Aufgaben-Methode: Sie bietet einen Ausweg. Legen Sie Ihr Werbebudget in Abhängigkeit Ihrer Werbeziele fest. Das heißt nicht, dass Sie Ihre eigene finanzielle Lage und die Aktivitäten Ihrer Konkurrenten außer Acht lassen sollen. Betrachten Sie diese als Nebenbedingungen, die Sie in Ihre Entscheidungen einkalkulieren müssen.

> **Beispiel: Anzeigen platzieren**
>
> Frau Rauch schlägt ihrer Freundin Frau Schall vor, 5.000 Euro für Anzeigen zu verwenden. Dahinter steckt die Hoffnung, dass diese zusätzliche Ausgabe zu einer Umsatzerhöhung von 12.000 Euro führen könnte. Die endgültige Entscheidung darüber wird aber erst fallen, wenn sich mit einer bestimmten Sicherheit feststellen lässt, dass damit auch eine Erhöhung des Gewinns um mindestens 5.000 Euro verbunden ist.

Schritt 3: Wen wollen Sie erreichen?

Dieser Schritt setzt voraus, dass Sie eine Marktsegmentierung durchgeführt haben. Dies ist bedeutsam, da Sie dann die Werbebotschaft und die Werbemittel genau auf die anzusprechenden Kunden abstimmen können. Gewerbliche Kunden werden Sie völlig anders ansprechen können und müssen (z. B. über Anzeigen in Fachzeitschriften) als Haushalte (z. B. über Werbespots im Radio und/oder TV).

Schritt 4: Wie lautet die Botschaft für die einzelnen Kundensegmente?

Mit der Werbebotschaft liefern Sie die Argumente, die für den Kauf Ihrer Leistung entscheidend sind. In diesem Schritt wählen Sie das Thema, mit dem Sie Ihre potenziellen Kunden ansprechen und zum Kauf animieren wollen. Das kann von Branche zu Branche, von Segment zu Segment sehr unterschiedlich sein. Im Folgenden finden Sie eine kleine Orientierungshilfe:

- Das ausgewählte Thema muss die Aufmerksamkeit und Sympathie der Adressaten wecken. Suchen Sie nach Wegen, Spannung aufzubauen. Versuchen Sie, Ihre Botschaft »anders« als die anderen zu formulieren!
- Machen Sie Ihre Kunden auf Ihre Leistungen neugierig! Sie können das Interesse an Ihren Gütern bzw. Dienstleistungen steigern, wenn Sie etwas anbieten, was Ihre Wettbewerber nicht bieten. Stellen Sie Besonderheiten heraus.
- Ihre Werbebotschaft sollte auch eine fundierte Argumentation für die Vorzüge Ihres Angebots liefern. Vergessen Sie nicht: Nur wenn Sie Ihren Kunden einen Nutzen bieten, werden diese auch Ihre Leistung in Anspruch nehmen!
- Stellen Sie sachlich und emotional die Vorteile für den Kunden in den Mittelpunkt. Was macht Ihre Leistung für die Kunden unverwechselbar?

> **Tipp: Basis- und Nutzenbotschaft**
>
> Als Basisbotschaft sollen die Kunden Ihre Produkte und Dienstleistungen identifizieren können. Erst wenn das gelungen ist, können Sie den besonderen Nutzen für den Kunden in den Mittelpunkt der Betrachtung stellen.

Schritt 5: Werbemittel – womit wollen Sie werben?

Werbemittel stellen das Medium dar, mit dessen Hilfe Ihre Werbebotschaft den Empfänger erreicht.

> **Tipp: Präsentation als Erfolgsfaktor**
>
> Die Präsentation der Werbebotschaft ist erfolgsentscheidend und maßgeblich für den Erfolg bzw. Misserfolg Ihrer Werbekampagne verantwortlich. Das heißt, die Werbebotschaft erhält über die Werbemittel eine reale, sinnlich wahrnehmbare Form.

Werbemittel gibt es sehr viele und in unterschiedlichen Variationen. Konkret zählen dazu:

Beispiele für Werbemittel

Anzeigen	Werbedrucksachen	Aufkleber
Fernsehspots	Werbefilme	Tragetaschen
Werbebriefe	Handzettel	Postkarten
Kataloge	Plakate	Zeitungsbeilagen
Werbebanner im Internet	Fahrzeuge	Verpackungen
Prospekte	Schaufensterwerbung	Werbegeschenke

Welche Werbemittel kommen für Ihre Werbeziele infrage? Das hängt davon ab …
- wofür geworben werden soll,
- welche Zielgruppen anvisiert werden und
- wie viele Personen erreicht werden sollen.

Überlegen Sie, welche Werbemittel für Sie und Ihr Unternehmen am besten geeignet sind. Nehmen Sie dafür die folgende Checkliste zu Hilfe. Sie bietet keinen Automatismus, unterstützt Sie aber dabei, sich über die genannten Fragen Klarheit zu verschaffen.

Checkliste: Welches Werbemittel kommt infrage?

Fragestellung	ja	nein
Soll ein Konsumgut beworben werden?		
Wie viele Kunden sollen erreicht werden?		

Fragestellung	ja	nein
Ist die Zielgruppe (noch) relativ unbestimmt, d. h. bisher nur schwer abzugrenzen?		
Soll ein Verkaufsort (z. B. eine Supermarktkette) beworben werden?		
Stehen ausreichend finanzielle Mittel zur Verfügung?		
Soll die Werbung überregional erfolgen?		
Über welche Medien kann man die Zielgruppe erreichen?		
Bestehen bereits Kontakte zur Zielgruppe und in welcher Form liegen ggf. Kontaktdaten vor?		

Wenn Sie die Mehrzahl dieser Fragen mit Ja beantwortet haben, bieten sich Werbemittel an, die eine breite Anzahl von Kunden erreichen. Das ist beispielsweise der Fall bei Radio- und TV-Werbung. Bei begrenztem Budget sind aber auch zum Beispiel Tragetaschen und Verpackungen, Aufkleber, Handzettel, Online-Banner usw. möglich.

> **Beispiel: Eröffnung des Friseursalons**
>
> Frau Schall und Frau Rauch haben sich viele Gedanken gemacht. Das Angebot besteht aus einer Dienstleistung, die allerdings nicht überregional verfügbar ist. Allzu teuer sollte die erste Werbemaßnahme auch nicht sein. Fernsehwerbung in überregionalen TV-Sendern kommt daher nicht infrage.
>
> Um potenzielle Kundschaft auf den Salon aufmerksam zu machen, ließen die beiden Damen Tragetaschen mit Name und Anschrift des Salons bedrucken – Taschen mit dem respektablen Ausmaß von 1 × 1 Meter! Für die Ausrichtung einer Studentenfete und das Versprechen, einmal kostenlos frisiert zu werden, trommelte Rauch Junior, BWL-Student an der örtlichen Universität, mehr als 40 Mitstudierende zusammen, die am Eröffnungstag auf einer festgelegten Route mit den Taschen immer wieder durch die Fußgängerzone und angrenzende Einkaufspassagen pilgerten. Sie erregten so viel Aufmerksamkeit, dass schon allein aus Neugier der Salon schnell mit einer großen Menge an Interessenten gefüllt war.

Plakatwerbung

Zu Ihrer Zielgruppe gehören viele Privathaushalte? Vielleicht erreichen Sie diese am besten mit Plakatwerbung. Aber: Plakatwerbung ist aufwendig! Wenn Sie diese Werbeform nutzen möchten, vergewissern Sie sich vorher, dass die Plakate so gestaltet sind, dass Sie die Aufmerksamkeit Ihrer Zielgruppe wecken. Die Werbebotschaft, das Produkt und dessen Nutzen müssen sehr deutlich zu erkennen sein. Außerdem lohnt sich Plakatwerbung nur dann, wenn eine ausreichende Anzahl Plakate in einem bestimmten Absatzgebiet zu sehen sind. Erst durch die Wiederholung der Werbebotschaft wird die Aufmerksamkeit der Zielgruppe geweckt und die Werbebotschaft im Gedächtnis verankert.

Kleine bzw. spezielle Zielgruppe

In folgenden Fällen bietet es sich an, Prospekte oder Kataloge zu versenden, Anzeigen in Fachzeitschriften zu schalten oder mögliche Kunden direkt anzuschreiben:
- Die Zielgruppe besteht aus Fachpersonal.
- Der Kreis potenzieller Kunden ist relativ klein.
- Es handelt sich um ein Investitionsgut oder eine Leistung, die nicht für den unmittelbaren Konsum bestimmt ist.

Achten Sie darauf, die richtigen (Fach-)Zeitschriften auszuwählen. Als Branchenkenner wissen Sie selbst, welche Printmedien als absolutes Muss gelten.

Sie haben nur einen kleines bzw. mittleres Werbebudget zur Verfügung? Grundsätzlich ist dies kein Problem. Sie können auf preiswerte Werbemittel zurückgreifen, die trotzdem sehr werbewirksam sind. Einige Beispiele haben wir Ihnen hier zusammengestellt:

Handzettel

Mit Handzetteln können Sie ein breites Publikum über Aktionen und Veranstaltungen informieren. Dieses Medium ist sehr preisgünstig und mittlerweile gibt es eine ganze Reihe an Druckereien, die ihre Leistungen im Internet anbieten. Ein Preisvergleich ist daher schnell möglich und wenn Sie sich die Gestaltung der Handzettel selbst zutrauen, können Sie auch die Kosten für die Werbeagentur einsparen.

Fahrzeugwerbung

Machen Sie Ihr Firmenfahrzeug zum Träger Ihrer Werbung. Dadurch können Sie in Ihrer Region von potenziellen Kunden wahrgenommen werden. Und vergessen Sie nicht, dabei Ihren Firmennamen, Firmenlogo, Adresse, Telefon- und Faxnummer sowie Ihre E-Mail- und Internetadresse bekannt zu machen. Unser Tipp: Richten Sie sich eine individuelle E-Mail-Adresse ein, die nach dem @-Zeichen Ihren Firmennamen trägt (z. B. anfrage@tischlerei-mueller.de). Das wirkt professioneller als eine E-Mail-Adresse eines E-Mail-Providers (z. B. tischlerei-mueller@web.de).

Prospekte

Sie bieten Güter bzw. Dienstleistungen an? Prospekte weisen einen hohen Erinnerungswert auf. Sie können Prospekte entwickeln, in denen Ihr Angebot im Mittelpunkt steht (Produktprospekte), oder Prospekte, in denen Ihr Unternehmen als Ganzes beworben wird (Imageprospekte). Produkt- und Imageprospekte sind besonders zielführend, wenn Ihre Zielgruppe aus gewerblichen Kunden besteht. Unser Tipp: Stellen Sie diese Prospekte auch als PDF-Dokument auf Ihrer Webseite zum Download oder als blätterbaren Online-Prospekt zur Verfügung.

Anzeigen

Anzeigen werden von vielen Anbietern in verschiedenen Printmedien geschaltet. Achten Sie daher darauf, dass sich Ihre Anzeige von anderen Anzeigen ganz deutlich und vorteilhaft abhebt. Anzeigen sollten

- ein Motiv als Blickfang enthalten,
- von grafisch hervorstechenden Überschriften geprägt sein,
- aus wenigen, aber dafür übersichtlichen Informationen bestehen,
- keine längeren Texte aufweisen (sollte dies trotzdem einmal notwendig sein, dann teilen Sie den Text in mehrere gut strukturierte Abschnitte auf).

Überlegen Sie, wie Sie Ihre Anzeige für die Zielgruppe unterhaltsam gestalten können. Die gesamte Aufmachung der Anzeige muss mit dem beworbenen Produkt und/oder der Dienstleistung korrespondieren. Lassen Sie sich von einem Werbefachmann beraten. Diese Investition lohnt sich auf jeden Fall. Und bedenken Sie: Weniger ist mehr.

Postkarten

Sie wollen einige wenige besonders eilige Informationen an Ihre Kunden weiterleiten? Oder planen Sie eine Firmenveranstaltung (z. B. einen Tag der offenen Tür)? Für solche Anlässe sind Postkarten ideal. Postkarten können billiger als Werbebriefe sein und lassen sich auch in kleineren Auflagen preisgünstig herstellen.

Werbebriefe (Mailings)

Sie wollen Ihre Zielgruppe direkt, also mit Name und Adresse und mit einem konkreten Angebot ansprechen? Dann sind Werbebriefe das geeignete Werbemittel. Aber beachten Sie bitte, dass sehr viele Mailings ungelesen im Papierkorb landen. Dies gilt insbesondere für unpersönliche Schreiben und Werbebriefe. Unsere Empfehlung lautet daher: Werbebriefe sollten unbedingt ein besonderes und wenn möglich individuelles Angebot für den jeweiligen Adressaten beinhalten. Damit erhöhen Sie Ihre Chance erheblich, von potenziellen Kunden überhaupt wahrgenommen zu werden.

Damit Sie nichts vergessen, greifen Sie – während Sie das nächste Mal einen Werbebrief verfassen – einfach auf die folgende Checkliste zurück:

Checkliste: Was muss ich bei einem Mailing beachten?

Was	Vorschläge	Eigene Notizen
Wie kann ich den Empfänger sofort fesseln?	Mit dem konkreten Nutzen für den Kunden beginnen.	
Wie kann ich Vertrauen aufbauen?	Klare, übersichtliche Angaben, der angekündigte Nutzen muss tatsächlich einen Vorteil für den Kunden darstellen, evtl. Referenzen.	

Was	Vorschläge	Eigene Notizen
Wie kann ich Einwände vermeiden?	Sich in die Rolle des Kunden versetzen, mögliche Gegenargumente bereits durch die eigene Argumentation entkräften.	
Wie kann ich die Reaktion des Kunden erfahren?	Antwortmöglichkeiten wie Hotline-Nr., Antwortkarte, Kontakt-E-Mail oder Anforderung beilegen.	
Wie komme ich mit dem Kunden in Kontakt?	Zeigen Sie dem Adressaten genau und deutlich, was er tun soll, um mit Ihnen in Verbindung zu treten.	
Wie kann ich Hemmschwellen abbauen?	Nicht gleich eine Bestellkarte beifügen, sondern zunächst eine Kataloganforderung, einen Beratungstermin oder Ähnliches.	
Wie kann ich dem Kunden die Angst vor einem risikovollen Geschäft nehmen?	Rücktritts- und Rücknahmegarantien.	

Die Seriosität Ihrer Mailingpräsentation ist besonders wichtig. Halten Sie sich daher an die folgenden Formalitäten:
- Verwenden Sie einen seriösen Briefkopf, der alle Angaben zu Ihrem Unternehmen enthält.
- Sprechen Sie den Adressaten persönlich an.
- Personalisieren Sie den Absender mit Namen und Unterschrift.

Doch wie kommen Sie nun zu aktuellen Adressen? Gewerbliche und private Adressen können Sie verhältnismäßig preisgünstig von Adressendiensten und ähnlichen Anbietern erwerben.

Prüfen Sie, wie viele potenzielle Kunden Sie tatsächlich erreichen. Der Fachausdruck »Nettoreichweite« umfasst die Anzahl der Zielpersonen (zum Beispiel Leser pro Nummer, Hörer bzw. Zuschauer pro Sendung), die bei einer einmaligen Schaltung eines Werbemittels erreicht werden.

Beispiel: Reichweite einer Zeitungsanzeige

Eine Zeitung hat beispielsweise eine Druckauflage von 80.000 Exemplaren. Davon müssen die zurückgegebenen, nicht verkauften Exemplare, zum Beispiel 5.000, abgezogen werden. Personen, die die Zeitung zwar nicht gekauft haben, aber dennoch lesen, müssen hinzuaddiert werden. Lesen im Durchschnitt 1,5 Personen jeweils ein Exemplar der Zeitung, ergibt sich eine Nettoreichweite von 112.500 Personen. Unser Tipp: Lassen Sie sich vor dem Schalten einer Anzeige immer die Mediadaten der Zeitung zeigen. Dann sind Sie auf der sicheren Seite.

Welche Werbeträger kommen infrage?

Unter Werbeträgern versteht man die Medien, in denen die einzelnen Werbemittel untergebracht werden können, um die potenziellen Kunden zu erreichen. Zu den wichtigsten zählen Fernsehen und Hörfunk, Zeitungen und Zeitschriften und die Direktwerbung. Hinzu kommt, je nach Zielgruppe, das Internet, das sich zunehmend verbreitet und auch immer stärker für Werbezwecke genutzt wird. Die Wahl der Werbemittel und die der Werbeträger sind daher unmittelbar miteinander verknüpft.

Fernsehen

Durch Fernsehwerbung können Sie eine große Anzahl potenzieller Kunden über bewegte Bilder, Ton und Text ansprechen und sie dadurch zum Kauf motivieren. Dies gilt insbesondere, wenn Sie für Konsumgüter des täglichen Bedarfs eine Einführungs- oder eine Erhaltungswerbung durchführen wollen. TV-Werbung ist aber auch gut geeignet, um den Bekanntheitsgrad der von Ihnen angebotenen Marken zu erhöhen und langfristig ein positives Image aufzubauen. Allerdings werden Haushalte heutzutage mit Fernsehwerbung überschüttet. Die Aufnahmekapazität der Adressaten ist daher in vielen Fällen gesättigt. Nachteilig ist auch, dass Fernsehwerbung mit hohen Kosten verbunden ist.

Zeitung

Zeitungen sind neben dem Fernsehen ebenfalls beliebte Werbeträger. Allerdings sind die Auflagenzahlen im Printbereich stark rückläufig. Positiv ist, dass es sehr spezielle Zeitungen gibt. Über unterschiedliche Zeitungen können Sie sehr gezielt Ihren Kundenkreis erreichen. Die Kontaktkosten pro Person (in Verbindung mit der Reichweite) sind, im Vergleich zu anderen Werbeträgern, relativ niedrig. Zeitungen bieten ein breites Spektrum für die Schaltung Ihrer Anzeigen. Detaillierte Informationen dazu finden Sie wieder auf den Webseiten der jeweiligen Verlage.

Direktwerbung

Zum direkten Kontakt mit Ihrer Zielgruppe stehen Ihnen die verschiedensten Kommunikationsinstrumente zur Verfügung, zum Beispiel:
- Briefsendungen (Mailings)
- Massendrucksachen
- Wurfsendungen
- Telefon-Marketing
- Briefdrucksachen
- Warensendungen usw.

Voraussetzung für Direktwerbung ist, dass Sie Ihre Zielgruppe eingrenzen können.

Publikumszeitschriften und Fachzeitschriften

Zeitschriften haben eine hohe Reichweite und sprechen die unterschiedlichsten Zielgruppen an. Platzieren Sie Ihre Anzeige in Publikumszeitschriften, wenn Sie Konsum- bzw.

Gebrauchsgüter anbieten. Publikumszeitschriften werden von einem breiten Leserspektrum gelesen. Fachzeitschriften werden von kleineren, aber deswegen nicht weniger wichtigen Zielgruppen bevorzugt. Je nachdem, welche spezielle Zielgruppe Sie ansprechen wollen, können Sie dies ganz systematisch in entsprechenden Fachzeitschriften, zum Beispiel für die verschiedenen medizinischen Fachrichtungen, für Ingenieure oder in Fachzeitschriften, die sich an Betriebswirte, Studenten usw. wenden, realisieren.

Hörfunk

Sie haben eine Werbebotschaft, die sich gut vertonen lässt? Dann könnten Sie auch den Hörfunk für Ihre Werbung in Anspruch nehmen. Dass Radiowerbung attraktiv sein kann, belegen viele Untersuchungen. Fast alle Haushalte in der Bundesrepublik Deutschland verfügen über ein Radiogerät. Hinzu kommen die Radiogeräte, die in Fahrzeugen installiert sind. Außerdem hat die Medienforschung festgestellt, dass ein Drittel aller Freizeitbeschäftigungen vom Radio begleitet werden. Viele Menschen hören Radio beim Essen oder beim Autofahren bzw. während der Ausführung anderer Tätigkeiten im Haushalt.

> **Tipp: Die Uhrzeit beachten**
>
> Es wird geschätzt, dass ein Drittel der Bevölkerung kurz nach dem Aufwachen das Radio einschaltet. Dies betrifft den Zeitraum zwischen 6 und 9 Uhr morgens. Später sinkt die Zahl der Hörer, bis es etwa gegen 16 bis 17 Uhr zu einem erneuten Anstieg der Hörerzahlen kommt, der bis etwa 19 Uhr anhält und danach wieder stark abfällt.

Berücksichtigen Sie, dass die Rundfunkanstalten ihre Preise entsprechend den Einschaltzeiten gestalten. Diese Preise werden »absolute Schaltkosten« genannt. Betrachten Sie jedoch nicht ausschließlich diese absoluten Schaltkosten, sondern auch die Zahl der Zuhörer, die zum Zeitpunkt der Ausstrahlung Radio hören. Ermitteln Sie den **Tausender-Kontakt-Preis** (TKP). Der TKP gibt an, wie viel Sie für die Ausstrahlung eines 30-Sekunden-Werbespots bezahlen, um 1.000 Zuhörer zu erreichen.

> **Beispiel: Tausender-Kontakt-Preis (TKP)**
>
> Der absolute Preis für einen 30 Sekunden langen Werbespot im Radio »Südsee« kostet zwischen 6 und 9 Uhr morgens 600 Euro. Dieser Sender erreicht circa 8.000 Zuhörer in seiner Region. Beim Sender »Nordsee« kostet es nur 350 Euro. Dieser Sender erreicht circa 3.000 Zuhörer in seiner Region. Der TKP für beide Sender errechnet sich jeweils wie folgt:
>
> | | | | |
> |---|---|---|---|
> | TKP für Radio »Südsee«: | 600 × 1.000 : 8.000 | = | 75 Euro |
> | TKP für Radio »Nordsee«: | 350 × 1.000 : 3.000 | = | 117 Euro |

Adressbücher

Wollen Sie eine dauerhafte Werbewirkung bei Ihrer Zielgruppe erreichen? Dann könnten Eintragungen in Adress- und Telefonbüchern von Vorteil sein! Außerdem sind diese Eintragungen im Vergleich zu anderen Werbeträgern relativ preiswert. Adressbücher können in unterschiedlichen Varianten erscheinen: als Bundesadressbücher, als Länderadressbücher, als Branchenbücher, als Exportadressbücher, als Fachadressbücher usw. Wählen Sie je nach Zielstellung das Passende aus.

> **Tipp: Elektronische Medien**
> Natürlich erscheinen heute die meisten Adressbücher zusätzlich als CD-ROM oder sie sind im Internet auffindbar. Achten Sie darauf, dass Ihre Angaben auch in der elektronischen und nicht nur in der gedruckten Form erscheinen. Darüber hinaus gibt es zahlreiche Internet-Adressanbieter, bei denen Sie sich ebenfalls registrieren können (z. B. »Wer liefert was?«; www.wlw.de).

Anzeigenblätter

Anzeigenblätter sind sehr weit verbreitet und es werden nahezu alle Haushalte damit erreicht. Anzeigenblätter haben einen lokalen bzw. regionalen Bezug und eignen sich deswegen besonders für Betriebe des Einzelhandels und andere Unternehmen, die lokal oder regional operieren.

Welcher Werbeträger kommt nun für Ihren Betrieb infrage? Die große Vielfalt an Werbemöglichkeiten macht Ihnen die Auswahlentscheidung nicht gerade leichter. Viele Aspekte spielen dabei eine Rolle: Gestaltungsmöglichkeiten der Werbebotschaft, Reichweite, Kosten, Verfügbarkeit, Wertschätzung durch die Zielgruppe usw. Ein weiterer wichtiger Aspekt ist die Frage nach der Anzahl der potenziellen Kunden, die Sie erreichen wollen bzw. können. Dies ist insbesondere bei den Printmedien von besonderer Bedeutung.

Entscheidungen über die Auswahl von Werbeträgern können Sie nicht isoliert von anderen Werbeentscheidungen vornehmen. Die Entscheidung sollte eng gekoppelt sein mit der Auswahl der Werbemittel. Beides zusammen hat einen maßgeblichen Einfluss auf den Erfolg Ihrer Werbekampagne.

- **Image:** Die Werbeträger haben ein eigenständiges »Image«, das die Wirksamkeit der Werbebotschaft beeinflussen kann.
- **Häufigkeit:** Die Werbeträger erscheinen in bestimmten Intervallen. Das wirkt sich auf die Möglichkeiten der Schaltung (Wie häufig kann bzw. sollte man die Werbung schalten?) als auch die zeitliche Dauer der Werbekampagne (Über welchen Zeitraum kann bzw. sollte man die Werbung schalten?) aus.

Beginnen Sie mit Analysen und Untersuchungen über Werbeträger, die Sie in Betracht ziehen, und zwar bevor Sie eine Werbeaktion durchführen. Dabei können Ihnen Gemeinschafts- und Einzeluntersuchungen über Werbeträger in Deutschland helfen. Zu den wichtigsten Informationsquellen gehören:

Analysen von Werbeträgern

Einfluss auf die Auswahl von Werbeträgern hat oft die sogenannte **Media-Analyse (MA)**, die von der Arbeitsgemeinschaft Media-Analyse, einer Gruppe von Medienunternehmen, Agenturen und Werbetreibenden jährlich durchgeführt wird. Dabei werden unter anderem der Leserumfang und die Reichweite der unterschiedlichen Medien untersucht. Die MA untersucht jährlich etwa 90 national verbreitete Publikumszeitschriften, überregionale und regionale Tageszeitungen, Werbefunk, einige TV-Sender, Kino usw. (www.agma-mmc.de).

Die **Allensbacher-Markt-Werbeträgeranalyse (AWA)** untersucht jährlich circa 120 national verbreitete Publikumszeitschriften und überregionale Tageszeitungen, TV-Sender usw. (www.awa-online.de).

Die **Leseranalyse Entscheidungsträger (LAE)** untersucht alle drei Jahre 15 bis 20 überregionale Publikationen mit überproportionaler Verbreitung in gehobenen Berufsschichten (www.lae.de).

Einzeluntersuchungen werden von einigen Herausgebern von Werbeträgern veröffentlicht, so zum Beispiel
- die Frauen-Typologie der Zeitschrift »Brigitte«,
- die »Typologie der Wünsche«, die von »Burda« veröffentlicht wird,
- der »Markenkompass«, herausgegeben vom Bauer-Verlag.

Die Informationen werden durch Erhebungen und Befragungen ermittelt. Im Zentrum der Untersuchungen steht das Mediennutzungsverhalten der Bevölkerung bzw. einzelner Bevölkerungsgruppen (z. B. der Umfang der Leserschaft und die Reichweite der untersuchten Werbeträger).

Schritt 6: Zeitliche und räumliche Aspekte der Werbemaßnahmen

Mittlerweile haben Sie bereits Ihre Werbeziele, das Werbebudget, die Adressaten, die Inhalte Ihrer Botschaft, die Werbemittel und die Werbeträger festgelegt. Als nächster Schritt folgt die Bestimmung des Werbezeitraums, also Startzeitpunkt und Dauer der Werbemaßnahme. Die zeitliche Verteilung Ihrer Werbeaktion kann deren Wirkung deutlich beeinflussen.

Intensiv-, kontinuierliche oder intermittierende Werbeaktion?

Hinsichtlich der Dauer der Werbemaßnahmen lassen sich drei Werbeaktionsformen unterscheiden: die **Intensiv-Werbeaktion**, die **kontinuierliche** und die **intermittierende Werbeaktion**. In der folgenden Tabelle sind die Besonderheiten der jeweiligen Werbeaktionsformen dargestellt.

Aufgabe	Maßnahme
Sie wollen neue Produkte bzw. Dienstleistungen einführen.	**Intensiv-Werbeaktionen:** Das sind Werbeaktionen, die nur einmal durchgeführt werden und zeitlich begrenzt sind. Ziel ist es, durch die Intensität der Werbung schnell einen hohen Bekanntheitsgrad bei der Zielgruppe zu erreichen.
Sie wollen den Bekanntheitsgrad erhalten.	**Kontinuierliche Werbeaktionen:** Sie werden dauerhaft in bestimmten Intervallen (pro Monat, pro Woche, pro Tag) durchgeführt.
Sie bieten saisontypische Produkte oder Leistungen an.	**Intermittierende Werbeaktionen:** Das sind Werbeaktionen, die kurz, aber intensiv in unregelmäßigen Zeitintervallen durchgeführt werden. Die Werbeaktionen müssen entsprechend der saisonalen Nachfrage durchgeführt werden.

Beispiel: Intermittierende Werbeaktionen

Die Schall & Rauch GmbH wird insbesondere im Zeitraum vor Silvester die Werbung für ihre Knallkörper verstärken.

Antisaisonale Werbung

Wenn Sie von saisonalen Schwankungen nicht abhängig sein wollen, könnten Sie eine sogenannte antisaisonale Werbung durchführen. Sie versuchen, durch Werbeaktionen die entsprechenden Umsatzschwankungen auszugleichen. Ein Beispiel dafür ist die Werbung im Fremdenverkehr, die im Winter Gäste für einen Urlaub an der Küste gewinnen will, oder das Angebot, den »tristen« November in einem Kurhotel mit Wellnessangebot zu genießen.

Natürlich können Sie auch alle genannten Werbeaktionsformen miteinander kombinieren.

Wie Sie Ihren Werbeerfolg steigern

Je größer die Zahl der Kontakte der Werbebotschaft mit den Adressaten, desto größer ist der Werbeerfolg. Der Werbeerfolg stagniert nach einer gewissen Steigerung der Kontakte und sinkt bei einer weiteren Zunahme der Kontakte sogar. Bei Saisonwerbung fällt die Wirkung der Kontakte in den Saisonspitzen ab.

Der Bekanntheitsgrad, der durch eine Werbebotschaft erzeugt werden kann, nimmt ab, wenn er nicht durch neue Kontakte aufrecht gehalten wird. Bei einer bestimmten Anzahl von Werbewiederholungen können sich Imageverbesserungen ergeben. Die Zahl der Schaltungen einer Werbebotschaft kann eine Erhöhung der Reichweite bewirken.

Es ist empfehlenswert, dass Sie Ihre Werbung räumlich dort konzentrieren, wo die meisten potenziellen Kunden zu finden sind. Der räumlichen Abgrenzung kommt, insbesondere bei beschränkten Budgets, daher eine enorm große Bedeutung zu.

Schritt 7: Durchführung der Werbemaßnahme
Grundsätzlich stehen Ihnen folgende Alternativen zur Verfügung:
- Sie können Ihre Werbeaktionen selbst durchführen.
- Sie können die Durchführung Ihrer Werbeaktionen an eine Werbeagentur vergeben.
- Sie können ein Teil der Werbeaktion selbst durchführen und einen Teil davon einer Werbeagentur übertragen.

Werbeagenturen sind Dienstleistungsunternehmen, die je nach Größe und Ausstattung die Planung und Durchführung von Teilen einer Werbeaktion bis hin zu deren kompletter Ausgestaltung anbieten. Sollten Sie sich für die Zusammenarbeit mit einer Werbeagentur entschließen, beachten Sie bitte die folgenden Schritte.

Anleitung: So arbeiten Sie mit einer Werbeagentur zusammen
- Sie bestimmen selbst Ihre Werbeziele.
- Sie legen ein Werbebudget fest.
- Sie beauftragen eine Agentur (Briefing).
- Die Werbeagentur unterbreitet Ihnen Vorschläge für die Durchführung der Werbeaktion.
- Sie entscheiden über den von der Werbeagentur unterbreiteten Vorschlag.
- Fällen Sie eine positive Entscheidung, dann erarbeitet die Werbeagentur einen Plan und führt die Werbeaktion durch.

Die Einzelheiten einer Werbeaktion können sehr spezifisch sein. Wollte man sie hier alle aufführen, müsste man die Details zu den beworbenen Produkten oder Leistungen kennen und mit ins Kalkül ziehen. Diesen Prozess sollten Sie als Unternehmer selbst steuern. Wir hoffen, unsere Ausführungen können Ihnen dabei eine kleine Hilfe sein.

Schritt 8: So kontrollieren Sie Ihren Werbeerfolg
Nach Durchführung der Werbeaktion dürfen Sie nicht vergessen, deren Erfolg zu kontrollieren. Schließlich haben Sie viel Zeit und Geld investiert. Das muss sich langfristig auch für Sie auszahlen.

Empfehlenswert ist es, die Werbeerfolgskontrolle auf zwei Ebenen durchzuführen:
- **auf der außerökonomischen Ebene:** Hier ermitteln Sie, ob sich durch eine Werbeaktion Ihr Image verbessert hat, wie sich Ihr Bekanntheitsgrad entwickelt hat, welche Einstellungen die potenziellen Kunden gegenüber Ihrer Firma erkennen

lassen usw. Erfolge auf dieser Ebene lassen sich nur begrenzt messen, z. B. durch telefonische Umfragen, das Versenden von Fragebögen, Testkäufe usw. Beachten Sie aber, dass Sie lediglich Tendenzen ermitteln können.
- **auf der ökonomischen Ebene:** Hier sollten Sie den Beitrag der Werbung zum ökonomischen Erfolg Ihres Unternehmens ermitteln.

Das Modell der vier Werbewirkungsstufen

Für die Messung des Werbeerfolgs ist es sinnvoll, die Untersuchung entlang der Werbewirkungsstufen zu konzipieren. Insgesamt können vier verschiedene Stufen der Werbewirkung voneinander abgegrenzt werden:

1. Werbewirkungsstufe: Zunächst geht es um die Wahrnehmung der Werbebotschaft durch potenzielle Kunden. Mithilfe der folgenden Kriterien können Sie feststellen, ob die Adressaten diese überhaupt wahrgenommen haben:
- Kontaktanzahl des Werbeträgers mit Ihrer Zielgruppe,
- Anzahl Ihrer Kontakte mit den Umworbenen und
- Wiedererkennung Ihrer Werbung und Erinnerung an deren Aussage durch potenzielle Kunden.

2. Werbewirkungsstufe: Als Nächstes müssen Sie feststellen, ob eine Verarbeitung der Werbebotschaft durch die jeweiligen Adressaten stattgefunden hat. Dafür stehen Ihnen die folgenden Kriterien zur Verfügung:
- die Beziehung, die die Adressaten zum angebotenen Produkt/zur angebotenen Leistung herstellen,
- die Bekanntheit der von Ihnen angebotenen Marken,
- das Image, welches die von Ihnen angebotenen Produkte verkörpern,
- die Einstellung potenzieller Kunden gegenüber Ihren Produkten und
- das Interesse, das potenzielle Kunden am Kauf Ihrer Produkte/Leistungen zeigen.

3. Werbewirkungsstufe: Die dritte Wirkungsstufe ist das Verhalten. Hierbei geht es darum, dass Sie sich einen Überblick darüber verschaffen, inwiefern Ihre Werbung das Kaufverhalten Ihrer potenziellen Kunden beeinflusst hat. Dazu können Sie auf die folgenden Indikatoren zurückgreifen:
- Wiederholungseinkäufe
- Erhöhung der Kauffrequenz
- Weiterempfehlungsverhalten Ihrer Kunden

4. Werbewirkungsstufe: Dies ist Ihr ökonomischer Erfolg. Auch dafür können Sie verschiedene Kennzahlen analysieren:
- Absatzzahlen
- Umsatzzahlen
- Bestellungen

Es zeigt sich, dass es zur Ermittlung des konkreten Werbeerfolgs verschiedene Möglichkeiten gibt. Überlegen Sie, welche Sie davon nutzen können. Am besten ist es, wenn Sie verschiedene Kennzahlen und Wirkungsgrößen zur Erfolgsmessung heranziehen und ein ganz individuelles Kennzahlensystem zur Messung Ihres Werbeerfolgs zusammenstellen.

Angenommen, Sie möchten die Werbewirkung auf einem regional abgegrenzten (Test-)Markt messen, dann können Sie einen **Gebietsverkaufstest** durchführen. Dadurch erhalten Sie folgende Marktdaten:
- Absatz- und Umsatzvergleich zwischen einem beworbenen und einem nicht beworbenen Teilmarkt
- Absatz- und Umsatzentwicklung nach dem Einsatz einer neuen Werbekonzeption usw.

Messen Sie den Werbeerfolg am Verhältnis zwischen Werbeaufwand und Werbeertrag (**Netapps-Methode**). Wichtige Kennzahlen dafür sind:
- die Personenanzahl, die eine Werbebotschaft wahrgenommen, aber das Produkt nicht gekauft haben
- die Personenanzahl, die eine Werbebotschaft wahrgenommen und das Produkt zu einem bestimmten Zeitpunkt gekauft haben
- die Personenanzahl, die die Werbebotschaft nicht wahrgenommen, aber das Produkt dennoch gekauft haben
- die Personenanzahl, die die Werbebotschaft nicht wahrgenommen und das Produkt nicht gekauft haben
- die Kosten der wahrgenommenen Werbebotschaft pro Person
- die Erträge, die aus Käufen stammen, die auf die Wahrnehmung der Werbebotschaft zurückzuführen sind

Außerdem können Sie Ihre Werbebotschaft mit einer Direktwerbeaktion verbinden und den Erfolg direkt messen (**Direktmessung**). Dafür bietet sich die folgende Vorgehensweise an:

Beispiel: Direktwerbeaktion

Sie verschicken an 2.500 potenzielle Kunden Werbebriefe, die für Sie mit Kosten in Höhe von 2,50 Euro je Brief verbunden sind. Als Reaktion auf Ihre Werbeaktion werden 880 Bestellungen bei Ihnen abgegeben. Jede Bestellung ist mit einem Umsatz von 16,00 Euro verbunden.

Zusätzlicher Umsatz	(880 Bestellungen × 16,00 Euro)	=	14.080 Euro
Gesamtkosten der Aktion	(2.500 Werbebriefe × 2,50 Euro)	=	6.250 Euro
Wirtschaftlicher Erfolg		**=**	**7.830 Euro**

Bei der **Direktbefragung** fragen Sie Ihre Kunden, welcher Werbemaßnahme Sie den Kauf zu verdanken haben. Beachten Sie jedoch: Es könnte Ihnen passieren, dass Kunden nicht bereit sind, Ihnen eine Auskunft zu erteilen. Es kann auch möglich sein, dass

Ihre Kunden nicht genau sagen können, ob Ihre Werbeaktionen überhaupt einen Einfluss auf ihre Kaufentscheidung hatten.

Wenn Sie Ihre Werbebotschaft mit einem Bestellcoupon ausstatten, kann die **Bestellung unter Bezugnahme auf das Werbemittel** geschehen. Derartige Gelegenheiten bieten sich besonders bei Anzeigen in Zeitungen und Zeitschriften oder auch, wenn Sie mit Werbebriefen (Mailings) arbeiten. Sie können folgende Informationen generieren:
- Welche Zielgruppe(n) bzw. Kundengruppe(n) haben Sie durch Ihre Werbebotschaft tatsächlich erreicht?
- Wie viele Bestellungen müssen mindestens eingehen, damit Sie Ihre Werbekosten decken können?

Beispiel: Hat sich die Anzeige gerechnet?

Die Schall & Rauch GmbH bezahlt für die Konzeption einer Anzeige und für deren Schaltung 22.000 Euro. Nach Abschluss der Werbeaktion sind 1.200 Bestellungen eingegangen. Der Preis des »Westindischen Kanonenschlags« beträgt 158 Euro pro Stück. Es soll ein Mindestgewinn von je 110 Euro erzielt werden.

Vorgehensweise: Herr Schall ermittelt zunächst den zusätzlichen Umsatz, der durch die Werbeaktion zustande gekommen ist: 1.200 Stück zu 158 Euro pro Stück = 189.600 Euro. Kosten für die Werbeaktion: 22.000 Euro. Nettoerfolg: 167.600 Euro. Die Schall & Rauch GmbH hat einen Gewinn von 139,66 Euro pro Stück erzielt. Ihre Werbeaktion war ein Erfolg!

Herr Schall hätte auch die Mindestzahl an Bestellungen, die die Firma zur Deckung der Werbekosten bräuchte, berechnen können: Kosten der Anzeige geteilt durch den angestrebten Gewinn: 22.000 Euro / 110 Euro = 200 Bestellungen.

5.5.5 Product-Placement – Ihr Produkt im Film

Wie so häufig vermischen sich im Marketing auch hier englische und deutsche (Fach-)Begriffe. Der englische Begriff »Product Placement« ist identisch mit der deutschen Bezeichnung »Platzierung von Produkten« oder dem Mischbegriff »Produktplacement«. Was versteht man darunter?

Unter Product-Placement wird die Möglichkeit verstanden, Ihre Produkte bzw. Dienstleistungen in Kino-, Video- und TV-Filmen werbewirksam zu platzieren. Dem Product-Placement wird eine besondere Werbewirkung zugesprochen, zum Beispiel:
- Potenzielle Kunden werden auf die Produkte aufmerksam gemacht, ohne dass sie die Werbeabsicht sofort bemerken.
- Es unterbleibt die Ablehnung der Werbebotschaft durch die Zuschauer. Sie haben erst gar nicht das Gefühl, beeinflusst zu werden.
- Das Image des Produkts wird über die Handlung im Film auf den möglichen Besitzer des Produkts übertragen.

- Das ständige Auftauchen des Produkts in der Handlung des Films kann einen Lern- und Konditionierungseffekt bei den Zuschauern auslösen.
- Bei einer hohen emotionalen Beteiligung der Zuschauer wird auch eine hohe Werbewirkung erzielt.
- Product-Placement erzielt eine höhere Glaubwürdigkeit als traditionelle Werbung.
- Auch Zuschauer, die in Werbepausen im Fernsehen in andere Programme zappen, werden durch Product-Placement erreicht.

> **Beispiel: Agent 007**
> Können Sie sich an den Sturm der Entrüstung auf den britischen Inseln erinnern, als James Bond erstmals seine Abenteuer im deutschen BMW absolvierte? Unser Tipp: Schauen Sie sich auf YouTube einmal Zusammenstellungen zum Thema Product-Placement an. Geben Sie dafür einfach die drei Begriffe »Product Placement Compilation« in die Suchmaske auf YouTube ein. Sie werden sicherlich erstaunt sein, welche Hersteller Product-Placement betreiben.

Mögliche Formen des Product-Placements sind:
- **Generic Placement:** Dabei erscheint eine komplette Warengattung (Getränke, Zigaretten, aber auch Sportgeräte wie Snowboards oder Inline-Skates usw.) im Vordergrund des Films. Es werden jedoch keine konkreten Marken gezeigt.
- **Image Placement:** Das Thema des Films wird auf ein bestimmtes Produkt oder eine bestimmte Marke abgestimmt. Das heißt, eigentlich steht das Produkt im Mittelpunkt des Films.
- **Innovation Placement:** Dadurch wird ein innovatives Produkt einem großen Personenkreis bekannt gemacht.

5.5.6 Sponsoring – Leistung und Gegenleistung

Sponsoring bedeutet, dass Sie Dritte monetär und/oder nicht monetär unterstützen (sponsern) und dafür eine Gegenleistung bekommen. In der Regel stellt der Sponsor (Ihre Firma) den Gesponserten (aus Ihrer Zielgruppe) finanzielle und/oder Sachmittel zur Verfügung. Die Gegenleistung besteht meist darin, dass Ihr Produkt, Ihre Firma oder Ihr Markenzeichen an einer werbewirksamen Stelle erscheint, genannt wird usw. Der Sponsor erhält somit einen unmittelbaren Werbekontakt zu seiner Zielgruppe.

Unter Berücksichtigung der jeweiligen Zielgruppe sind unterschiedliche Sponsoringarten denkbar und sinnvoll. Die bekanntesten sind:
- das Sportsponsoring
- das Kultursponsoring
- das Sozialsponsoring
- das Umweltsponsoring

Sportsponsoring

Von Sportsponsoring spricht man, wenn Sportinstitutionen (Vereine, Organisationen, Veranstalter, Teams, Einzelsportler usw.) Ihnen bestimmte Rechte einräumen, die Sie für die Verwirklichung Ihrer Kommunikationsziele nutzen können. Als Beispiele seien genannt:

- Werbung auf der Sportbekleidung der Sportler
- Plakate und Werbebanden auf Sportplätzen
- Logos der Sponsoren auf Pressekonferenzen (z. B. bei den Interviews mit bekannten Fußballern und ihren Trainern nach einem wichtigen Spiel. In der Oberliga werden derartige Pressetermine sogar im Fernsehen übertragen, wodurch der Sponsor eine große Öffentlichkeit erreicht.)
- Die Nennung des Firmennamens bei Durchsagen usw.

Durch solche Rechte können Sie Ihre Werbebotschaft sehr gezielt Ihrer Zielgruppe übermitteln.

> **Tipp: Der örtliche Fußballverein**
>
> Denken Sie beim Sportsponsoring nicht nur an die großen Namen. Wenn Sie regional agieren, ist es eher kontraproduktiv, Ihr Logo auf dem Trikot einer Bundesligamannschaft erscheinen zu lassen. Wenn Sie dagegen aber der örtlichen Fußballmannschaft einen Kleintransporter als Mannschaftsbus für Fahrten zu Auswärtsspielen zur Verfügung stellen, der während der Spiele regelmäßig neben dem Spielfeld parkt, können Sie sehr werbewirksam auf Ihr Autohaus aufmerksam machen.

Programmsponsoring

Speziell im Zusammenhang mit Sportübertragungen im Fernsehen hat sich das Programmsponsoring als besondere Form herausgebildet. Der Sponsor wird zu Beginn und Ende der Sendung genannt. Diese Form der Werbung erfordert ein höheres Budget, jedoch erreichen Sie weit mehr Zuschauer als auf dem örtlichen Fußballplatz. Ob Sie diese Form wählen sollten, hängt einerseits von den Zielgruppen und der Streubreite Ihrer Produkte und Leistungen, andererseits von Ihrem Werbe- bzw. Sponsoringbudget ab.

Mehrere Studien belegen, dass diese Art von TV-Werbung sehr gut bei den Zuschauern ankommt, weil sie nicht stört. Dabei sollten Sie aber beachten: Zwischen der Marke bzw. Firma, die ein Programm sponsert, und dem Inhalt der Sendung sollte ein Zusammenhang bestehen. Als kleine Anekdote am Rande sei angemerkt, dass in Reisebussen regelmäßig Touristen sitzen, die die Semperoper für die Radeberger Brauerei halten.

> **Beispiel: TV-Sponsoring**
>
> Ein Mineralwasserproduzent sponsert eine Gesundheits- oder auch eine Sportsendung. Eine Brauerei sponsert die Sendung eines Unterhaltungsfilms. Ein Tierfutterproduzent sponsert eine Tiersendung usw.

Kultursponsoring

Ihre Zielgruppe sind kunstorientierte Personen oder gar die Künstler selbst? Dann könnte das Kultursponsoring ein geeignetes Instrument zur Erreichung Ihrer Marketingziele sein.

Das Kultursponsoring umfasst das breite Spektrum der Künste wie zum Beispiel Literatur, bildende Kunst, Museen, Theater, Musik, die Künstler selbst usw.

> **Beispiel: VW und Rock-Musik**
> VW präsentierte Tourneen bestimmter Gruppen und Künstler wie »Genesis«, »Pink Floyd«, »The Rolling Stones« oder »Bon Jovi«. Als Gegenleistung durfte VW Sondermodelle mit den Künstlernamen auf den Markt bringen.

Auch in kleineren und weniger kostspieligen Bereichen sind solche Aktivitäten möglich. Beispiele wären
- die Mitfinanzierung von Theaterprogrammen,
- Beteiligung an Anzeigen sowie
- Eintrittskarten u. Ä.

Als Gegenleistung für Ihre Bemühungen werden dann der Name Ihrer Firma oder die Marke Ihrer Produkte in den Programmen, Anzeigen bzw. auf den Eintrittskarten erwähnt. Dadurch können Sie Ihre Produkte und/oder Dienstleistungen bei Ihrer Zielgruppe bekannt machen und den Bekanntheitsgrad Ihres gesamten Unternehmens bei einer breiten Öffentlichkeit steigern.

> **Beispiel: Kulturfestival**
> In der Heimatstadt der Familien Schall und Rauch findet alljährlich ein vierwöchiges Open-Air-Festival mit verschiedenen Künstlern statt. Der Salon von Frau Schall frisiert die Moderatoren und, wenn diese es wünschen, auch die Künstler vor ihrem Auftritt. Für Spezialeffekte steuert die Schall & Rauch GmbH die erforderliche Pyrotechnik bei. Beide werden im Programmheft und auf den Plakaten als Sponsoren genannt. Ein schöner Nebeneffekt ist, dass alle beteiligten Mitarbeiter immer in den Genuss des Open-Air-Festivals kommen.

Sozialsponsoring

Besteht Ihre Zielgruppe aus Haushalten und sprechen Ihre Produkte einen breiten Kundenkreis an? Dann kommt das Sozialsponsoring zur Erreichung Ihrer Marketingziele infrage. Beim Sozialsponsoring können Sie Organisationen, Vereine, Personen oder auch Veranstaltungen sozialer Gruppen unterstützen und sich damit einen kommunikativen Zugang zu breiten Schichten der Bevölkerung schaffen.
- Sie könnten beispielsweise Wohngebietsfeste sponsern und dort auch als Anbieter auftreten.

- Sie könnten Kindergärten sponsern und dadurch die Zielgruppe junger Eltern ansprechen und im Idealfall als spätere Kunden gewinnen.
- Des Weiteren kommen Institutionen in Betracht, die sich um Senioren kümmern (z. B. Alten- und Pflegeheime).

Sie sehen, Möglichkeiten gibt es mehr als genug. Lassen Sie sich einfach etwas Passendes einfallen.

Umweltsponsoring

Ihre Zielgruppe besteht aus Menschen, die ökologisch orientiert handeln und leben wollen? Und Ihre Produkte entsprechen diesen Erfordernissen? Dann könnte das Umweltsponsoring ein geeignetes Werbemittel zur Erreichung Ihrer Marketingziele sein.

Im Mittelpunkt stehen hierbei die Umweltproblematik und das gestiegene Umweltbewusstsein vieler Menschen. Sponsoringmöglichkeiten gibt es in diesem Bereich viele, angefangen von Umweltschutzprojekten, -anzeigen, -publikationen, -tagungen und -veranstaltungen bis hin zu Schulen, Jugendgruppen, Umweltorganisationen usw. Berücksichtigen Sie jedoch, dass die so von Ihnen angesprochenen Zielgruppen auch erwarten, dass Sie mit Ihren Leistungen den gewachsenen Anforderungen, die sich aus dem Schutz der Umwelt ergeben, ebenfalls gerecht werden.

> **Beispiel: Der ökologische Knaller**
> Einen ökologisch vollkommen unbedenklichen Knaller gibt es sicherlich nicht. Jedoch kann ein Hinweis auf den Verpackungen, dass die nach Silvester in mehr oder weniger großer Anzahl in der Natur herniedergehenden ausgebrannten Raketen aus Materialien bestehen, die schnell und unschädlich verrotten, sehr hilfreich sein. Besser wäre natürlich noch, wenn sich die Hersteller von Knallkörpern am 1. Januar eines jeden Jahres mit ihren Unternehmen an Säuberungsaktionen der Stadtreinigung beteiligen würden.

5.5.7 Individuelle Kontaktaufnahme: das Direktmarketing

Das Direktmarketing stellt eine Form der direkten individuellen Kontaktaufnahme dar. Denkbare Zielgruppen könnten sein:
- Endabnehmer im Konsumgüterbereich
- Absatzmittler
- gewerbliche Abnehmer aus Industrie und Handwerk
- nicht gewerbliche Abnehmer aus dem öffentlichen, sozialen und gesellschaftlichen Bereich (öffentliche Verwaltungen, Schulen, Vereine, gesellschaftliche und soziale Organisationen usw.)

Zentrales Anliegen des Direktmarketings ist es, ohne Mittler auf potenzielle Kunden derart einzuwirken, dass es letztendlich zu einem Vertrags- oder Verkaufsabschluss kommt. Dabei gibt es unterschiedliche Kontaktmöglichkeiten, z. B. den Direktvertrieb Ihrer Güter bzw. Dienstleistungen, die Vorführung von Mustern oder die Nutzung unterschiedlicher Medien, zum Beispiel

- den schriftlichen Kontakt über Printmedien wie Broschüren, Werbebriefe, Mailings, Kataloge usw.,
- den postalischen Kontakt durch die Übersendung von Proben, Mustern usw.,
- Postwurfsendungen (nicht adressierte Haushaltswerbung),
- den Kontakt über elektronische Medien wie Telefon, Internet, Videotext, TV.

> **Beispiel: Verkaufswege bei Feuerwerkskörpern**
> Die Schall & Rauch GmbH verkauft ihre Produkte nicht an die Endkunden, sondern an spezialisierte Händler. Erste Kontakte werden durch Werbebriefe hergestellt. Danach werden entweder Proben versandt oder der Vertreter der Firma, Herr R. Eisender, sucht die potenziellen Kunden persönlich auf.

Die Besonderheit des Direktmarketings liegt in der sehr persönlichen Beziehung, die dadurch aufgebaut wird bzw. werden soll. Das gelingt am besten, wenn auch die zwischenmenschlichen Beziehungen zwischen Verkäufer und Abnehmer gestärkt werden. Die Person des Kunden steht dabei im Mittelpunkt. Dem Verkäufer bzw. Vertreter sollte es gelingen, nicht nur kurzfristig einen Verkauf zu tätigen, sondern

- den Kunden über die angebotenen Leistungen zu informieren,
- ihn über ihre Anwendung und Auswahl zu beraten und
- danach vom Kauf zu überzeugen.

Geschäft um jeden Preis?

Manchmal ist es sinnvoller, auf ein Geschäft zu verzichten. Wenn der Kunde dadurch das Gefühl bekommt, seinen Wünschen entsprechend beraten zu werden, wird er später viel eher bereit sein, ein Geschäft zu tätigen, als wenn er das Gefühl hat, über den Tisch gezogen worden zu sein.

Die folgende Checkliste kann Ihnen dabei behilflich ein zu überprüfen, ob Sie oder Ihre Verkäufer für den Direktvertrieb geeignet sind.

Checkliste: Bin ich für den Direktvertrieb gewappnet?

Fragestellung	ja	nein
Bin ich über das Absatzpotenzial informiert? (Was können wir maximal absetzen?)		
Kenne ich die Konkurrenzsituation?		

Fragestellung	ja	nein
Habe ich alle relevanten Informationen über die Kunden bzw. den jeweiligen Markt bzw. das jeweilige Marktsegment?		
Wissen wir, wer letztlich die Kaufentscheidung beim Kunden trifft?		
Kenne ich den Verwender der Produkte? (Derjenige, der über den Kauf entscheidet, muss nicht der Nutzer sein.)		
Habe ich bereits einen individuellen Besuchsplan erstellt?		
Ist der Tourenplan fertig?		
Habe ich individuelle Vorbereitungen für die einzelnen Verkaufsgespräche getroffen und schriftlich niedergelegt?		
Habe ich eine Verkaufsargumentation entwickelt?		
Habe ich meinen Besuch bei den potenziellen Kunden rechtzeitig angemeldet?		

5.5.8 Verkaufsförderung – den Absatz Ihrer Produkte steigern

Das zentrale Ziel von Verkaufsförderungsmaßnahmen, auch Sales Promotion genannt, ist die Steigerung des Absatzes Ihrer Produkte bzw. Dienstleistungen. Durch ein harmonisches Zusammenspiel und eine gezielte Unterstützung aller Bereiche, die am Absatzprozess beteiligt sind, können Sie den Absatz steigern.

Um einen zusätzlichen Anreiz für Ihre Mitarbeiter, Absatzmittler und Abnehmer zu schaffen, können Sie dabei auf ein vielfältiges Maßnahmenbündel zurückgreifen. Einige davon können Sie allein einsetzen, andere gemeinsam mit Ihren Absatzmittlern durchführen. Außerdem kommen Ihnen noch die Verkaufsförderungsmaßnahmen zugute, die Ihre Absatzmittler im eigenen Interesse anstoßen und in Eigenregie durchführen.

Am Absatzprozess sind die Verkaufsabteilung, die Händler und die Verbraucher beteiligt. Demzufolge beinhaltet die Verkaufsförderung
- die Verkaufsförderung im eigenen Haus (Verkaufspromotion),
- die Händlerförderung (Händlerpromotion) und
- die Verbraucherförderung (Verbraucherpromotion).

Verkaufspromotion
Sie können die Effektivität Ihrer eigenen Verkaufsorganisation durch gezielte Verkaufsförderungsmaßnahmen erhöhen. Sie können sich dabei an der folgenden

Anleitung orientieren und diese als erste Gedankenanregung nutzen. Unter Berücksichtigung der jeweiligen Gegebenheiten in Ihrem Unternehmen bzw. in Ihrer Branche können Sie selbstverständlich wieder Ergänzungen und Modifikationen vornehmen.

Anleitung: Wie Sie eine Verkaufspromotion durchführen

Schritt 1: Schulung des Außendienstes
Legen Sie dabei besonderen Wert auf
- Schulung zur Erhöhung der Verkaufsfähigkeiten (z. B. Verkaufs- und Verhandlungstraining),
- Erhöhung des Wissensstands der Außendienstmitarbeiter über Ihr Unternehmen, über die angebotenen Güter, über die Zielgruppen usw.,
- Verbesserung der Kommunikationsfähigkeiten. Beispielsweise können die folgenden Themen beim Smalltalk hilfreich sein: ein breites Allgemeinwissen, Kenntnisse über private Interessen Ihrer Kunden (Golf, Fußball, Urlaub usw.).

Schritt 2: Support des Außendienstes, zum Beispiel durch
- Videomaterial zur Unterstützung des Verkaufs, z. B. Videos, Filme u. a. über das Unternehmen und die angebotenen Produkte,
- Listen mit Referenzen von angesehenen Kunden, Katalogen, Mustern, Preislisten, Veröffentlichungen, Artikeln in den Medien usw.,
- Verkaufshandbücher und Verkaufsrichtlinien,
- Ausstattung mit moderner Informations- und Kommunikationstechnologie (z. B. Tablet PCs und Mini-Beamer).

Schritt 3: Motivation des Außendienstes, zum Beispiel durch
- Förderung des Wettbewerbs zwischen Außendienstmitarbeitern,
- monetäre Anreize (z. B. Provisionen und Prämien),
- nicht monetäre Anreize (z. B. zusätzliche Urlaubstage),
- Arbeitstreffen der Außendienstmitarbeiter.

Händlerpromotion
Verkaufen Sie über Absatzmittler? Die Verkaufsaktivitäten Ihrer Absatzmittler können Sie ebenfalls durch gezielte Verkaufsförderungsmaßnahmen erhöhen. Die folgende Anleitung haben wir für Sie als erste Inspirationsquelle zusammengestellt:

Anleitung: Wie Sie eine Händlerpromotion durchführen
Schritt 1: Unterstützung und Beratung der Händler bei der Ausgestaltung ihrer Verkaufsräume, zum Beispiel
- bei der Gestaltung der Verkaufsfläche,
- beim Aufstellen von Displays,

- bei der Warenplatzierung,
- bei der Verpackung der Produkte,
- bei der Lagerung Ihrer Produkte.

Schritt 2: Beratung und Unterstützung bei der Preisfindung und Preisauszeichnung. Beispielsweise durch
- Hilfe und Unterstützung bei Verkaufsaktionen (Gewährung von Rabatten, Einführungsaktionen, Sonderaktionen usw.),
- Hilfe bei der Preisfestlegung,
- Gewähren betriebswirtschaftlicher Beratung.

Schritt 3: Schulung und Information des Handels, zum Beispiel durch
- Schulung der Händler und ihrer Mitarbeiter,
- die Unterstützung der Veröffentlichung von Händlerzeitschriften,
- die Organisation von Händlertreffen und Tagungen,
- Händler- und Kundeninformationsdienste.

Schritt 4: Motivation der Händler, zum Beispiel durch
- Organisation von Händlerausschreibungen,
- Durchführung von Wettbewerben zwischen den Händlern.

Verbraucherpromotion
Insbesondere, wenn Sie direkt an Ihre Zielgruppe verkaufen, können Sie Ihren Verkauf durch gezielte Verkaufsförderungsmaßnahmen unterstützen.

Anleitung: Wie Sie eine Verbraucherpromotion durchführen
Denken Sie über die folgenden Möglichkeiten nach:
- Einräumen von Vorteilen beim sofortigen Kauf der Leistung durch Sonderpreisaktionen, Sonderrabatte usw.,
- einen direkten Kontakt zum Abnehmer herstellen, z. B. über Preisausschreiben, Proben, Betriebsbesichtigungen usw.,
- zusätzliche Anreize zum Kauf bewirken, z. B. durch Preisausschreiben, Befragungen, Verlosungen usw.,
- die Abnehmer auf Ihre Leistungen aufmerksam machen, z. B. über Produktproben, Produktpräsentationen, Werbe-Displays usw.,
- Zugaben,
- Couponpromotion (Sammeln von Gutscheinen) sowie
- Einräumen von Boni für bestimmte Einkaufsmengen.

5.6 In acht Schritten zum perfekten Werbeplan

Step by Step die eigene Werbung organisieren
Böse Zungen behaupten, die Aufgabe des Managements bestehe darin, die anderen bei der Arbeit zu stören. Dies ist wohl eine sehr einseitige Betrachtung. Aber was ist Management nun wirklich?

Management als Institution
Zum Management gehören die Organisation der Unternehmensführung und deren organisatorische Einbindung in das gesamte Unternehmen (Management als Institution). Zudem werden Führungspositionen von Menschen ausgefüllt (der Manager als Person). Die tägliche Arbeit eines Managers sollte im Idealfall eine gesunde Mischung aus systematischer Vorgehensweise und Intuition sein (der Managementprozess). Bei den folgenden Ausführungen konzentrieren wir uns auf die zuletzt genannten Aspekte des Managements.

Management als Prozess
Management kann somit auch als Prozess bzw. Ablauf aufgefasst werden. Beginnend mit einer Analyse des Istzustandes (Situationsanalyse) werden die folgenden Prozessschritte durchlaufen:
- Zielsetzung
- Planung
- Umsetzung
- Kontrolle

Die einzelnen Phasen werden zunächst systematisch abgearbeitet. Allerdings erfolgt dies nicht nur einmal – vielmehr entsteht ein Kreislauf, der immer wieder und zum Teil auch mit kleineren Rückkopplungsschleifen, durchlaufen wird.

Da auch Werbung eine wichtige Aufgabe des Marketingmanagements ist, orientiert sich das Werbemanagement ebenfalls an diesen Prozessschritten.

> **Beispiel: Werbebudget**
> Frau Schall hat ein Werbebudget in Höhe von 10.000 Euro für das erste Jahr festgelegt. Ein halbes Jahr nach der Eröffnung des Salons stellt sie fest, dass für die Eröffnungswerbung 3.000 Euro ausgegeben wurden. Obwohl sie danach keine neuen Maßnahmen ergriffen hat, ist der Salon ausgelastet. Es wäre sicher nicht sinnvoll, jetzt das Geld mit vollen Händen auszugeben, nur weil sie es so geplant hat. Viel besser ist es, nach der Anlaufphase neue Ziele und Pläne zu entwickeln.

5.6.1 Schritt 1: Analyse

Fundierte Entscheidungen können Sie nur treffen, wenn Sie Informationen haben. Beginnen Sie daher mit Ihrer Recherche. Am besten noch heute:

Checkliste: So analysieren Sie das Werbeumfeld

Fragestellung	Bemerkungen
Wird in meiner Branche überhaupt geworben?	
In welchem Umfang werben meine Konkurrenten?	
Gibt es deutliche Unterschiede im Werbeverhalten der Wettbewerber?	
Welche Werbemittel/Werbeträger werden vorrangig eingesetzt?	
Wie habe ich selbst bisher geworben und mit welchem Erfolg?	
Welche Mittel stehen mir zur Verfügung?	
Gibt es spezialisierte Agenturen in meiner Umgebung, die mir mit Rat und Tat zur Seite stehen könnten?	
Was kostet die Zusammenarbeit mit Werbeagenturen und welches Leistungsspektrum bieten sie an?	
…	

Als Ergebnis dieser Analyse haben Sie ein aktuelles Bild des Werbeumfelds, in dem Sie sich bewegen. Vergleichen Sie Ihre Wunschvorstellungen mit den tatsächlichen Gegebenheiten. Nun können Sie den zweiten Schritt in Angriff nehmen.

5.6.2 Schritt 2: Ziele der Werbemaßnahme

Im vorigen Abschnitt haben wir uns bereits mit den allgemeinen Zielen der Werbung befasst. Überlegen Sie zunächst, welche dieser Grundrichtungen Sie verfolgen wollen, von der Einführungswerbung für ein neues Produkt bis hin zu einer eventuellen Reduktionswerbung. Jetzt können Sie bereits einen Schritt weitergehen: Bedenken Sie, welches Ziel bzw. welche Ziele Sie in Bezug auf jedes einzelne Ihrer Produkte (Produktgruppen) verfolgen.

In Kapitel 5.5.4 (Schritt 1) finden Sie einige Möglichkeiten, was Sie mit Werbung erreichen können.

> **Beispiel: Werbemanagement bei der Schall & Rauch GmbH**
>
> In der Firma hat man sich entschlossen, die Werbung systematisch anzugehen. Zunächst werden für die drei Hauptproduktgruppen die produktspezifischen Werbeziele festgelegt:
>
> | Produktgruppe | Raketen | Böller | Scherzartikel |
> |---|---|---|---|
> | Werbeziel | Absatzunterstützung | Hinweis auf das besonders günstige Preis-Leistungs-Verhältnis | Imageverbesserung |

5.6.3 Schritt 3: Bestimmung des Werbebudgets

Hierbei kommt es darauf an, dass Sie zunächst ein Gesamtwerbebudget festlegen. Dieses müssen Sie jedoch noch für die einzelnen Produktgruppen weiter in Teilbudgets aufspalten. Die konkrete Höhe der einzelnen Werbebudgets sollten Sie immer an den jeweiligen Werbezielen ausrichten.

Verschiedene Methoden, das Werbebudget für das kommende Geschäftsjahr festzulegen, haben wir bereits in Kapitel 5.5.4 (Schritt 2) angesprochen. Dabei werden Sie sich sicherlich immer wieder die folgende Frage stellen: Reicht unser Gesamtbudget aus, um alles zu finanzieren, was wir uns vorgenommen haben?

An dieser Stelle werden Sie nicht umhinkönnen, Einzelmaßnahmen, die dafür erforderlichen Kosten und Ihre finanziellen Möglichkeiten immer wieder aufs Neue miteinander abzugleichen. Prüfen Sie Kostenvoranschläge von Agenturen, überlegen Sie, ob Sie die Ziele auch mit geringeren Mitteln erreichen können oder ob Sie bestimmte Aufgaben auch selbst übernehmen können.

Lebenszyklus und Marktanteil

Es empfiehlt sich, bei der Festlegung des Werbebudgets die folgenden Gesichtspunkte im Auge zu behalten:
- In welcher Phase seines Lebenszyklus befindet sich das zu bewerbende Produkt? Normalerweise benötigen Sie in der Einführungsphase ein größeres Werbebudget. Sobald sich die Absatzzahlen positiv entwickelt haben, können Sie Ihre Werbemaßnahmen wieder etwas zurückfahren.
- Wie groß ist der Marktanteil des Produktes bzw. der gesamten Produktgruppe? Falls Sie den Marktanteil noch steigen wollen, sind weitere Mittel erforderlich. Für den Fall, dass Sie den Marktanteil auf einem bestimmten Niveau stabilisieren möchten, müssen Sie entsprechend weniger finanzielle Mittel aufwenden.
- Auch die Werbestrategie Ihrer Wettbewerber könnte Sie gegebenenfalls dazu zwingen, mehr für Werbung auszugeben, als Sie eigentlich wollen.

> **Beispiel: Werbemanagement bei der Schall & Rauch GmbH**
>
> Bei Silvesterraketen handelt es sich um ein gut eingeführtes Produkt, jedoch ist auf Grund zunehmender Konkurrenz aus Fernost Erhaltungswerbung nötig. Bei den Böllern müssen Neuentwicklungen bekannt gemacht werden und bei den Scherzartikeln fristet die Schall & Rauch GmbH derzeit eher ein Nischendasein. Unter Einbeziehung des hier Gesagten trifft man bei der Schall & Rauch GmbH die folgenden Entscheidungen:
>
> | Produktgruppe | Raketen | Böller | Scherzartikel |
> |---|---|---|---|
> | Werbeziel | Absatzunterstützung | Hinweis auf das besonders günstige Preis-Leistungs-Verhältnis | Imageverbesserung |
> | Werbebudget | 20.000 Euro | 50.000 Euro | 80.000 Euro |

5.6.4 Schritt 4: Hauptzielgruppen bestimmen

Die Planung der konkreten Maßnahmen ist abhängig von den Zielgruppen, die Sie erreichen wollen. Werbung, die bei einer Zielgruppe gut ankommt, kann bei anderen Zielgruppen genau das Gegenteil bewirken. Zwar muss das nicht immer der Fall sein, aber im Zusammenhang mit ganz bestimmten – insbesondere provokativen – Werbebotschaften sollten Sie dies unbedingt beachten!

> **Beispiel: »Lass dich nicht verar...«**
>
> Speziell junge Menschen (die darüber hinaus nur über ein relativ geringes Einkommen verfügen, weil sie beispielsweise noch studieren) verbinden mit derartigen Werbeaussagen gedanklich die Chance, preiswerter als anderswo einzukaufen. Der gut verdienende »50+ Kunde« fühlt sich dagegen eventuell von der sehr direkten Wortwahl gestört und verbindet zudem mit diesem Slogan die Vorstellung eines billigen Ramschladens ohne Beratung und Einkaufserlebnis. Unabhängig davon hat wahrscheinlich der markante Spruch bei allen Zielgruppen zumindest eines erreicht, dass der Name der Handelskette im Gedächtnis haften geblieben ist – positiv aber auch negativ!

Überlegen Sie daher vorher genau, an welche Art Kunde sich Ihr Angebot konkret richtet. Erst wenn Sie sich darüber Klarheit verschafft haben, sollten Sie Ihre Werbebotschaft ausformulieren.

> **Beispiel: Werbemanagement bei der Schall & Rauch GmbH**
>
> Die Schall & Rauch GmbH vertreibt ihre Produkte nicht direkt, deshalb wendet sie sich zunächst an Ihre Zwischenhändler. Diese sind genau wie die Herstellerfirma an steigenden Umsätzen interessiert. Aus diesem Grund bezieht die Schall & Rauch GmbH die Zwischenhändler in ihre Werbekampagne mit ein. Bei den Scherzartikeln geht es zuallererst darum, gelistet zu werden.

Produktgruppe	Raketen	Böller	Scherzartikel
Werbeziel	Absatzunterstützung	Hinweis auf das besonders günstige Preis-Leistungs-Verhältnis	Imageverbesserung
Werbebudget	20.000 Euro	50.000 Euro	80.000 Euro
Zielgruppe	Endverbraucher jeden Alters, überwiegend männlich	Junge Endverbraucher	Händler

5.6.5 Schritt 5: Festlegen der Werbebotschaft

Die Basis- und Nutzenbotschaft haben wir bereits in Kapitel 5.5.4 (Schritt 4) kurz angesprochen. Nun geht es darum, das dort Gesagte umzusetzen.

Beispiel: Werbemanagement bei der Schall & Rauch GmbH

Produktgruppe	Raketen	Böller	Scherzartikel
Werbeziel	Absatzunterstützung	Hinweis auf das besonders günstige Preis-Leistungs-Verhältnis	Imageverbesserung
Werbebudget	20.000 Euro	50.000 Euro	80.000 Euro
Zielgruppe	Endverbraucher jeden Alters, überwiegend männlich	Junge Endverbraucher	Händler
Werbebotschaft	Vorzüge des Angebots, z. B. besondere Farbenpracht »Falls es Ihnen mit uns zu bunt wird, bekommen Sie Ihr Geld zurück!«	Besonderheiten des Angebots herausstellen »Viel Krach für wenig Knete – das erleben Sie nur mit uns!«	Aufmerksamkeit und Sympathie erregen »Verkaufen Sie Ihre Kunden einfach gute Laune – wir haben die Artikel dafür!«

Gestaltungselemente

Bei der Ausgestaltung Ihrer Werbebotschaft sollten Sie verschiedene Gestaltungselemente gekonnt miteinander kombinieren. Die wichtigsten sind
- Stil,
- Ton,
- Wortwahl sowie
- formale Elemente.

Das leitet über zum nächsten Schritt:

5.6.6 Schritt 6: Maßnahmen, Werbeträger, Werbemittel

Für diesen Prozessschritt lassen sich keine allgemeingültigen Aussagen formulieren. Die konkrete Auswahl muss sich an den vorherigen Entscheidungen orientieren. Beispielsweise könnte die Schall & Rauch GmbH die folgende Zusammenstellung wählen:

Beispiel: Werbemanagement in der Schall & Rauch GmbH

Produktgruppe	Raketen	Böller	Scherzartikel
Werbeziel	Absatzunterstützung	Hinweis auf das besonders günstige Preis-Leistungs-Verhältnis	Imageverbesserung
Werbebudget	20.000 Euro	50.000 Euro	80.000 Euro
Zielgruppe	Endverbraucher jeden Alters, überwiegend männlich	Junge Endverbraucher	Händler
Werbebotschaft	Vorzüge des Angebots, z. B. besondere Farbenpracht »Falls es Ihnen mit uns zu bunt wird – bekommen Sie Ihr Geld zurück!«	Besonderheiten des Angebots herausstellen »Viel Krach für wenig Knete – das erleben Sie nur mit uns!«	Aufmerksamkeit und Sympathie erregen »Verkaufen Sie Ihre Kunden einfach gute Laune – wir haben die Artikel dafür!«
Werbemittel	Anzeige	Aufsteller in Geschäften	Produktkatalog, persönliche Einladungen
Werbeträger	Zeitung/Zeitschrift (Titel, Verlag)	Einzelhändler	Katalog, verkaufsfördernde Veranstaltung

Mediaplan

Das vorliegende Ergebnis wird als Streuplan bezeichnet. In diesem halten Sie fest für welche Werbemittel und Werbeträger Sie sich entschieden haben und wie häufig Sie die ausgewählten Werbeträger nutzen bzw. im Zeitablauf belegen. Zu Fragen der zeitlichen und räumlichen Aspekte der Werbung können Sie in Kapitel 5.5.4 (Schritt 7) nachlesen.

5.6.7 Schritt 7: Umsetzung

Bis hierher ging es um die Planung von Werbemaßnahmen, nun geht es daran, Ihren Werbeplan auch in die Tat umzusetzen. Prinzipiell haben Sie dabei zwei Möglichkeiten (die Sie aber auch miteinander kombinieren können):

Sie realisieren die geplanten Maßnahmen in eigener Regie. Dafür müssen Sie sich das notwendige Know-how im Unternehmen aufbauen oder entsprechend qualifizierte Mitarbeiter einstellen.

Sie entscheiden sich für die Zusammenarbeit mit einer Werbeagentur, die alles Notwendige übernimmt. Hier ist es erforderlich, eine geeignete, d.h. zu Ihrem Unternehmen passende Werbeagentur zu finden und dabei die sich ergebende Kosten-Nutzen-Relation zu beachten.

Beispiel: Werbemanagement in der Schall & Rauch GmbH

Produktgruppe	Raketen	Böller	Scherzartikel
Werbeziel	Absatzunterstützung	Hinweis auf das besonders günstige Preis-Leistungs-Verhältnis	Imageverbesserung
Werbebudget	20.000 Euro	50.000 Euro	80.000 Euro
Zielgruppe	Endverbraucher jeden Alters, überwiegend männlich	Junge Endverbraucher	Händler
Werbebotschaft	Vorzüge des Angebots, z. B. besondere Farbenpracht »Falls es Ihnen mit uns zu bunt wird – bekommen Sie Ihr Geld zurück!«	Besonderheiten des Angebots herausstellen »Viel Krach für wenig Knete – das erleben Sie nur mit uns!«	Aufmerksamkeit und Sympathie erregen »Verkaufen Sie Ihre Kunden einfach gute Laune – wir haben die Artikel dafür!«
Werbemittel	Anzeige	Aufsteller in Geschäften	Produktkatalog, persönliche Einladungen
Werbeträger	Zeitung/Zeitschrift (Titel, Verlag)	Einzelhändler	Katalog, verkaufsfördernde Veranstaltung
Umsetzung	Agentur xyz	Agentur xyz	selbst

5.6.8 Schritt 8: Werbeerfolgskontrolle

Mit einer fundierten Werbeerfolgskontrolle können Sie ermitteln, wie erfolgreich die einzelnen Werbemaßnahmen waren und ob Sie Ihre Werbeziele erreicht haben. Schauen Sie dazu noch einmal in Kapitel 5.5.4 (Schritt 9).

Warum ist diese Kontrolle so wichtig?

Einerseits müssen Sie natürlich wissen, ob sich das für die Werbung eingesetzte Geld auch gelohnt hat. Die Ergebnisse können selbstverständlich nur Näherungswerte sein. In den meisten Fällen ist nämlich nicht eindeutig ersichtlich, ob Verkaufserfolge direkt oder indirekt auf Werbemaßnahmen zurückzuführen sind oder ob sie andere Ursachen haben.

Andererseits können Sie durch die Kontrolle feststellen, ob sich vielleicht die Rahmenbedingungen geändert haben und demzufolge zukünftig andere Werbemaßnahmen geplant und umgesetzt werden sollten.

Und immer wieder von vorn
Denken Sie bitte daran: Es reicht nicht aus, lediglich Abweichungen festzustellen. Auch deren Ursachen sollten Sie möglichst genau ergründen. Diese können beispielsweise darin bestehen, dass die einzelnen Werbemaßnahmen nicht wie geplant umgesetzt wurden, aber auch, dass Sie von Annahmen ausgegangen sind, die sich nicht bestätigt haben. Wir hatten Ihnen ja versprochen: Der gesamte Prozess des Werbemanagements muss immer wieder von Neuem durchlaufen werden.

5.7 Die Distributionspolitik

> **Beispiel: Wie kommt der Knaller zum Empfänger?**
> Eigentlich scheint es ganz einfach zu sein: Die Schall & Rauch GmbH stellt ihre Feuerwerkskörper her, am Silvestertag werden die Raketen gen Himmel geschickt. Aber wie kommen sie zu all den Menschen, die das neue Jahr mit einem Feuerwerk begrüßen wollen?
> Herr Schall und Herr Rauch überlegen: Gerade ist für ein ganzes Semester eine BWL-Studentin als Praktikantin bei ihnen. Wäre das nicht eine Aufgabestellung für Frau Hornberg?

Zwischen dem Anbieter und dem Anwender liegen die Verteilungs- bzw. Distributionssysteme. Einerseits hat ihre Gestaltung etwas mit dem Kostenmanagement zu tun, andererseits nimmt die Distribution einen maßgeblichen Einfluss auf den Absatzerfolg.

Die Leistungen sollen schnell und effizient zum Abnehmer gelangen, eigentlich ist das selbstverständlich. Um dies zu erreichen, müssen einige Voraussetzungen erfüllt sein:
- Die potenziellen Kunden müssen die Möglichkeit haben, die Waren zu kaufen.
- Es müssen effiziente Wege gestaltet werden, damit die Waren zu potenziellen Kunden gelangen.

Die Distributionspolitik umfasst damit eine ganze Reihe Fragen des Vertriebs. Das Ziel der Distributionspolitik lässt sich daher wie folgt definieren: Die Produkte bzw. Dienstleistungen sollen

- in der richtigen Menge,
- in einem einwandfreiem Zustand,
- zur gewünschten Zeit
- an den beabsichtigten Ort

gebracht werden. Und dies zu minimalen Kosten.

Innerhalb der Distributionspolitik ist der **Distributionsgrad** eine wichtige und viel diskutierte Erfolgsgröße. Dabei wird die Anzahl der Handelsgeschäfte, in denen der Anbieter mit seinen Produkten vertreten bzw. gelistet ist, zur Anzahl der Handelsgeschäfte, in denen der Anbieter mit seinen Produkten vertreten sein könnte, ins Verhältnis gesetzt. Man differenziert noch weiter in einen ungewichteten Distributionsgrad und einen gewichteten Distributionsgrad. Bei letzterem werden die berücksichtigten Handelsgeschäfte mit dem dort jeweils erzielten Umsatz gewichtet. Dadurch hat ein SB-Warenhaus in der Regel eine größere Bedeutung als ein kleiner Stadtkiosk. Der (gewichtete) Distributionsgrad wird beispielsweise bei Entscheidungen über die Wahl der Distributionswege herangezogen. Die Wahl der Vertriebswege wirkt sich schließlich sehr stark darauf aus, welche Konsumenten, Betriebe bzw. Organisationen Sie erreichen können bzw. wollen. Gründe dafür könnten beispielsweise sein, dass die Produktionskapazitäten gar nicht ausreichen, um den gesamten Bedarf zu befriedigen, oder dass der Aufwand für einen großen Vertriebsapparat in keinem wirtschaftlichen Verhältnis zum damit zu erzielenden Erlös steht.

Die Distributionspolitik umfasst zwei wesentliche Entscheidungsbereiche:
- In der **Absatzwegepolitik** (akquisitorische Distribution) dreht sich alles um die Wahl und Betreuung der »besten« Vertriebswege.
- In der **Distributionslogistik** (physische Distribution) werden wiederum zwei Teilbereiche unterschieden:
    - die Organisation der Auftragsabwicklung und
    - die Organisation des Lager- und Transportwesens.

5.7.1 Welchen Absatzweg wollen Sie wählen?

Bei der Wahl des Absatzwegs steht folgende Frage im Vordergrund: Wollen Sie direkt mit Ihren potenziellen Kunden in Verbindung treten oder über die Einschaltung eines oder mehrerer Absatzmittler (zum Beispiel Handelsbetriebe)? Der erste Weg wird als **Direktvertrieb** bezeichnet, der zweite wird mit dem Fachbegriff **indirekter Vertrieb** umschrieben.

Beide Wege haben ihre Berechtigung. Im Folgenden werden wir die Vor- und Nachteile der beiden Alternativen herausarbeiten. Basierend auf diesen Erkenntnissen können Sie entscheiden, was für Sie günstiger ist. Je nachdem auf welchem Markt bzw. Marktsegment Sie Ihre Produkte anbieten, kann durchaus auch eine Kombination von beiden Vertriebswegen sinnvoll sein.

Der direkte Absatzweg

Sofern Sie Ihre Leistungen einer überschaubaren Kundenanzahl anbieten, spricht vieles für den Direktvertrieb. In diesem Fall steuert und kontrolliert der Hersteller durch seine eigenen Distributionsorgane alle Absatzfunktionen selbst. Zwischen Hersteller und Abnehmer kommt es zu einem direkten Verkaufs- und Kaufkontakt.

Der direkte Absatzweg ist mit einigen Vorteilen verbunden. Im Einzelnen sind dies:

Vorteil 1: Es sind keine Handelsspannen zu berücksichtigen. Damit haben Sie die Chance, eine höhere Deckungsspanne je verkaufter Mengeneinheit zu erzielen.

Vorteil 2: Es entstehen keine Abhängigkeiten gegenüber dem Handel. Insbesondere große Handelskonzerne verfügen über eine enorme Einkaufsmacht, die sie ausnutzen, um Preise zu drücken.

> **Beispiel: Markenartikel bei Discountern**
>
> Die sogenannten Discounter sind immer mehr dazu übergegangen, Markenartikel aus ihren Sortimenten zu nehmen und durch »No-Names« zu ersetzen. Häufig handelt es sich sogar um das gleiche Produkt, lediglich in anderer Aufmachung. Der Preisaufschlag, den eine bekannte Marke ermöglicht, geht dem Hersteller dadurch verloren.

Vorteil 3: Sie haben die Möglichkeit, einen engen Kontakt zum Abnehmer aufzubauen.

> **Beispiel: Persönliche Kontakte**
>
> Dem Verkaufsleiter der Radler OHG ist es in seiner langjährigen Tätigkeit gelungen, zu einigen wichtigen Abnehmern einen persönlichen Kontakt aufzubauen. Wichtige Geschäfte werden beim Essen und in einem Fall sogar beim Joggen besprochen. Diese Kunden kommen bei Bestellungen eher auf die Radler OHG zu als auf einen anonymen Lieferanten aus China. Der persönliche Kontakt kann in Einzelfällen ungünstigere Konditionen zwar nur begrenzt ausgleichen, verschafft aber auf jeden Fall einen wichtigen Informationsvorsprung.

Vorteil 4: Der Hersteller kann einen unmittelbaren Einfluss auf den Abnehmer über seine eigene Verkaufsorganisation ausüben.

Es ist nicht in allen Fällen möglich, den Direktvertrieb zu wählen. Wenn die folgenden Voraussetzungen gegeben sind, ist er aber die bessere Alternative:
- Die Anzahl Ihrer Abnehmer ist begrenzt.
- Es besteht eine starke räumliche Konzentration der Abnehmer.
- Die Nachfrage nach Ihren Leistungen ist relativ konstant.

Darüber hinaus empfiehlt sich der Direktvertrieb immer dann, wenn Ihre Leistungen kompliziert und daher erklärungsbedürftig sind oder Sie einen zuverlässigen Kundendienst anbieten müssen, z. B. bei Investitionsgütern.

Welche Distributionsorgane gibt es?
Innerhalb des Direktvertriebs gibt es eine Reihe von Vertriebsorganen. Die einzelnen Möglichkeiten unterscheiden sich
- in den durch sie verursachten Vertriebskosten,
- in der Höhe des Kapitals, das in den einzelnen Fällen für den Aufbau des direkten Vertriebsweges benötigt wird,
- in der Absatzwirksamkeit des jeweiligen Organs und
- in den unterschiedlichen Einsatzbedingungen.

> **Beispiel: Verkauf von Kosmetika**
>
> Frau Schall benötigt in ihrem Friseursalon verschiedene kosmetische Produkte, teils um sie bei ihren Kunden anzuwenden, teils als Handelsware. In ihrer Heimatstadt befindet sich ein Hersteller von Spezialhaarwäschen, die er mit Mineralien aus einer hiesigen Quelle anreichert. Frau Schall bestellt direkt bei diesem Anbieter.
>
> Jeden Monat wird sie in ihrem Salon von einem Vertreter einer großen Kosmetikfirma aufgesucht. Er bietet ihr die gesamte dort hergestellte Palette Kosmetika an und Frau Schall bestellt, was sie benötigt. Der Handelsvertreter ist jedoch kein Angehöriger der Kosmetikfirma, sondern arbeitet in deren Namen auf eigene Rechnung.

Es gibt unternehmenseigene und unternehmensfremde Verkaufsorgane. Welche sollten Sie in einer konkreten Entscheidungssituation wählen?

Unternehmenseigene Organe können sein:
- die Geschäftsleitung,
- der Außendienst oder
- das Verkaufsbüro.

Wenn die Kundenakquisition und die Verhandlungen mit den Kunden unmittelbar von der Geschäftsleitung wahrgenommen werden, aber auch, wenn Kunden besonderen Wert auf den direkten Kontakt zur Geschäftsleitung legen, bietet sich der Verkauf über die Geschäftsleitung an. Dies gilt allerdings nur dann, wenn eine überschaubare Anzahl wichtiger Kunden zu betreuen ist und wenn es ausreicht, die Kunden in größeren Zeitabständen zu kontaktieren. Ansonsten besteht die Gefahr, dass die Geschäftsleitung von anderen Aufgaben der Unternehmensführung abgehalten wird.

Stellt sich erst mit der Zeit heraus, dass der Vertrieb über die Geschäftsleitung zu aufwendig geworden ist, sollten Sie einen Vertriebsverantwortlichen einführen. Achten

Sie dabei jedoch darauf, dass Sie Ihre Kunden nicht »verprellen«. Schließlich waren diese bisher den direkten Kontakt zu Ihnen gewohnt.

Anleitung: So führen Sie einen Vertriebsverantwortlichen ein
- Fallen Sie nicht mit der Tür ins Haus. Nehmen Sie den neuen Vertriebsleiter zum nächsten Kundengespräch mit und stellen Sie ihn Ihrem Kunden als neuen Ansprechpartner vor.
- Besprechen Sie vorher mit ihm die Verhandlungsstrategie.
- Achten Sie darauf, dass der Vertriebsleiter in wesentlichen Passagen des Verkaufsgesprächs seine Fachkenntnisse verdeutlichen kann. Überlassen Sie ihm fühlbar die Verhandlungsführung.
- Machen Sie dem Kunden deutlich, wie außerordentlich angenehm die bisherige Zusammenarbeit war und dass Ihnen die Fortsetzung der Geschäftsbeziehung sehr wichtig ist.
- Stellen Sie klar, dass das Verhandlungsergebnis, das zwischen Ihrem Vertriebsleiter und dem Kunden erzielt wurde, auch von Ihnen nicht besser hätte verhandelt werden können.
- Vermeiden Sie den Eindruck, dass Sie sich nur bei bestimmten Kunden aus der Verhandlung zurückziehen wollen, sondern erläutern Sie die Gründe für Ihre generelle Rückzugsentscheidung. Vielleicht begründen Sie sie damit, dass durch die direkte Verhandlungsführung mit ihm als Fachmann letztlich für den Kunden mehr Zeit und mehr Fachkompetenz zur Verfügung stehen. (Das muss dann aber auch wirklich so sein!)
- Verdeutlichen Sie, dass Sie bei Problemen als Ansprechpartner zur Verfügung stehen.
- Nehmen Sie stattdessen andere Gelegenheiten wahr, ein Gespräch mit dem Kunden zu führen.

Wenn der Kunde den Eindruck hat, nach wie vor kompetent und zuvorkommend beraten zu werden, wird er sicherlich zu seinem neuen Verhandlungspartner schnell ein gutes Vertrauensverhältnis aufbauen.

Wenn einerseits direkter Verkauf gewünscht wird, andererseits die Anzahl der Kunden und vor allen Dingen die räumliche Entfernung es nicht mehr zulassen, direkt ab Werk zu verkaufen, bietet sich der **Außendienst** an. Ein Außendienst ist das typische Verkaufsorgan der Industrie, des Großhandels und einiger anderer Wirtschaftsbereiche. Er kann komplett in der Hand des Unternehmens liegen.

Eine weitere Variante besteht in der Kombination aus **Handelsvertreter** und Handelsreisendem. Der Handelsvertreter ist kein Mitarbeiter des Unternehmens. Er ist ein selbstständiger Kaufmann, der auf Provisionsbasis für eine oder mehrere Firmen tätig ist.

Die **Handlungsreisenden** sind die unternehmenseigenen Außendienstmitarbeiter. Als Vergütung bekommen sie in der Regel ein fixes Gehalt und zusätzlich eine Provision oder Prämie. Sie sind an die Weisungen der Vertriebs- bzw. Unternehmensleitung gebunden.

Wenn diese beiden Möglichkeiten für Sie nicht sinnvoll sind und Sie trotzdem den direkten Absatz bevorzugen, also nicht über den Handel gehen wollen oder müssen, sollten Sie sich für ein eigenes **Vertriebsbüro** in der Nähe Ihrer Kunden entscheiden, das alle absatzwirtschaftlichen Aufgaben wahrnimmt.

Für Sie ergibt sich damit die Frage, welche Formen des Außendienstes für Ihr Unternehmen infrage kommen. Sie können bei Ihrer Entscheidungsfindung auf die folgende Checkliste zurückgreifen.

Checkliste: Welche Form des Außendienstes kommt infrage?

Fragestellung	ja	nein
Muss der Außendienst vollständig an Weisungen des Unternehmens gebunden sein?		
Ist es für unser Unternehmen ein Problem, wenn der Handelsvertreter auch für andere Unternehmen tätig ist und in deren Namen Geschäfte abschließt?		
Ist zu erwarten, dass das Vertragsverhältnis nur kurz andauert und unser Unternehmen dann Ausgleichsansprüche gemäß HGB zahlen muss?		

Wenn Sie diese Fragen mit Ja beantworten, ist es sinnvoller, keinen Vertrag mit einem selbstständigen Handelsvertreter abzuschließen.

5.7.2 Sieben Schritte zum Aufbau eines Außendienstes

Der Aufbau eines Außendienstes ist nicht einfach. Es gibt eine Reihe von Aspekten, die beachtet werden müssen. Die aus unserer Sicht wichtigsten haben wir für Sie in sieben Schritten zusammengestellt.

> **Tipp: Auch wenn Sie keinen Außendienst benötigen**
>
> Beim Aufbau anderer Abteilungen oder Aufgabenbereiche im Unternehmen gibt es ähnliche Herausforderungen. Es kann daher sehr sinnvoll sein, sich auch dann einige Anregungen zu holen, wenn Sie aufgrund Ihrer Unternehmensgröße oder aus anderen Gründen (derzeit) keinen Außendienst benötigen.

Beginnen wir mit den verkaufspolitischen Entscheidungen, die Sie als Erstes treffen sollten:

Schritt 1: Entscheidung über den Aufbau der eigenen Verkaufsorganisation
Prinzipiell haben Sie dabei drei Möglichkeiten:
- Sie können Ihre Verkaufsorganisation primär an den Funktionen der angebotenen Leistung orientieren.
- Sie können sie produktorientiert aufbauen.
- Sie können sie abnehmerorientiert aufbauen.

Was bedeutet das?

> **Beispiel: Verkaufsorganisation der Schall & Rauch GmbH**
> Die Aufteilung der Absatzorganisation nach Funktionen der angebotenen Leistungen könnte folgendermaßen aussehen:
> - Feuerwerkskörper und andere Silvesterartikel
> - Sprengstoffe für den Bergbau
> - ...
>
> Ein produktorientierter Aufbau wäre dementsprechend:
> - Silvesterknaller
> - Feuerwerksraketen
> - Rauchbomben
> - ...
>
> Eine abnehmerorientierte Verkaufsorganisation könnte beispielsweise die folgenden Abnehmerkreise umfassen, die jeweils auf anderen Wegen bedient werden:
> - Profi-Feuerwerker
> - Bergbau/Steinbrüche (Sprengmeister)
> - Einzelhandel für Silvesterraketen
> - ...

Für welche Möglichkeit Sie sich letztendlich entscheiden, hängt von den angebotenen Leistungen, dem Kundenkreis, den Sie bearbeiten, sowie von Ihren finanziellen Mitteln ab. Grundsätzlich müssen Sie darüber hinaus entscheiden, ob Sie Ihre Kunden über Ihren eigenen Außendienst (angestellte Reisende) oder über selbstständige Handelsvertreter betreuen wollen oder können.

Die weiteren Ausführungen gehen von der Annahme aus, dass Sie sich für einen Außendienst entschieden haben, der auf fest angestellten Mitarbeitern beruht. Fragen, die sich im Zusammenhang mit selbstständigen Handelsvertretern ergeben, werden wir später behandeln.

Schritt 2: Entscheidung über die Anzahl der erforderlichen Außendienstmitarbeiter

In Mittelpunkt dieser Überlegung steht die Frage, wie Sie die Kapazität berechnen können, mit der Ihre Kunden sach- und fachgerecht betreut werden. Dazu benötigen Sie einige Angaben, die sich jedoch relativ einfach beschaffen lassen.

> **Tipp: Wie viele Kunden will ich gewinnen?**
> Achten Sie darauf, dass Sie bei solchen konkreten Angaben, die für das Gesamtunternehmen wesentlich sind, fundierte Schätzungen zugrunde legen. Fantasievolle Zielgrößen müssen erst erfüllt werden und allein der Wunsch nach Erfolg wird nicht bezahlt.

Zu diesen Angaben gehören:
- Zahl der im kommenden Geschäftsjahr neu zu gewinnenden Kunden, ergänzt um die Anzahl der vorhandenen und zu betreuenden Kunden.
- Besuchsfrequenz pro Kunde. Hier empfiehlt es sich, mit einer ABC-Kundenanalyse zu arbeiten und dadurch Prioritäten und Besuchsintervalle festzulegen.
- Durchschnittliche Besuchsanzahl bei Kunden, die ein Außendienstmitarbeiter täglich bewältigen soll (Tagesbesuchsrate).
- Anzahl der tatsächlichen Arbeitstage pro Jahr, die je nach Urlaubs- und Krankheitstagen recht unterschiedlich ausfallen können. Ohne Krankheit und sonstige Ausfälle können Sie von etwa 220 Tagen pro Jahr ausgehen. Denken Sie aber auch an innerbetriebliche Weiterbildungen sowie Seminare, die ebenfalls einkalkuliert werden müssen. Berücksichtigen Sie auch Zeiten oder Tage, die für die unternehmensinterne Vor- und Nachbereitung von Besuchen erforderlich sind! Die so ermittelten Arbeitstage sind dann diejenigen Tage, die für Besuche bei Kunden maximal zur Verfügung stehen.

Anhand der so ermittelten Informationen können Sie die optimale Anzahl an Außendienstmitarbeitern (Z_{ad}) ermitteln:

$$Z_{ad} = \frac{\text{Zahl der Kunden} \times \text{Besucherfrequenz}}{\text{Tagesbesuchsrate} \times \text{Zahl der Arbeitstage}}$$

Berechnungsbeispiel

Ein Unternehmen hat basierend auf einer ABC-Analyse seine Kunden in insgesamt vier Gruppen eingeteilt und folgende Besuchsfrequenzen pro Jahr festgelegt:

Kundengruppe A:	650 Kunden	Besuchsfrequenz	14
Kundengruppe B:	550 Kunden	Besuchsfrequenz	10
Kundengruppe C:	350 Kunden	Besuchsfrequenz	6
Zu gewinnende Neukunden:	200 Kunden	Besuchsfrequenz	10

Ferner wurde ermittelt, dass im Durchschnitt jeder Außendienstmitarbeiter sieben Besuche pro Tag bewältigen kann. Im Geschäftsjahr stehen 208 Arbeitstage zur Verfügung.

$$Zad = \frac{(650 \times 14) + (550 \times 10) + (350 \times 6) + (200 \times 10)}{7 \times 208}$$

Die Zahl der erforderlichen Außendienstmitarbeiter ist demnach 13.

Schritt 3: Anwerbung der entsprechenden Mitarbeiter
Dieser Schritt ist nur dann erforderlich, wenn die Mitarbeiter noch nicht in Ihrem Unternehmen tätig sind oder die derzeitige Mitarbeiteranzahl nicht ausreicht.

Grundfragen der Personalpolitik sind nicht Gegenstand dieses Buches. Speziell bei Außendienstmitarbeitern im Kundenkontakt sind jedoch einige besondere Anforderungen zu stellen. In der Regel geht es dabei um persönliche Eigenschaften (Soft Skills), die Außendienstmitarbeiter wegen ihrer für das Unternehmen repräsentativen Stellung mitbringen müssen, z. B. soziale Kompetenz, Eigenverantwortung, Zielstrebigkeit, Belastbarkeit usw.

Außendienstler stehen in direktem Kontakt zu Ihren Kunden und sind nicht nur Vertreter des Unternehmens, sondern in diesen Momenten sind sie das Unternehmen. Verschaffen Sie sich darüber Klarheit, welche Aufgaben in den zu besetzenden freien Stellen zu erledigen sind und welche Anforderungen sich daraus an den neuen Außendienstmitarbeiter ergeben.

Schritt 4: Schulung und Training
Sie haben Außendienstmitarbeiter ausgewählt? Unter Umständen müssen Sie noch notwendige Schulungen durchführen oder entsprechende Trainingsmaßnahmen für den neuen Außendienstler organisieren. Vergessen Sie nicht, Ihre Außendienstmitarbeiter über den Markt, also Ihre Zielgruppen und alles, was noch dazugehört, zu informieren. Darüber hinaus wird es notwendig sein, sie mit den jeweiligen Unterneh-

mensgegebenheiten vertraut zu machen. Die folgende Checkliste kann Ihnen dabei behilflich sein.

Checkliste: Interne Weiterbildung für Außendienstmitarbeiter

Fragestellung	Notizen
Welche Informationen benötigen die Außendienstmitarbeiter für ihre Arbeit?	
Welche Marktinformationen sind entscheidend?	
Welche Produktinformationen benötigen Sie?	
Was müssen sie über die einzelnen (Zusatz-)Dienstleistungen wissen?	
Welche Unternehmensinformationen sind relevant?	
Ist ein Verkaufs- und Verhandlungstraining erforderlich?	
Mit welchen Schwerpunkten (Kommunikation, Gesprächsführung, Smalltalk)?	
Welche weiter gehenden Informationen sind vorteilhaft?	
Gibt es spezielle Schulungsmaßnahmen (z. B. Sprachlehrgänge), die sich der Mitarbeiter wünscht?	

Dabei geht es in erster Linie um die Vermittlung von Fähigkeiten im Umgang mit den potenziellen Kunden mit dem Ziel, diese zum Geschäftsabschluss zu bewegen.

Schritt 5: Wer bearbeitet welchen Kunden?

Sie können Außendienstmitarbeiter sowohl bestimmten Kundengruppen als auch geografisch abgegrenzten Vertriebsgebieten zuteilen. Ziel ist es, klar zu definieren, wer für welche Kunden und Regionen zuständig ist. Nur so können Sie die Effektivität und Effizienz Ihres Außendienstes gewährleisten.

Schritt 6: Vergütungssystem

Überlegen Sie, ob Sie für jeden Außendienstmitarbeiter, entsprechend seiner konkreten Aufgaben und seiner Verantwortung für Kundenkreise und geografische Regionen, ein individuell abgestimmtes Vergütungssystem einführen wollen. In diesem Zusammenhang müssen Sie entscheiden, ob Sie dieses System aus einer Kombination monetärer Anreize wie zum Beispiel Gehalt, Provisionen, Prämien usw. und nicht monetärer Anreize wie zum Beispiel Wettbewerbe, Auszeichnungen u. Ä. gestalten wollen.

Statussymbole

Manchmal haben bestimmte Statussymbole, wie z. B. die Größe des Dienstwagens, eine größere Wirkung als Geld. Aber beachten Sie: Statussymbole sind für alle Mitarbeiter sichtbar. Sie sollten nach genauen und für alle Beteiligten transparenten Kriterien vergeben werden und prinzipiell auch von allen gleichgestellten Mitarbeitern erreicht werden können. Neid ist immer kontraproduktiv!

Schritt 7: Sonstige Festlegungen

Zu den sonstigen Festlegungen für den Außendienst gehören z. B. die folgenden Punkte:
- das Budget, welches die Außendienstmitarbeiter zur Verfügung gestellt bekommen
- die Transportmittel, die Außendienstmitarbeiter für ihre Tätigkeit in Anspruch nehmen dürfen
- Verhalten der Außendienstmitarbeiter bei Kundenbesuchen
- Routenplanung usw.

Der indirekte Absatzweg

Ihre Leistungen lassen sich nicht direkt von Ihnen absetzen? Dann sind Sie auf das Einschalten von Absatzmittlern angewiesen. Unter Absatzmittlern (oder Intermediären) versteht man alle unternehmensfremden Organe (Personen, Firmen, Organisationen usw.), die für die Distribution, also für die Verteilung Ihrer Leistungen, eingebunden werden können.

Absatzmittler ja oder nein?

Zwischenhändler, Aufkäufer usw. reduzieren durch die Handelsspanne, die sie für sich in Anspruch nehmen gegebenenfalls Ihren Gewinn. Bedenken Sie jedoch: Diese erbringen dafür auch eine Leistung, die Sie sonst selbst erbringen müssten. Überlegen Sie also, was für Sie wirtschaftlich sinnvoller ist: die Leistung selbst erbringen (was auch Kosten verursacht) oder einen Absatzmittler damit beauftragen. Weiterhin: Einige Leistungen können Sie möglicherweise gar nicht selbst erbringen, z. B. weil Ihnen die erforderliche Sachkenntnis oder die benötigten finanziellen Mittel fehlen.

Die Möglichkeiten, an welcher Stelle des Absatzwegs solche Absatzmittler eingeschaltet werden können, sind sehr vielfältig. Die Entscheidung hängt stark von der jeweiligen Unternehmenssituation ab. An dieser Stelle sei daher erneut auf die große Bedeutung der Situationsanalyse verwiesen, die wir Ihnen zu Beginn von Kapitel 5.6 bereits vorgestellt haben.

Denken Sie einfach einmal darüber nach, an welchen der folgenden Stellen es für Sie sinnvoll ist, Ihre Leistungen nicht direkt abzusetzen, sondern von den Kompetenzen der verschiedenen Absatzmittler zu profitieren.

- Sie könnten den Großhandel als Absatzmittler vor den Endabnehmer schalten.
- Sie könnten auch den Großhandel und den Einzelhandel vor den Endabnehmer schalten.
- Sie könnten weitere Absatzmittler in Ihren Distributionsweg einbinden, um einzelne Groß- und Einzelhändler zu unterstützen. Dies kann vor, während und nachdem diese mit den Endverbrauchern in Verbindung treten geschehen.

Sie sehen, wenn Sie sich Ihren Absatzprozess vor Augen führen, gibt es viele Stellschrauben im Distributionssystem, die Sie nutzen können und sollten, um Ihre Produkte und Dienstleistungen kundenorientiert anzubieten. Bedenken Sie dabei, dass nicht alle Produkte über den gleichen Vertriebsweg angeboten werden müssen. Warum sollten Sie beispielsweise nicht einen Werksverkauf (Direktvertrieb) durchführen, Einzelhändler in der näheren Umgebung direkt beliefern und für größere Entfernungen den Großhandel einschalten, der Ihre Produkte wiederum über Einzelhändler an den Endkunden verkauft?

Auch für den Abnehmer gibt es für gleiche oder ähnliche Produkte häufig verschiedene Bezugsquellen. Dies hat verschiedenste Gründe (z. B. zunehmende Mobilität der Bevölkerung, Verstädterung, neue Informations- und Kommunikationstechnologien usw.). Hier einige Beispiele:

- **Teehandel:** Endabnehmer können Tee u. a. im Lebensmittelhandel, in Kaufhäusern, im Teefachhandel oder im Teeversandhandel beziehen. Sogar eine Bestellung über das Internet ist kein Problem mehr (www.teekampagne.de).
- **Gartenmöbel:** Gartenmöbel finden Sie u. a. in Baumärkten, in Verbrauchermärkten, in speziellen Gartencentern, im Möbelhandel, im Hausrat- und Eisenwarenhandel und mittlerweile auch im Internet (www.gartenmoebel.de).
- **Autoradios:** Abnehmer können Autoradios u. a. im Kfz-Handel, im Rundfunk/TV-Handel und in Fachmärkten, in Warenhäusern, bei Versendern, im Spezialhandel oder im Internet (www.conrad.de) erwerben.

Die Fragen in der folgenden Checkliste sollen Ihnen die Entscheidung für oder gegen einen Absatzmittler ein wenig einfacher machen.

Checkliste: Absatzmittler – ja oder nein?

Fragestellung	ja	nein
Ist mein Unternehmen technisch in der Lage, den Absatz selbst zu übernehmen?		
Welchen technischen Aufwand muss ich dafür betreiben?		
Lässt sich ein Direktvertrieb in die Unternehmensorganisation integrieren?		

Fragestellung	ja	nein
Werden die dafür aufzubauenden Kapazitäten auch langfristig ausgelastet sein?		
Welche Kosten entstehen dadurch?		
Welche Fixkosten sind damit verbunden?		
Wie hoch werden die laufenden Betriebskosten sein?		
Sind diese Kosten geringer als die Handelsspanne, die ich durch den direkten Absatz zusätzlich erwirtschaften kann?		

Sie sehen also: Die Fragestellung konzentrieren sich auf zwei zentrale Entscheidungsbereiche:
- Sind wir technisch und organisatorisch überhaupt in der Lage, den Absatz selbst durchzuführen? Haben wir die erforderlichen Kapazitäten dafür bzw. können und wollen wir diese kurz- oder langfristig aufbauen?
- Wenn ja, ist der materielle Vorteil (Einsparen der Handelsspanne) größer als die damit verbundenen Zusatzkosten?

So reduzieren Sie die Anzahl der Direktbeziehungen
Ein wesentlicher Vorteil von Absatzmittlern ist, dass Sie die Anzahl der Direktbeziehungen zu Abnehmern reduzieren können. Schließlich muss jede Beziehung zu Abnehmern gepflegt werden, was wiederum mit Kosten verbunden ist.

Als Hersteller müssen Sie bei der Entscheidung über den Absatzweg kostenrechnerische und marketingpolitische Aspekte berücksichtigen. Wählen Sie denjenigen Absatzweg, auf dem Ihre Firma, unter Berücksichtigung Ihrer finanziellen Möglichkeiten sowie der vorhandenen Marktchancen, den größten Nutzen hat.

Absatzhelfer und Absatzmittler
Wer wird eigentlich im indirekten Absatz zwischengeschaltet? Das können Firmen sein, aber auch wirtschaftlich und rechtlich selbstständige Einzelpersonen. Auf jeden Fall sind es unternehmensfremde Organe. Je nach ihrer Stellung und konkreten Tätigkeit unterscheidet man zwischen
- Absatzhelfern und
- Absatzmittlern.

Absatzhelfer sind selbstständige Kaufleute, die das Unternehmen bei der Kundengewinnung unterstützen. Wenn Absatzhelfer für ein Unternehmen tätig sind, werden sie nicht Eigentümer der zu verkaufenden Leistung. Das ist das entscheidende Wesens-

merkmal: Absatzhelfer erwerben kein Eigentum an den Waren, die sie absetzen. Sie übernehmen für das Unternehmen jedoch bestimmte Tätigkeiten, z. B.
- die Vermittlung von Geschäften,
- die Anbahnung von Geschäftsbeziehungen oder
- den Abschluss von Geschäften.

Zu den Absatzhelfern zählen Kommissionäre, Makler und Handelsvertreter, die im Folgenden kurz charakterisiert werden:

Kommissionäre übernehmen gewerbsmäßig Waren oder Wertpapiere für Rechnung eines anderen (des Kommittenten), um in eigenem Namen zu kaufen oder zu verkaufen. Sicherlich ist Ihnen der Ausspruch »etwas in Kommission nehmen« geläufig.

Makler sind ebenfalls selbstständige Gewerbetreibende. Sie vermitteln entweder für andere Personen oder weisen Gelegenheiten zum Abschluss von Verträgen nach. Speziell im Bereich der Immobilienwirtschaft ist diese Berufsgruppe weit verbreitet.

Auch **Handelsvertreter** sind selbstständige Gewerbetreibende, die für andere Unternehmer Geschäfte vermitteln oder in deren Namen abschließen. Das unterscheidet sie von den Kommissionären. Sie können ihre Tätigkeit frei gestalten und über ihre Arbeitszeit bestimmen, obwohl sie für ein bestimmtes Unternehmen arbeiten und dessen Interessen wahrnehmen. Dafür wird der Handelsvertreter von dem Unternehmen mit den erforderlichen Unterlagen, Mustern, Werbedrucksachen, Geschäftsbestimmungen und weiteren verkaufsunterstützenden Materialien ausgestattet. Er erhält für erfolgreiche Abschlüsse Provisionen.

Absatzmittler sind rechtlich und wirtschaftlich selbstständige Handelsbetriebe. Sie kaufen Produkte von Herstellern und verkaufen sie ohne wesentliche Be- oder Verarbeitung an andere Absatzmittler oder an Endabnehmer weiter. Absatzmittler sind einerseits die verschiedenen Betriebsformen im Großhandel, andererseits all die Einzelhandelsbetriebe wie Warenhäuser, Kaufhäuser, Fach- und Spezialgeschäfte, Verbrauchermärkte, Teleshopping, Versandhandel, Shopping-Center, Discounter, Kioske oder Gaststätten sowie seit geraumer Zeit Online-Shops (www.amazon.de).

Franchise-Systeme haben, insbesondere in den USA und in Deutschland, eine weite Verbreitung gefunden. Die Grundidee besteht darin, dass (meist mehrere) Unternehmen (die Franchisenehmer) das Recht erwerben, Leistungen eines anderen Unternehmens (des Franchisegebers) zu vertreiben. Der Franchisegeber schreibt den Franchisenehmern beispielsweise die einzuhaltenden Qualitätsstandards, die gesamte Werbung bis hin zum äußeren Erscheinungsbild der Verkaufsstätte detailliert vor. Ein typisches Beispiel sind die McDonald's-Schnellrestaurants.

5.7 Die Distributionspolitik

Wie kann ich mich entscheiden?

Für welche Vertriebsform Sie sich auch entscheiden, eines müssen dabei immer genau im Blick behalten: Ihre aktuelle Unternehmens- und Konkurrenzsituation sowie Ihre ausgewählte(n) Zielgruppe(n). Um Ihnen die Entscheidung ein wenig zu erleichtern, haben wir zwei Beispiele aufbereitet. Dadurch können Sie nachvollziehen, wie man zu einer gut begründeten Entscheidung findet.

Beispiel 1: Direkter und indirekter Vertrieb

Der Leiter der Verkaufsabteilung eines Unternehmens steht vor der Aufgabe zu entscheiden, ob er für ein neues Produkt einen direkten oder einen indirekten Vertrieb einführt. Für seine Entscheidung kann er von folgenden Informationen ausgehen:

- Beim **direkten Vertrieb (a)** über den eigenen Außendienst muss eine Vielzahl kleiner eigener Filialen aufgebaut werden. Dafür fallen Fixkosten in Höhe von 273.000 Euro an. Darüber hinaus entstehen pro Stück variable Kosten in Höhe von 1.250 Euro. Der Verkaufspreis, den das Unternehmen erhält, liegt bei 1.700 Euro/Stück.
- Beim **indirekten Vertrieb (b)** über Absatzmittler verringern sich die Fixkosten um 50 Prozent, schließlich ist der Aufwand auch geringer. Dafür steigen die variablen Kosten pro Stück auf 1.300 Euro an. Der Verkaufspreis, der bei dieser Version erzielt werden könnte, liegt bei 1.550 Euro pro Stück.

Es wird angenommen, dass die geschätzte Absatzmenge von der Vertriebsvariante unabhängig ist und bei 2.750 Stück liegen wird.

Kalkulation zu Alternative (a) direkter Vertrieb

Umsatz (2.750 Stück à 1.700 Euro)		4.675.000 Euro
Fixkosten	273.000 Euro	
variable Kosten (2.750 Stück × 1.250 Euro)	3.437.500 Euro	
Herstellungskosten		3.710.500 Euro
Überschuss		964.500 Euro

Kalkulation zu Alternative (b) indirekter Vertrieb

Umsatz (2.750 Stück à 1.550 Euro)		4.262.500 Euro
Fixkosten	136.500 Euro	
variable Kosten (2.750 Stück × 1.300 Euro)	3.575.000 Euro	
Herstellungskosten		3.711.500 Euro
Überschuss		551.000 Euro

Der Einsatz des eigenen Außendienstes wäre daher finanziell zu bevorzugen.

Beispiel 2: Reisender oder Handelsvertreter?

Ein von dem gleichen Unternehmen beauftragter Handelsvertreter erzielt ein Umsatzvolumen von 2,7 Mio. Euro im Jahr. Dabei verursacht er Kosten in Höhe von 145.000 Euro. Der Verkaufsleiter erwägt die Möglichkeit, stattdessen einen Reisenden aus dem eigenen Unternehmen einzusetzen. Die Planungsrechnungen haben ergeben, dass in diesem Fall der Umsatz ein wenig zurückginge, und zwar auf 2,3 Mio. Euro. Der Reisende bekäme bei einem monatlichen Fixum von 3.270 Euro zusätzlich eine Provision von 3,5 Prozent des Umsatzes.

Kalkulation

Handelsvertreter	Reisender
Kosten: 145.000 Euro	Kosten: 3.270 Euro × 12 + 3,5 % von 2,3 Mio. Euro = 39.240 + 80.500 = **110.740 Euro**
Überschuss: 2,7 Mio. Euro Umsatz - 145.000 Euro Kosten = **2.555.000 Euro**	Überschuss: 2,3 Mio. Euro Umsatz - 119.740 Euro Kosten = **2.180.260 Euro**

Der Einsatz eines Handelsvertreters wäre in diesem Fall vorteilhafter.

5.7.3 Das Internet – ein Vertriebskanal mit »unbegrenzten« Möglichkeiten

> **Beispiel: Im Netz**
>
> Schall Junior (17) scheint verschwunden zu sein. Die Tür seines Zimmers ist verschlossen, die sonst üblicherweise laut durchs ganze Haus dröhnende Musik ist verstummt. Doch am Abend taucht er wieder auf, etwas müde, aber voller Begeisterung: Der neue, schnelle Internetzugang eröffnet tolle Möglichkeiten! Und dann kommt der entscheidende, wenn auch respektlose Satz: »Papa, das wäre was für eure Bude!« Herr Schall schluckt zwar erst einmal, aber dann hört er zu …

Allein in Deutschland nutzen Millionen von Menschen das Internet. Diesen Umstand können Sie als Chance zur Verwirklichung Ihrer Unternehmensziele nutzen und davon profitieren. Haben Sie schon einmal daran gedacht, wie viel potenzielle Kunden Sie auf diese Weise erreichen können? In diesem Kapitel geben wir Ihnen eine Übersicht über Handlungsmöglichkeiten, die Ihnen das Internet bietet:

- Sie können Märkte, die Sie bisher nicht bearbeitet haben, über das Internet erreichen und darüber hinaus direkt bearbeiten. Neue Kunden gewinnen, zusätzliche Produkte bzw. Dienstleistungen verkaufen. All das gehört dazu.

- Sie können Ihren Verkauf, aber auch andere Geschäfte rund um die Uhr über das Internet abwickeln. Dabei stellen Öffnungszeiten, Postwege, Arbeitszeiten und andere Probleme kein bzw. kaum noch ein Hindernis dar.
- Sie können die von Ihnen ausgewählten Zielgruppen ganz direkt ansprechen. Das ermöglicht Ihnen, Ihre Marketingmaßnahmen sehr zielgruppenorientiert und effizient umzusetzen.
- Sie können schnell und effizient Ihr Verkaufsprogramm jederzeit aktualisieren und Ihrer Zielgruppe kostengünstig nahebringen. Zudem können Sie dabei auf eine neue Auflage Ihrer gängigen Kataloge und Prospekte verzichten und dadurch Druckkosten sparen.
- Sie können die Schnelligkeit und Effizienz Ihres Kundenservice optimieren. Da Sie über das Internet mit Ihren Kunden immer in Kontakt bleiben können, können Sie auch besser Ihren ganz individuellen Service bekannt machen und Ihrer Zielgruppe vorstellen. Dies lässt sich mittlerweile sehr gut durch Videos realisieren.
- Sie können Ihre Kommunikations- und Informationskosten günstiger gestalten. Das Internet ist billiger als das gängige Telefonieren und Faxen. Und die Kosten für die notwendigen Recherchen, die Sie im Rahmen Ihrer Markterkundung anstellen müssen, sind geringer.
- Sie können auch die Bedürfnisse, Wünsche und Probleme Ihrer Kunden und somit auch deren Kaufverhalten genauer ermitteln. Und Sie können über die entsprechenden Programme sogar Statistiken über Ihre Kunden ohne großen Aufwand aufstellen und, was noch wichtiger ist, nutzen.

Wie können Sie nun konkret das Internet für Ihre Geschäftszwecke nutzen?

Eine der ersten Assoziationen, die im Zusammenhang mit Marketing genannt wird, ist Werbung. Die einfachste Form ist, Werbebanner auf bestimmten Webseiten zu schalten, um eine klassische Werbebotschaft zu verkünden. Diese Werbebanner erscheinen bei jedem Aufruf der Seite.

> **Tipp: Werbebanner**
> Überlegen Sie gut, ob und wo Sie Werbebanner platzieren. Wenn Sie den eigentlichen Inhalt der Webseite verdecken, kann es sein, dass Sie den Nutzer eher nerven oder gar abschrecken und zum Verlassen Ihrer Webseite drängen, als eine Werbebotschaft zu verkünden.

Der Vorteil der Werbebanner gegenüber klassischer Werbung (beispielsweise in Printmedien) besteht unter anderem darin, dass Sie über Animationen (Blinken, bewegte Bilder usw.) von allein den Blick auf sich lenken.

Sie können im Internet außerdem auf sich aufmerksam machen, indem Sie sich bei Suchdiensten anmelden. So wird z. B. die Webseite der Schall & Rauch GmbH in den jeweiligen Suchergebnissen angezeigt, wenn jemand den Suchbegriff »Feuerwerk«, aber auch andere ähnliche Begriffe eingibt.

Die Trefferquote bei bestimmten Suchbegriffen ist oft sehr hoch, dann werden die gefundenen Webseiten auf mehreren Seiten hintereinander angezeigt. Der suchende User wird sich häufig bereits dann zufrieden geben, wenn er den ersten Treffer gefunden hat, der auf seine Anfrage passt. Versuchen Sie also, es so einzurichten, dass Sie auf der ersten Seite der gefundenen Webseiten auftauchen. Lassen Sie sich von Fachleuten entsprechend beraten.

Nicht umsonst heißt es, dass man im Internet »surft«, d. h. sich von Seite zu Seite bewegt, je nachdem, was auf der entsprechenden Seite angeboten wird. Das wird durch sogenannte Links möglich, die durch Anklicken die nächste Seite öffnen. Durch geschicktes Platzieren von Links auf anderen Webseiten kann man versuchen, Kunden gezielt auf bestimmte Webseiten zu führen.

> **Beispiel: Knaller im Friseursalon?**
> Eine Beziehung zwischen einem Unternehmen für pyrotechnische Erzeugnisse und einem Friseursalon herzustellen ist sicherlich nicht ganz einfach. Aber warum sollte die Schall & Rauch GmbH nicht darauf hinweisen, dass sie bei der Eröffnung des Friseursalons von Frau Schall ein Feuerwerk gesponsert hat. Ein Foto davon, ein Link zum Friseursalon, und schon gelangt der interessierte User auf die entsprechende Webseite, die ihm die Leistungen des Friseursalons nahebringt.

Welche Möglichkeiten gibt es darüber hinaus?

Online-Verkauf
Beispielsweise können Sie Ihre Leistungen über das Internet anbieten und verkaufen. Dafür müssen Sie natürlich bestimmte Vorkehrungen wie zum Beispiel die Installation einer Website, eines Internetauftritts mit einem eigenen Online-Shop usw. treffen. Lassen Sie sich auch dabei von Fachleuten (sogenannten Webdesignern) beraten.

E-Procurement
Was für den Verkauf gilt, gilt entsprechend für den Einkauf. Sie können über das Internet die Beschaffung der von Ihnen benötigten Produkte und Dienstleistungen abwickeln. Das Internet ist ein globaler Marktplatz, auf dem Sie kostengünstig einkaufen können. Profitieren Sie von der größeren Markttransparenz des Internets: Sie haben den direkten Zugang zu den Angeboten, den Preisen, den Konditionen usw. Sie können auch online bestellen und gleich bezahlen. Im konkreten Anwendungsfall ergeben sich dadurch enorme Einsparungspotenziale!

Kommunikation
Sie können mit Ihrer Zielgruppe online kommunizieren. Bedienen Sie sich dafür der Möglichkeiten, die Ihnen E-Mails, die Nutzung von Chaträumen, Foren im Internet, Videokonferenzen, Faxen durch das Netz usw. bieten. Besonders interessant sind in

diesem Zusammenhang die zahlreichen Social-Media-Angebote, die sich einer zunehmenden Beliebtheit erfreuen (z. B. Facebook, Pinterest und YouTube).

Worauf müssen Sie im Internet achten?

Egal, was Sie planen: Sie müssen sich gründlich vorbereiten, systematisch vorgehen und vielfältige Aspekte berücksichtigen. Egal, ob Sie über eine eigene Website auf Ihr Unternehmen aufmerksam machen wollen, E-Mails senden und empfangen wollen oder auch komplexere Projekte anstreben (z. B. einen eigenen Online-Shop betreiben), gehen Sie dabei immer sehr systematisch vor.

Anleitung: So gehen Sie beim E-Commerce vor

1. Beziehen Sie von Anfang an Ihre Mitarbeiter in das Projekt mit ein und planen Sie bei Bedarf entsprechende Qualifizierungsmaßnahmen.
2. Klären Sie, welche E-Commerce-Anwendungen für Ihr Geschäft sinnvoll sind.
3. Prüfen Sie, welche Finanzmittel Ihnen für Internetprojekte zur Verfügung stehen.
4. Entscheiden Sie auf dieser Basis, welche Projekte in welchem Zeitraum in Angriff genommen werden sollen.
5. Richten Sie bei Bedarf eine Projektgruppe ein, die das Projekt umsetzen soll. Diese Projektgruppe kann dann festlegen,
   – welche Ziele erreicht werden sollen,
   – welche sachlichen Anforderungen die Mitarbeiter erfüllen müssen,
   – welche organisatorischen Entscheidungen notwendig werden und
   – welche Hard- und Software zum Einsatz kommen soll.
6. Nehmen Sie beratende Hilfe von Spezialisten für Ihr Internetprojekt in Anspruch (Multimedia-Agenturen, Unternehmensberater usw.).
7. Vergessen Sie nicht, für die entsprechende Sicherheit zu sorgen. Ihr Internetauftritt kann mit Risiken verbunden sein. Sie können mit »Viren« konfrontiert werden, Ihre E-Mails können unter Umständen von Fremden (Hackern) gelesen werden usw. Also planen Sie gleich mit, wie Sie sich im Internet vor solcherlei Sicherheitsrisiken schützen können.
8. Bedenken Sie auch, dass Ihre Zielgruppe sehr viele verschiedene Endgeräte (PC, Laptop, Tablet-PC oder Smartphones) nutzt, um im Internet zu surfen. Ihre Website sollte über alle Endgeräte abrufbar und gut lesbar sein. Der Fachbegriff dafür lautet: **Responsive Webdesign**.

> **Tipp: Chancen und Risiken**
>
> Verlieren Sie durch den Blick auf die Risiken nicht die Sicht auf die Chancen. Der heutige Stand der Technik schützt recht zuverlässig vor »Angriffen« im Internet (Antiviren-Programme, Firewalls usw.). Die meisten Probleme entstehen nicht durch unzuverlässige Technik, sondern durch unzuverlässige Mitarbeiter oder unzulängliche organisatorische Lösungen.

Welchen Anforderungen muss Ihr Internetauftritt genügen?
Wie jedes neue Projekt in einem Unternehmen ist auch ein beabsichtigter Internetauftritt ein Projekt, das gut durchdacht und gut organisiert werden muss. Einer der bedeutendsten Fehler, den Sie machen können, wäre, ohne Plan und Ordnung irgendetwas zu tun. Das Bereinigen gemachter Fehler ist meist bedeutend aufwendiger als eine sorgsame Vorbereitung.

Anleitung: So planen Sie Ihren Internetauftritt
Unter einem Internetauftritt verstehen wir hier nicht allein die Einrichtung einer Website, sondern auch alle anderen Aktivitäten, die das Internet als Marketinginstrument betreffen.

Schritt 1: Definieren Sie Ziele, z. B. den Verkauf aller oder eines Teils Ihrer Leistungen über das Internet, die Verbesserung Ihres Vertriebs, zusätzliche Kundengewinnung. Formulieren Sie die Ziele nach Möglichkeit operational, also so, dass die Erfüllung messbar wird.

Schritt 2: Legen Sie die Anforderungen an die fachliche Qualifikation Ihrer Mitarbeiter fest, z. B. entsprechendes Wissen über Internetpräsentation, elektronische Kommunikation, Informationsbeschaffung, Software usw.

Schritt 3: Legen Sie mögliche organisatorische Veränderungen bzw. Anpassungen fest, z. B.: Welche Mitarbeiter sind für Ihren Internetauftritt zuständig? Welche Mitarbeiter sind für den Bereich E-Mail zuständig? Welcher Mitarbeiter wird für die Aktualisierung Ihrer Website zuständig sein? Wer wird Ihren Internetshop betreiben? usw.

Schritt 4: Definieren Sie die konkreten Aufgaben, z. B. Gestaltung der Webseiten, Gestaltung von Formularen, Formulierung der Geschäftsbedingungen, die Einrichtung einer E-Mail-Adresse, die Einrichtung eines Online-Shops, die Gestaltung Ihrer Onlinewerbung usw.

Schritt 5: Bestimmen Sie die Vertriebswege, z. B. automatisch direkt über das Netz (möglich bei digitalen Gütern wie Videos, Software, Musik, Informationen usw.), andere konventionelle Vertriebswege usw.

Schritt 6: Klären Sie die technologischen Anforderungen. Falls Sie beispielsweise einen Online-Shop einrichten möchten, müssen Sie entscheiden, welche Software für Ihr Vorhaben infrage kommt.

Schritt 7: Definieren Sie die Art und Weise der Zahlungsabwicklung, z. B. Kreditkarte, auf Rechnung, per Nachnahme usw.

Schritt 8: Gewährleisten Sie die Sicherheit Ihrer Kunden und Ihres Unternehmens, z. B. über einen sicheren Provider, Schutz vor Datenmissbrauch usw.

Sollen Sie Ihr bisheriges Marketing komplett ablösen?
Auch in Zukunft werden Sie nicht auf die traditionellen Marketinginstrumente verzichten können. Aber diese werden schon heute aufgrund der zunehmenden Vernetzung durch neue Komponenten bereichert. In diesem Zusammenhang wurde der Begriff Online-Marketing geprägt. Das klassische Instrumentarium wird jedoch durch Online-Marketing lediglich ergänzt. (Auf das Online-Marketing werden wir in Kapitel 7 noch genauer eingehen.)

Ihre Aufgabe wird darin bestehen, eine adäquate Mischung zwischen beiden Marketingwelten herzustellen. Diese Mischung wird von der Branche, in der Sie tätig sind, von den Leistungen, die Sie anbieten, von Ihrer Zielgruppe usw. geprägt sein. Aus diesen Gründen werden wir hier nur einige wesentliche Ansätze zum Online-Marketing präsentieren. Dabei gehen wir insbesondere den folgenden Fragen nach:
- Was genau ist mit Online-Marketing gemeint, was gehört alles dazu?
- Wie können Sie Ihre Angebote im Netz bekannt machen?
- Welche Vorteile können Sie aus Online-Marketing ziehen?

Online-Marketing steht für Marketing, so wie es in den vorherigen Kapiteln vorgestellt wurde, aber mittels elektronischer Unterstützung. Die Hauptinstrumente sind E-Mails und das Internet mit den dort verfügbaren Websites. Sie gilt es für die klassischen Marketingaufgaben zu nutzen.

Wenn Sie sich für das Online-Marketing entscheiden, dann werden Sie Ihre gängigen Instrumentarien der Kommunikation mit Ihren Kunden bzw. Kundensegmenten durch die elektronischen Möglichkeiten ergänzen. Das versetzt Sie in die Lage, genauere Information über Ihre Kunden zu sammeln und zu nutzen. Das wiederum wird Ihnen ermöglichen, Ihr Angebot besser an die Bedürfnisse, Wünsche bzw. Probleme Ihre Zielgruppen anzupassen.

Was verbirgt sich hinter einer Webseite?
Die eigene Website, das ist die Präsentation Ihres Unternehmens im Internet. Sie können damit
- das ganze Angebotsspektrum Ihres Unternehmens vorstellen,
- Ihre jeweiligen Zielgruppen ansprechen,
- die verschiedensten Inhalte darstellen.

Die Website ist damit Ihre ganz persönliche – weltweit sichtbare – Visitenkarte, Ihr Katalog, Ihr Verkaufsmedium und vieles mehr. Entsprechende Sorgfalt sollten Sie deshalb auf ihre Gestaltung verwenden. Beachten Sie die folgende Checkliste. Ob die einzelnen Gestaltungsmöglichkeiten tatsächlich für Ihr Unternehmen geeignet sind, hängt sowohl von Ihren Zielen als auch – ganz wesentlich – von Ihrer Zielgruppe und deren Internetaffinität ab.

Checkliste: Gestaltungselemente im Internet

Fragestellung	ja	nein
Bietet die Webseite Formulare, mit deren Hilfe wir Kundeninformationen erfassen können?		
Gibt es elektronische Gästebücher, in denen sich Besucher unserer Webseite mit ihren Anliegen zu Wort melden können?		
Haben wir ein Kundenforum bzw. einen Blog eingerichtet, in denen sich Interessenten über unsere Leistungen austauschen können (positiv, aber auch negativ)?		
Gibt es Links, über die Besucher zu anderen Webseiten gelangen, die sie vielleicht interessieren könnten?		
Haben wir daran gedacht, Kontaktmöglichkeiten für unsere Interessenten zu schaffen (E-Mail, Telefon, Callcenter)?		
Bieten wir eine Leiste mit Verlinkungen zu wichtigen Social-Media-Portalen (z. B. Facebook) an?		
Nutzen wir für die Präsentation unserer Produkte und Dienstleistungen multimediale Elemente (Bild, Ton, Video)?		

Berücksichtigen Sie, dass das Internet aus unzähligen Websites besteht. Es reicht daher nicht aus, eine Website online zu schalten, sondern Sie müssen gezielt dafür sorgen, dass sie bei Ihrer Zielgruppe bekannt wird. Des Weiteren müssen Sie sicherstellen, dass Ihre Zielgruppe die Website ohne großen Aufwand findet. Dabei können Sie auf die schon genannten Möglichkeiten zurückgreifen wie ...
- sich bei Suchmaschinen anmelden,
- Werbenetzwerke ins Leben rufen bzw. sich ihnen anschließen,
- Bannerwerbung auf Webseiten platzieren,
- einen YouTube-Channel einrichten,
- eine Unternehmenspräsenz bei Facebook und/oder Xing einrichten usw.

Was können Sie alles mit E-Mails anfangen?

Beispiel: Elektronische Terminvereinbarung

Frau Schall ist ein wenig irritiert: Ihre Kundin Frau Schönhaar fragte nach der E-Mail-Adresse des Salons, denn sie wollte in drei Wochen bereits vor ihrer Rückkehr aus dem Neuseeland-Urlaub einen Termin vereinbaren. Zum Glück hatte ihr Sohn Frau Schall die Adresse auf

> einen Klebezettel am Computer geschrieben. Jetzt musste sie nur noch daran denken, die eingegangenen E-Mails auch regelmäßig abzurufen. Aber da würde ihr Frau Rauch sicherlich helfen.

Über E-Mail können Sie Ihren Kunden schnell und effizient Informationen zukommen lassen. Zum Beispiel, wenn Sie neue Angebote haben oder Fragen zur konkreten Abwicklung eines Geschäfts bestehen. Andererseits haben Sie die Möglichkeit, per E-Mail schnell Informationen von Kunden zu erhalten. Zum Beispiel Feedback über Probleme, Wünsche, Bedürfnisse, Kritiken, Verbesserungsvorschläge usw.

Und vergessen Sie nicht: E-Mails sind kostengünstig. Sie können sogar 500 oder mehr E-Mails mit einem einzigen Mausklick gleichzeitig versenden. Das spart viel Zeit. Und das noch zu sehr günstigen Preisen. Darüber hinaus können die Nachrichten zu jeder beliebigen Zeit abgerufen werden. Das war auch einer der Gründe, weshalb Frau Schönhaar eine E-Mail senden wollte: Zwischen Neuseeland und Deutschland gibt es eine Zeitverschiebung von einem halben Tag, und sie wollte Frau Schall doch nicht durch einen Anruf aus dem Bett holen.

Anleitung: Was Sie beim E-Mail-Marketing berücksichtigen sollten
- Eingehende E-Mails nicht vernachlässigen. Zügig beantworten! Sorgen Sie dafür, dass Ihr elektronischer Briefkasten mindestens täglich besser halbtäglich durchgesehen wird. Vielleicht sogar mehrmals am Tag. Stellen Sie sicher, dass die empfangenen E-Mails von den Angesprochenen auch schnell beantwortet werden.
- Sie brauchen einen sicheren Bestand an Adressen! Sorgen Sie dafür, dass die Adressen Ihres Kundenstamms für E-Mail-Aktivitäten zur Verfügung stehen. Und versuchen Sie, diesen Bestand mit Adressen über potenzielle Kunden zu ergänzen. Achten Sie auf eine ständige Aktualisierung Ihrer Adresslisten.
- Sie müssen konkret wissen, an wen Sie sich mit einem fest umrissenen Anliegen wenden können! Allgemeine Firmenadressen geben Ihnen keinen Hinweis über Zuständigkeiten. Recherchieren Sie und finden Sie den jeweiligen Ansprechpartner heraus (diese Informationen sollten Sie unbedingt immer sofort in Ihrer Adressdatei speichern).
- Schicken Sie keine unerwünschten bzw. unerlaubten E-Mails! E-Mails sind besonders gefragt, wenn ein Interesse seitens des Empfängers vorhanden ist. Außerdem: Unaufgeforderte Werbe-E-Mails sind unzulässig! Sie müssen vorher die generelle Zustimmung des Empfängers für Ihre Angebotsnachrichten einholen.

E-Mails sind schnell. Das verleitet dazu, den üblichen Schreibstil zu vernachlässigen. Aber nicht jeder Empfänger ist erfreut, wenn er Nachrichten ohne Punkt und Komma, ohne Groß- und Kleinschreibung und ohne Einhaltung der Grundregeln der Rechtschreibung erhält. Darüber hinaus ist das schlichtweg unhöflich und wirkt extrem unprofessionell.

Vernachlässigen Sie daher auf keinen Fall die Sprache und die äußere Form. Seien Sie sorgfältig sowohl bei der Formulierung als auch beim Inhalt Ihrer E-Mails. Passen Sie auch auf den »Ton« auf. Ihr Ziel muss sein, schon beim ersten Kontakt beim Empfänger einen sehr guten Eindruck zu machen.

Halten Sie sich am besten an bewährte Grundsätze:
- persönliche Ansprache
- immer den oder die Gründe für die E-Mail nennen
- knapper und übersichtlicher Text
- Zwischenabsätze einfügen
- Wichtige Begriffe und Informationen durch Hervorhebungen (z. B. Fettsetzung) betonen
- zielgruppenbezogener Schreibstil

Vergessen Sie die Angaben zu Ihrer Firma nicht! Dies ist rechtlich vorgeschrieben. Dazu gehören unter anderem:
- Ihr Name
- der Firmenname
- die Handelsregister-Nummer
- die Steueridentitätsnummer
- die Postanschrift
- die Telefon- und Faxnummer

> **Tipp: Versenden von Anlagen (Attachments)**
>
> Sie können an Ihre E-Mails Dokumente, Bilder, Grafiken, Tabellen, Fotos usw. anhängen. Vergessen Sie dabei aber nicht die begrenzte Speicherkapazität Ihrer Adressaten. Falls die Anlagen zu groß sind, kann das durch lange Ladezeiten Ärger erzeugen. Komprimieren Sie nach Möglichkeit die Anlagen. Je mehr Daten versendet werden, desto länger ist die Übertragungszeit. Fragen Sie im Zweifel den Empfänger, ob und in welcher Form ihm die Anlagen angenehm sind. Besonders wichtig ist dabei die Wahl des richtigen Dateiformats. Im Zusammenhang mit einigen US-amerikanischen Softwarelösungen kommt es – insbesondere nach einem Versionswechsel – immer wieder zu gravierenden Problemen.

Welche Vorteile bietet Ihnen das Online-Marketing?

Empirisch konnte man zeigen, dass Online-Marketing im Vergleich zum traditionellen Marketing bis zu 20 Prozent preiswerter sein kann. Das resultiert insbesondere aus den stark reduzierten Druckkosten, Kosten für die Anzeigenschaltung, den Postversand usw., aber auch aus dem Ersatz von Radio- und TV-Spots durch günstigere Möglichkeiten der Werbung im Netz. Nun sind Kosten zwar ein wichtiges, aber nicht das alleinige Argument. Als weitere Vorteile sind daher zu nennen:

Vorteil 1: Ständige weltweite Erreichbarkeit
Mithilfe des Internets sind Sie für Ihre Kunden permanent erreichbar. Und das weltweit 24 Stunden am Tag, sieben Tage die Woche. Das bedeutet nicht, dass in Ihrem Unternehmen jederzeit jemand auf eingehende Nachrichten achten muss, dafür haben Sie Ihren elektronischen Briefkasten für E-Mails. Aber nicht nur Sie sind global erreichbar, Sie können auch selbst jederzeit und von jedem Ort aus, auf Ihre Kunden zugehen. Vorausgesetzt Sie haben einen Internetzugang. Darüber hinaus können sie das Internet sowohl für Geschäfte mit Endkunden (Online-Marketing im Business-to-Consumer-Bereich) als auch für das Geschäft mit anderen Unternehmen (Online-Marketing im Business-to-Business-Bereich) nutzen.

Vorteil 2: Schneller Kontakt zum Kunden
Kunden können schnell nachfragen, bestellen, sich informieren und, was ebenfalls sehr wichtig ist, mit Ihnen ohne besonderen Aufwand kommunizieren. Und Sie können über E-Mails den Kunden in kürzester Zeit Informationen zukommen lassen. So können Sie beispielsweise online Ihre Produktkataloge aktualisieren, Ihre Angebote an die Erfordernisse der Kunden anpassen usw.

Vorteil 3: Ständige Verfügbarkeit
Informationen aus dem Internet stehen Ihrem Unternehmen den ganzen Tag, rund um die Uhr und das ganze Jahr ohne Ausnahmen zur Verfügung.

Vorteil 4: Kontrolle über die Resonanz Ihres Internetauftritts
Sie können nachprüfen, wie oft Sie im Netz besucht werden. Damit ist für Sie erkennbar, welche Angebote besonders angenommen werden, welche Ihrer Werbebanner angeklickt wurden und wie oft. Natürlich reicht es nicht aus, das alles zu wissen, Sie sollten auch Ihre Schlussfolgerungen für Ihren gesamten Onlineauftritt und Ihre Geschäftspolitik daraus ziehen.

Vorteil 5: Anschaulichkeit
Die multimedialen Elemente des Internets oder der E-Mails ermöglichen es Ihnen, Ihre Güter und Dienstleistungen anschaulicher und interessanter als in den Printmedien darzustellen.

> **Tipp: Bildschirmschoner für Ihre Kunden**
>
> Bildschirmschoner sind heute zwar technisch kaum noch erforderlich, erfreuen sich trotzdem immer noch einer großen Beliebtheit. Bieten Sie doch einfach einen witzigen, interessanten, schönen oder wie auch immer attraktiven Bildschirmschoner zum Download von Ihrer Website an. Wenn Ihr Kunde über den Bildschirmschoner häufig (aber bitte nicht zu aufdringlich) an Sie und Ihre Produkte erinnert wird, haben Sie schon viel erreicht.

So wird Ihr Internetauftritt rechtssicher

Beim Aufbau Ihrer Internetpräsenz müssen Sie sich auch über einige rechtliche Aspekte informieren und diese berücksichtigen. Wir können hier nur auf einige wenige hinweisen. Zu Ihrer Sicherheit empfehlen wir Ihnen, sich rechtliche Informationen bei einem Anwalt, der sich auf dieses Gebiet spezialisiert hat, einzuholen. Rechtliche Fragen sind insbesondere auf folgenden Gebieten zu beachten:
- bei Ihren Informationspflichten als Anbieter
- hinsichtlich der Sicherheit, die Sie beim Vertragsabschluss gewährleisten müssen
- bei der Gewährung von Widerrufs- und Rücktrittsrechten für Ihre Kunden
- beim Datenschutz
- bei der Werbung im Internet

Welche Informationspflichten gibt es?

Sicherlich möchten Sie im Internet genauso seriös auftreten wie im normalen Geschäftsverkehr! Das ist richtig und nötig. Demzufolge sollten Sie beachten, dass es bestimmte Informationspflichten aus dem üblichen Geschäftsleben auch im Internet gibt. Das betrifft in der Regel:
- Ihre Präsentation im Internet
- den Verkauf Ihrer Leistungen
- Ihre Preisangaben
- Ihre allgemeinen Geschäftsbedingungen (AGB)

Bei Ihrer Unternehmenspräsentation müssen Sie eine Fülle von Vorgaben beachten. Der Kunde hat ein Anrecht auf umfassende Informationen. Und diese Informationen sollten auf Ihrer Webseite direkt, übersichtlich und einfach auffindbar eingebunden sein. Als Orientierung können Ihnen die handelsrechtlichen Vorschriften, die Kaufleute in ihrer geschäftlichen Korrespondenz erfüllen müssen, dienen. Übliche Informationen, die Sie in Ihrem Online-Bereich berücksichtigen sollten, sind unter anderem:
- Name und Anschrift der Firma
- Telefon- und Faxnummer
- gegebenenfalls eine Aufsichtsbehörde
- Handelsregisternummer
- evtl. Kammer, gesetzliche Berufsbezeichnung
- Umsatzsteueridentifikationsnummer (falls vergeben) usw.

Erfüllen Sie beim Verkauf übers Internet nicht alle erforderlichen Informationspflichten, gehen Sie das Risiko ein, dass Kunden ihren Kauf widerrufen, weil Sie diese Informationen auf Ihrer Website nicht eingestellt und die Kunde sie daher nicht gefunden haben.

> **Tipp: Bieten Sie keine Angriffspunkte**
>
> Es soll vorkommen, dass Kunden Geschäfte unbedacht abschließen. Beliebt ist dann die Suche nach Formfehlern, die das Geschäft nichtig machen. Versuchen Sie, keine solche Angriffspunkte zu bieten.

Damit Sie sich auf der sicheren Seite befinden, ziehen Sie die folgende Checkliste zurate. Sie kann jedoch nur als erster Gedankenanstoß dienen und erhebt keinen Anspruch auf Vollständigkeit.

Checkliste: Verkauf über das Internet

Fragestellung	ja	nein
Sind die Merkmale des Angebots ausreichend beschrieben?		
Ist der Zeitpunkt des Zustandekommens des Vertrags eindeutig definiert (bei Eingabe auf der Website oder erst später)?		
Ist die Vertragslaufzeit genannt?		
Ist die Gewährleistung geregelt?		
Sind Preise und Konditionen eindeutig bestimmt?		
Sind Zahlungsmodalitäten und Lieferbedingungen eindeutig angegeben?		
Sind eventuell zusätzlich auftretende Liefer- und Versandkosten aufgeführt?		
Haben wir auf Kosten, die durch die Nutzung der Kommunikationsmittel entstehen können (z. B. Hotline), hingewiesen?		
Sind Widerrufs- und Rückgaberecht eindeutig geregelt?		
Ist die Gültigkeitsdauer des Angebots genannt?		

Preisangaben

Auch im Internet müssen Sie die Preisangabenverordnung (PangVO) berücksichtigen. Wenn Ihre Zielgruppe Endverbraucher sind, dann vergessen Sie nicht, die Mehrwertsteuer im Endpreis zu berücksichtigen. Diese Pflicht haben Sie nicht, wenn ausschließlich Gewerbetreibende Ihre Kunden sind.

Allgemeine Geschäftsbedingungen

Sie müssen Ihren potenziellen Kunden außerdem die Möglichkeit einräumen, alle Vertragsbestimmungen inklusive Ihrer allgemeinen Geschäftsbedingungen (AGB) einzusehen. Diese Informationen müssen leicht abrufbar und möglichst verständlich geschrieben sein. Ein Mausklick muss reichen. Und noch etwas: Die AGB müssen nicht nur zum Lesen zur Verfügung gestellt werden, sie müssen auch druck- und speicherfähig sein.

Sicherheitsfragen beim Vertragsabschluss

Im Internet gelten die gleichen Regeln wie beim herkömmlichen Vertrag. Das heißt, Sie müssen auch im Internet die Fragen »Angebot«, »Willenserklärung« und »Annahme« berücksichtigen und klären. Dabei gelten unter anderem folgende Grundsätze:

Die Präsentation Ihrer Leistungen im Internet stellt noch kein verbindliches Vertragsangebot dar, sondern lediglich eine Aufforderung an potenzielle Kunden, eine Bestellung abzugeben.

Reagiert ein Interessent auf Ihre Aufforderung, heißt das noch nicht, dass Sie verpflichtet sind, die Bestellung anzunehmen. Sie können sie auch ablehnen.

Der Vertrag kommt erst dann zustande, wenn beide Partner eine entsprechende »Willenserklärung« abgegeben haben. Das heißt, der Kunde muss seine Bestellung über E-Mail oder Webformulare abgeben und Sie müssen diese Bestellung bestätigen.

Bei elektronischen Verträgen müssen Sie als Anbieter eine Reihe von Pflichten erfüllen. Sonst ist der elektronische Vertrag nicht gültig. Beispiele für solche Pflichten sind unter anderem:

- Dem Kunden muss die Möglichkeit gegeben werden, Eingabefehler bei der Bestellung zu erkennen und zu korrigieren.
- Der Kunde muss über die Schritte, die zum Vertragsabschluss führen, informiert werden.
- Der Kunde sollte über die Sprachen, die zum Vertragsabschluss zur Verfügung stehen, informiert werden.
- Dem Kunden ist der Eingang der Bestellung unverzüglich zu bestätigen.
- Dem Kunden ist die Möglichkeit einzuräumen, die AGB abzurufen, zu drucken und zu speichern.

Widerrufs- und Rücktrittsrechte
Im Internet dürfen Kunden Verträge, die sie mit Ihnen abschließen, innerhalb von zwei Wochen ohne Angabe von Gründen schriftlich widerrufen. Vergessen Sie nicht, Ihre Kunden auf Ihrer Website darüber zu informieren.

Dieses Recht hängt mit dem in Deutschland hoch angesiedelten Verbraucherschutz zusammen. Damit wird jedoch ein entscheidender Vorteil des Vertriebs über das Internet wieder ausgehebelt, nämlich die Schnelligkeit. Sie haben zwei prinzipielle Möglichkeiten:

Entweder Sie liefern erst, wenn die Widerrufsfrist abgelaufen ist. Das kann dazu führen, dass Sie wichtige Geschäfte verlieren. Oder Sie gehen das Risiko ein, dass der Vertrag widerrufen wird. Dann sollten Sie Vorkehrungen dafür treffen, die bereits gelieferte Ware wieder zurückzuerhalten. Das Vereinbaren eines Eigentumsvorbehalts bis zur vollständigen Bezahlung sollte demnach Bestandteil Ihrer allgemeinen Geschäftsbedingungen sein. Damit haben Sie zwar die Ware noch nicht wieder zurück, sich aber zumindest einen rechtlichen Anspruch gesichert.

Überlegen Sie dabei, wie groß und real die Gefahr wirklich ist, dass Kunden mit krimineller Energie Waren bestellen, aber nicht bezahlen.

> **Tipp: Absender identifizieren**
> Heute gibt es technische Möglichkeiten, den Absender einer elektronischen Bestellung eindeutig zu identifizieren. Nutzen Sie diese Möglichkeiten. Nehmen Sie dafür gegebenenfalls die Hilfe eines Fachmanns für Onlineshopping in Anspruch.

Datenschutz

Schützen Sie alle Daten, die sich über den elektronischen Verkauf ansammeln, vor unberechtigten Zugriffen. Einige wichtige Aspekte hierbei sind:

- Kundendaten zu speichern ist erlaubt. Aber diese Daten müssen geschützt bleiben. Empfehlung: Speichern Sie nur Daten, die Sie tatsächlich brauchen. Vermeiden Sie Datenanfragen, die nicht erforderlich sind.
- Löschen Sie nicht mehr benötigte Kundeninformationen. Dazu sind Sie sogar verpflichtet.
- Sie können eine elektronische Kundendatei nur aufbauen, wenn die Kunden über Art, Umfang und Zweck informiert wurden.
- Sollten Sie Kundeninformationen für andere Zweck nutzen, als vom Gesetz erlaubt, dann brauchen Sie die Einwilligung des Kunden. Diese Einwilligung kann elektronisch erteilt werden.
- Angenommen Sie möchten auch »Cookies« verwenden. Dann müssen Sie Ihre Kunden darüber informieren und ihnen die Möglichkeit einräumen, diese Cookies anzulegen und zu verwenden oder sie zu sperren.

Rechtliche Aspekte der Werbung im Internet

Grundsätzlich gelten im Internet die gleichen Bestimmungen wie bei der herkömmlichen Werbung. Berücksichtigen Sie auf jeden Fall das Gesetz gegen den unlauteren Wettbewerb (UWG). Beachten Sie dabei besonders:

- Werbung, Öffentlichkeitsarbeit, Sponsoring usw. müssen deutlich als solche erkennbar sein.
- Anzeigen im Internet (z. B. über sogenannte Banner) müssen vom redaktionellen Teil abgesetzt sein.
- Absender von Werbung müssen klar identifizierbar sein.
- Preisnachlässe, Zugaben, Geschenke, Preisausschreiben und Gewinnspiele müssen deutlich als solche erkennbar sein.
- Das Senden elektronischer Werbung ist ausdrücklich verboten. Das können Sie nur tun, wenn Sie eine ausdrückliche Einwilligung Ihrer Kunden dafür vorweisen können.

Informieren Sie sich gründlich über die rechtlichen Aspekte Ihres Internetauftritts. Es wird sich für Sie lohnen. In diesem Zusammenhang empfehlen wir einen Besuch der

Webseite des Onlinevermarkterkreises im BVDW (www.ovk.de). Dort finden Sie umfangreiches Informationsmaterial und weiterführende Links rund um das Themengebiet der Onlinewerbung.

5.7.4 Die Distributionslogistik

Die Logistik ist ein weiterer Erfolgsfaktor in der Distributionspolitik. Die zentrale Frage lautet: Wie kommt die Leistung vom Hersteller zum Verwender? Dabei geht es
- einerseits um die Auftragsabwicklung,
- andererseits um die Organisation des Lager- und Transportwesens.

Die Auftragsabwicklung
Haben Sie schon einmal überlegt, welchen Weg ein Auftrag in Ihrem Unternehmen geht, bis die Ware das Werk verlässt? Wie lange dauert dieser Vorgang? Wie viele Personen sind mit der Bearbeitung beschäftigt? Wer löst welche Aktivitäten aus?

Wenn Sie diese Fragen ehrlich beantworten, werden Sie unter Umständen feststellen, dass es auch in Ihrem Unternehmen Optimierungspotenziale gibt. Analysieren Sie daher sehr genau die entsprechenden innerbetrieblichen Abläufe. Es geht nicht darum, einen Auftrag irgendwie abzuwickeln, sondern effizient und vor allem kundenorientiert abzuarbeiten. Das beginnt mit einem schnellen innerbetrieblichen Belegdurchfluss vom Auftrags- bzw. Bestelleingang bis zur Auslieferung der Produkte.

Fragen der innerbetrieblichen Ablauforganisation gehören nicht zum Thema dieses Buches. Wir wollen Sie jedoch darauf aufmerksam machen, dass eine zügige und effiziente Auftragsabwicklung zu höherer Kundenzufriedenheit, zu einer stärkeren Kundenbindung und damit zu einem größeren unternehmerischen Erfolg führen kann.

Organisation des Lager- und Transportwesens

> **Beispiel: Ordnung ist das halbe Leben**
> Die Schall & Rauch GmbH arbeitet in einem sensiblen Bereich. Allein aus Sicherheitsgründen muss sie auf extrem abgesicherte Transport- und Lagerbedingungen achten. Zur Distributionslogistik gehören aber auch noch andere Bereiche.

Wesentliche Fragen in diesem Zusammenhang sind unter anderem
- die Bestimmung der Lageranzahl und der Lagerstandorte sowie
- die Bestimmung des Umfangs der Warenbevorratung insgesamt sowie der Vorräte je Lager.

Orientieren Sie sich bei diesen Entscheidungen an folgenden Anforderungen:
- Stellen Sie kurze Lieferzeiten sicher.
- Nutzen Sie unter Umständen Ihre Lager als Verkaufslager.
- Minimieren Sie Ihre Kapitalbindung sowie die Kosten.

> **Beispiel: Transporte und Lager**
>
> Frau Hornberg hat sich während ihres Praktikums ausgiebig mit der Problematik der Lagerhaltung und des Transportwesens auseinandergesetzt. Sie hat erkannt, dass beides in einem engen Zusammenhang steht. Zunächst legt sie Herrn Rauch eine Zusammenstellung vor, in der sie Vorschläge zu folgenden Bereichen macht:
> - Transportmittel und Transportträger (Wer führt die Transporte aus?)
> - die Transportwege
> - einen optimierten Tourenplan
>
> Ihre Vorschläge hat Frau Hornberg an folgenden Zielstellungen orientiert:
> - Minimierung der Transportwege
> - jederzeitige Sicherung der Lieferfähigkeit
> - Einsatz des wirtschaftlichsten Transportträgers
> - bestmögliche Auslastung der Transportmittel
>
> Herr Rauch ist stark beeindruckt: Frau Hornberg hat genau die wesentlichen Punkte getroffen. Warum ist er nur nicht schon längst selbst darauf gekommen?

Jetzt kommt es darauf an, die hier zu treffenden Entscheidungen auf die anderen Bereiche Ihres Unternehmens abzustimmen. Hauptsächlich betrifft das die geplanten Absatzmengen und -termine sowie die Ermittlung der damit verbundenen Kosten und Risiken.

Anleitung: So verbessern Sie Ihre Logistik
- Bedenken Sie, dass zur Logistik nicht nur die Absatzlogistik, sondern auch die Beschaffungslogistik gehört.
- Stimmen Sie die zu lagernden und zu transportierenden Mengen mit den Absatzzahlen und -terminen ab.
- Planen Sie die erforderlichen durchschnittlichen Lagerbestände.
- Planen Sie die Lieferzeiten an Ihre Kunden.
- Erarbeiten Sie Lösungsvorschläge für eventuell auftretende Fehler (Transportschäden, Fehlleitungen, Reklamationen).
- Sorgen Sie für kompetente Ansprechpartner im eigenen Unternehmen.

6 Customer Relationship Management

> **Beispiel: »Das Einzige, was hier stört, sind die Kunden.«**
> Dieser Spruch von Chefeinkäufer Günstig mag vielleicht lustig gemeint sein, aber er zeugt von einer für das Unternehmen gefährlichen Einstellung: Die Bereiche, die nicht direkt im Kundenkontakt stehen, glauben, sich auch nicht auf Kunden einstellen zu müssen. Sie tun ihre Arbeit, beschaffen die Materialien, kümmern sich um die Buchhaltung oder was auch immer ihre Aufgaben in der Unternehmenshierarchie sind. Zu einem erfolgreichen Unternehmen gehört aber, dass Kundenorientierung von allen Mitarbeitern gelebt wird.

Wie das Eingangsbeispiel zeigt, ist Kundenorientierung keine Selbstverständlichkeit. Als Führungspersönlichkeit hat man dafür zu sorgen, dass das gesamte Unternehmen auf den Kunden ausgerichtet ist. Besonders in stagnierenden oder nur schwach wachsenden wettbewerbsintensiven Märkten ist es überlebenswichtig, ein Unternehmen marktorientiert zu führen. Der Kunde ist derjenige, der die Produkte abnimmt, das Geld dafür bezahlt und damit für Umsatz sorgt. Und der Kunde hat die Möglichkeit, seinen Bedarf auch an anderer Stelle zu decken, bei Ihren Konkurrenten. Er muss also von Ihnen intensiv umworben werden. Damit sind allerdings hohe Kosten verbunden. In den letzten Jahren hat zudem die Werbeintensität über viele Branchen hinweg stark zugenommen. Ihre Kunden sehen sich täglich einer riesigen Werbeflut ausgesetzt. Hinzu kommt, dass neben den klassischen Medien (Fernsehen, Radio und Printmedien) digitale Werbeformen (Internet, SMS und E-Mail) eine immer größere Rolle spielen. Es wird daher immer schwieriger mit einer Werbebotschaft über nur ein Werbemedium die ganze Zielgruppe zu erreichen. Gleichzeitig sind Kunden heute wesentlich besser über Konkurrenzangebote informiert (z. B. durch Social-Media-Portale), als dies früher der Fall war. Ganz entscheidend ist jedoch, dass Kunden in der heutigen Zeit eine wesentlich größere Wechselbereitschaft zeigen! Stichwort: »hybride Konsumenten.«

Vor diesem Hintergrund ist es ganz bedeutsam, dass Sie sich nicht mehr ausschließlich auf den aktuellen einzelnen Verkaufsvorgang konzentrieren dürfen, sondern dem Aufbau langfristiger Kundenbeziehungen absolute Priorität einräumen sollten.

> **Customer Relationship Management (CRM)**
> Der Fachbegriff dafür lautet: »Customer Relationship Management«, abgekürzt CRM. Überdenkt man den Inhalt dieser englischen Wortschöpfung, wird klar, was damit gemeint ist: Die Beziehungen zu den Kunden sind kein Selbstläufer, sie müssen organisiert, gezielt aufgebaut und gesteuert, also »gemanagt« werden. Und genau das ist unter CRM zu verstehen (Beziehungsmanagement).

Überlegen wir uns also zunächst, warum ein Unternehmen auf gute Kundenbeziehungen angewiesen ist. Im Anschluss daran werden wir systematisch die verschiedenen Möglichkeiten für die diversen Kundengruppen erfassen und am Ende wird klar sein, wo die Vorteile und wo die Grenzen dieser Vorgehensweise liegen.

6.1 Die wirtschaftliche Bedeutung der Kundenbindung

CRM ist ein Marketingansatz. Allseitige Kundenorientierung steht dabei im Mittelpunkt, und zwar sowohl nach außen (Kunden) als auch nach innen (Mitarbeiter) gerichtet.

6.1.1 Loyale Kunden

Kunden kennen im Allgemeinen nur wenige Gründe, sich gegenüber einem Anbieter loyal zu verhalten. Insbesondere im Konsumgüterbereich wandern sie schnell zu Wettbewerbern ab.

Neukundengewinnung oder Kundenerhalt?
Untersuchungen besagen, dass es siebenmal aufwendiger ist, einen neuen Kunden zu gewinnen, als eine bestehende Kundenverbindung zu erhalten. Das bedeutet, dass eine Verminderung der Kundenabwanderung um 5 Prozent eine Gewinnsteigerung bis zu 25 Prozent ermöglicht.

Stammkunden zeichnen sich u. a. dadurch aus, dass sie im Zeitverlauf nicht nur häufiger beim gleichen Anbieter kaufen, sondern darüber hinaus weitere Produkte und Dienstleistungen aus dem entsprechenden Sortiment nachfragen. Diese Form des Kaufverhaltens wird als Cross Selling bezeichnet. Cross Selling führt zu einer Ausweitung des Umsatzes mit den gleichen Kunden, ohne dabei den Aufwand für den Anbieter wesentlich zu steigern.

Die enge Bindung an die Kunden und die intensive Pflege der Kundenbeziehungen sind typisch für den **Investitionsgüterbereich**. Dort ist es seit längerem üblich, mit den Kunden auch über die einzelnen Verkaufsvorgänge hinaus zusammenzuarbeiten (z. B. in der Produktentwicklung). Warum sollte dies nicht auch bei Produkten und Dienstleistungen im Konsumgüterbereich möglich sein?

> **Beispiel: Selbst ist der Kunde**
> Bei der Firma Dell können sich Kunden Computer nach ihren eigenen Vorstellungen zusammenstellen.

Dauerkundenbeziehung

Im Rahmen von CRM-Programmen sind alle Marketingmaßnahmen darauf ausgerichtet, den Kunden dauerhaft an das Unternehmen und dessen Leistungsspektrum zu binden. Das Prinzip beruht auf einer gegenseitigen partnerschaftlichen Vertrauensbeziehung. Der CRM-Gedanke kann daher als eine Erweiterung des klassischen Marketingansatzes verstanden werden. Kunden werden nicht auf Umsatzgrößen reduziert, sondern der Kunde wird zu einer Persönlichkeit, die einen individuellen Wert für das Unternehmen darstellt.

6.1.2 Kundenabwanderung

Das Verhalten der Kunden hat sich in den letzten Jahren grundlegend verändert. Das Internet hat den Markt transparenter gemacht. Kunden können sich rund um die Uhr über angebotene Leistungen, Preise und Lieferkonditionen informieren. Standortvorteile schrumpfen. All das führt dazu, dass Kunden wesentlich selbstbewusster und besser informiert die Erfüllung ihrer Wünsche fordern und dafür wesentlich eher bereit sind, den Anbieter zu wechseln. Setzen Sie sich ein ehrgeiziges Ziel: Minimierung der Kundenabwanderung – aber nicht um jeden Preis!

> **Beispiel: Individualisierte Kundenbindung**
> Für Frau Schall ist es selbstverständlich, sich nicht auf einen anonymen Markt einzustellen, sondern ihre Kunden individuell zu beraten und zu bedienen. Mit ihrer freundlichen Art, aber natürlich auch mit guten Leistungen, hat sie ihre Kunden zufriedengestellt, Vertrauen aufgebaut und dadurch bei ihren Kunden eine emotionale Hemmschwelle geschaffen, die diese darin hindert, einfach in einen anderen Friseursalon zu gehen.

Sicher lässt sich eine Kundenabwanderung nie vollständig verhindern. Schließlich sind auch Kunden, die Sie als Neukunden hinzugewinnen können, vorher bei einem anderen Anbieter Kunden gewesen. Halten Sie sich dabei immer den folgenden Mechanismus vor Augen:

Wechselelastizität

Kunden verlieren Sie nicht in dem Moment, wenn Ihre Leistungen oder Konditionen einmal ein wenig teurer sind als die der Wettbewerber. Irgendwann einmal kann es jedoch dazu kommen, dass sich Ihre Kunden wechselbereit zeigen und dies bei einer guten Gelegenheit in die Tat umsetzen. Dann reicht es nicht aus, wieder die »alten« Bedingungen einzuführen. Sie sind dann gezwungen, deutlich besser zu sein als Ihre Wettbewerber. Damit sich Ihre ehemaligen Kunden wieder von ihren Konkurrenten lösen, müssen sie die dortige Hemmschwelle ebenfalls überwinden und zu Ihnen zurückwechseln. Dies wird als Wechselelastizität bezeichnet und ist die Ursache für die erhöhten Aufwendungen der Kundengewinnung sowie der Kundenrückgewinnung.

6.2 Kunde ist nicht gleich Kunde

Beispiel: Unterschiedliche Konditionen

Praktikantin Laura wundert sich: Während bei der Drogeriekette »bbb« beide Geschäftsführer persönlich mit dem Einkäufer verhandeln und dabei immer wieder deutliche Rabatte gewährt werden, verweist Herr Schall bei einer Anfrage der Firma Gräser auf die Preisliste und findet auch keine Zeit für ein längeres persönliches Gespräch.

In sehr vielen Wirtschaftsbereichen wurde festgestellt, dass die sogenannte **80-zu-20-Regel (Pareto-Regel)** zum Tragen kommt. Welche Auswirkungen hat dies für Sie und die Bewertung verschiedener Kundenbeziehungen? Mit 20 Prozent der Kunden werden durchschnittlich 80 Prozent des Umsatzes erwirtschaftet, während demzufolge die restlichen Kunden (die große Masse) nur zu 20 Prozent des Umsatzes beitragen.

6.2.1 Die ABC–Analyse

Die Schall & Rauch GmbH hat für ihre Kunden eine sogenannte ABC-Analyse durchgeführt und dabei verschiedene Kundenkategorien identifiziert. Wie ist sie vorgegangen?

Anleitung: So führen Sie eine ABC-Analyse durch
- Legen Sie zunächst das Untersuchungskriterium fest. Hierfür bietet sich der Umsatz aber auch der Deckungsbeitrag an.
- Außerdem müssen Sie die Bezugsbasis bestimmen. Dazu bieten sich Ihre Kunden an.
- Bestimmen Sie als Nächstes genaue Grenzen. Diese könnten z. B. sein: 10, 30 und 70 Prozent des Umsatzes.
- Sortieren Sie Ihre Kunden nach der Umsatzgröße, denjenigen mit dem höchsten Umsatz zuerst, danach absteigend bis zum Kunden mit dem niedrigsten Umsatz.
- Stellen Sie fest, welche Kunden aus dieser Liste die ersten 15 Prozent des Umsatzes generieren. Das sind Ihre A-Kunden.
- Stellen Sie fest, mit welchen Kunden Sie die nächsten 20 Prozent (also insgesamt 35 Prozent) des Umsatzes generieren. Das sind Ihre B-Kunden.
- Der Rest der Kunden fällt unter die Kategorie C.

Je nach Zuordnung zu den Kategorien A bis C bieten sich unterschiedliche CRM-Aktivitäten an. Selbstverständlich sind die A-Kunden für das Unternehmen am bedeutsamsten und verdienen deshalb auch die höchste Aufmerksamkeit und den meisten Aufwand. Ziehen Sie aber nicht zu voreilig den Schluss, sich ausschließlich den A-Kunden zuzuwenden. Alle Kunden tragen zum Unternehmenserfolg bei! Außerdem können im Laufe der Zeit B-Kunden zu A-Kunden heranwachsen. Auch der umgekehrte Fall ist denkbar. Es ist daher empfehlenswert mehrere ABC-Analysen aus verschiedenen Geschäftsjahren simultan zu betrachten, um dadurch Trends und Entwicklungen in der Kundenstruktur aufzudecken.

Die ABC-Analyse lässt sich auch grafisch darstellen. So wird das Verhältnis von Umsatz- und Kundenanteil besonders anschaulich, wie die folgende Abbildung zeigt.

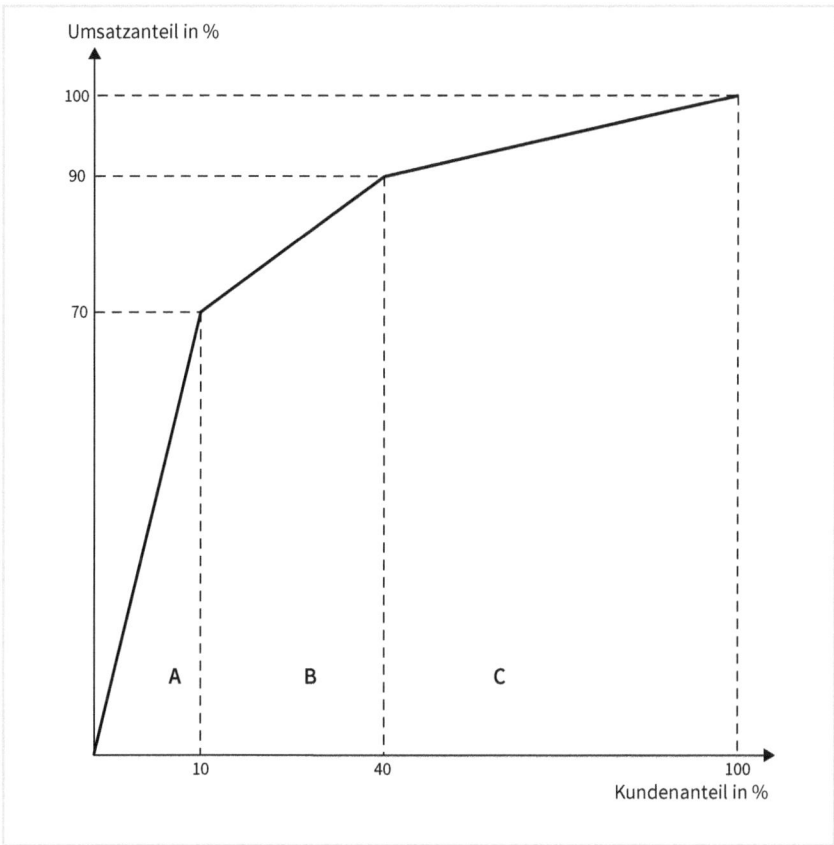

Abb. 4: Die ABC-Analyse

> **Tipp: Veränderte Zuordnungen**
> Bedenken Sie, dass die Einordnung in die einzelnen Kategorien auf Daten aus der Vergangenheit (zumindest aus dem letzten Geschäftsjahr) beruht. Da Geschäftsbeziehungen dynamisch sind, sollten Sie die Analyse in regelmäßigen Abständen wiederholen.

Problematisch bei der ABC-Analyse ist, dass die Ergebnisse der Berechnung keine Aussagen über die Kostenentwicklung zulassen. Der Umsatz ist nicht die einzige mögliche Größe zur Unterscheidung. Ergänzend sollten daher weitere ABC-Analysen, z. B. mit Deckungsbeiträgen, durchgeführt und interpretiert werden.

6.2.2 Kundendeckungsbeitrag und Kundenkapitalwert

Neben der ABC-Analyse gibt es auch andere Methoden, sich einen Überblick über die eigenen Kunden zu verschaffen. Als besonders aussagekräftig haben sich die Kundendeckungsbeitragsanalyse und die Kundenlebenszyklusanalyse herausgestellt. Diese Analyseformen werden daher im Folgenden kurz vorgestellt.

Kundendeckungsbeitragsanalyse
Hier wird ermittelt, inwieweit der einzelne Kunde zur Gewinnerzielung des Unternehmens beiträgt. Die Berechnung könnte beispielsweise wie folgt aufgebaut sein:

	Bruttoerlöse des Kunden
−	kundenbezogene Erlösschmälerungen (Skonti, Boni, Rabatte)
=	**Nettoerlöse**
	dem Kunden zurechenbare variable Kosten
−	(variable Kosten der Leistungen, Service, Transport, Betreuung, Werbung usw.)
=	**Kundendeckungsbeitrag**

Problematisch bei der Kundendeckungsbeitragsrechnung ist, dass die Ergebnisse der Berechnung keine genauen Angaben über die zukünftige Entwicklung des Kunden zulassen.

Kundenkapitalwertanalyse
Bei der Kundenkapitalwertanalyse werden ähnlich wie bei einer Investitionsrechnung alle künftigen mit dem Kunden im Zusammenhang stehenden Ein- und Auszahlungen auf den heutigen Tag abgezinst.

Die wesentlichen Herausforderungen bestehen in der möglichst genauen Bestimmung der künftig zu erwartenden Zahlungsströme, die je nach Kunde, mit mehr oder weniger großen Unsicherheiten behaftet sein können. Außerdem muss ein Zinssatz für die Abzinsung aller Ein- und Auszahlungen, die mit der Beziehung zu dem jeweiligen Kunden in Verbindung stehen, festgelegt werden.

6.3 Kundenlebenszyklus

Beispiel: Profitable Kunden

»Mit der Zeit werden Kunden immer profitabler!« Frau Schall hat festgestellt, dass ihre Kundinnen »der ersten Stunde« in der Summe mehr Leistungen des Friseursalons in Anspruch nehmen als Neukunden.

Aus der Erlebnisschilderung von Frau Schall lassen sich erste Erkenntnisse ableiten, die durch weitere Beispiele und Erfahrungen aus anderen Unternehmen gestützt werden: Nach dem ersten Testen der angebotenen Leistung nimmt die Kundenbindung, sofern die Kunden zufrieden sind, zu. Im Laufe der Entwicklung tritt jedoch ein gewisser »Gewöhnungseffekt« ein, der dazu führen kann, dass die Kundenloyalität nachlässt und der Kunde eine zunehmende Wechselbereitschaft zeigt. Daher ist es von besonderer Bedeutung die einzelnen Phasen der Kundenbeziehung richtig einzuschätzen und sich darauf einzustellen.

Welche Phasen der Kundenentwicklung, des Kundenlebenszyklus, lassen sich idealtypisch voneinander abgrenzen?

Phase 1: Die Kundenakquisitionsphase
In dieser Phase zeigt der Kunde sein Interesse für die Leistungen des Unternehmens. Als Informationsquellen kommen je nach Unternehmen und angebotenen Produkten, die Website, die Standorte des Unternehmens (z. B. Werksverkauf am Produktionsstandort und/oder in Städten), aber auch die telefonische Kontaktaufnahme infrage. Anderseits könnte sich der Kunde auch Kataloge zuschicken lassen, beim Anbieter anrufen oder eine E-Mail schreiben. In Abhängigkeit vom gewählten Informationskanal kann das Unternehmen die jeweils gewünschten Informationen zur Verfügung stellen. Üblicherweise werden sich Kunden auch Informationen über das Leistungsangebot der Wettbewerber beschaffen. Im Gegenzug kann das Unternehmen selbst aktiv versuchen, Kunden zu akquirieren. In beiden Fällen ist der Kundenwert in dieser ersten Phase der Kundenbeziehung negativ. Das bedeutet, dass die kundenspezifischen Aufwendungen (Kosten) nicht durch Erlöse (die zum jetzigen Zeitpunkt gleich null sind) gedeckt werden können.

Phase 2: Die Aufbauphase der Kundenbeziehung
Diese Phase beinhaltet die Aufnahme der Geschäftsbeziehung. Bei der ersten Inanspruchnahme der Unternehmensleistung hat der Neukunde eine geringe Bindung zum Unternehmen. Zudem ist der Kundenwert aufgrund der hohen kundenbezogenen Kosten und der hohen Unsicherheit bezüglich zukünftiger Kaufentscheidungen relativ gering.

Phase 3: Die Kundenbindungsphase
In dieser Phase geht es darum, die anfängliche Bindung der bereits vorhandenen Kunden an das Unternehmen zu festigen. Durch eine systematische Kundenanalyse lassen sich wichtige Erkenntnisse gewinnen, die für die weitere Intensivierung ausgewählter Kundenbeziehungen (vgl. dazu den Ansatz der ABC-Analyse in Kapitel 6.2.1) genutzt werden können. Dabei ist es von immenser Bedeutung, dass zwischen dem Unternehmen und seinen Kunden eine emotionale Bindung hergestellt wird. Kunden, die sich einem Unternehmen bzw. dessen Produkten und/oder Dienstleistungen sowie dem Kundenkontakt emotional verbunden fühlen, verhalten sich gegenüber dem Unternehmen wesentlich loyaler als andere Kunden. Die Kundenbindungsphase nimmt daher eine wesentliche Schlüsselrolle im gesamten CRM-Konzept ein.

Phase 4: Die Kundensicherungsphase

Diese Phase ist durch einen möglichen Rückgang der Kundenloyalität und Kundenprofitabilität gekennzeichnet. Das Absinken beider Erfolgsgrößen deutet häufig auf ein Absinken der Kundenzufriedenheit hin. In einer solchen Situation muss ganz gezielt nach den Ursachen für eine solche Entwicklung gesucht werden. Das kann durch Kundenbefragungen sowie durch eine systematische und regelmäßige Auswertung der eingegangenen Beschwerden erfolgen.

Phase 5: Die Kundenrückgewinnungsphase

Das ist die Phase, in der versucht wird, verlorene Kunden zurückzugewinnen. Dies stellt für Unternehmen eine enorm große und anspruchsvolle Aufgabe dar. Zum einen müssen die Kundendaten bekannt sein. Zum anderen müssen die Mitarbeiter sich sehr sensibel gegenüber abgewanderten Kunden verhalten. Andernfalls könnte es zu einer endgültigen Abwanderung kommen.

> **Tipp: Kundenlebenszyklusphasen erkennen**
>
> Konzentrieren Sie sich darauf, zumindest bei Ihren wichtigsten Kunden zu erkennen, in welcher der oben genannten Phasen sie sich gerade befinden und richten Sie Ihre CRM-Maßnahmen daran aus.

6.4 Kundenkategorien

Je nachdem, in welcher der oben genannten Phasen sich ein Kunde befindet, sollten Sie unterschiedliche Ziele verfolgen und vor allem differenzierte CRM-Maßnahmen ergreifen.

Potenzielle Kunden

Ein potenzieller Kunde ist jeder, der Interesse für die Leistungen eines Unternehmens zeigt oder zeigen könnte (Kundenakquisitionsphase). Eine Bewertung dieser Kunden hinsichtlich ihrer Profitabilität ist aufgrund ungenügender Informationen sehr schwierig und in Ausnahmefällen gar nicht möglich. Es gilt, Interesse für das Unternehmen und seine Leistungen zu wecken und Informationen über die Kunden zu gewinnen. Diese Zielstellung ist typisch für die Phase der Kundenakquisition und mit hohen Aufwendungen verbunden.

Um das Interesse solcher Kunden zu steigern, könnten sich folgende Maßnahmen eignen:
- Image-Kampagnen
- Massenwerbung
- Social-Media-Werbung usw.

Neukunden

Das sind Kunden, die zum ersten Mal gekauft haben. In diesem Fall sollte das Ziel des CRM darin bestehen, den Kunden deutlich zu machen, dass sie bei ihrer Leistungswahl eine richtige Entscheidung getroffen haben.

Je nach verkauftem Produkt oder verkaufter Dienstleistung bietet es sich an, auch nach dem Kauf Interesse zu bekunden, indem man beispielsweise nachfragt, ob der Kunde mit der Leistung zufrieden war. Das setzt selbstverständlich voraus, die Adressdaten zu erfassen (soweit der Kunde damit einverstanden ist). Andernfalls ist es möglich, dem Kunden mit dem Produkt eine Gelegenheit zu geben, seine Meinung zu äußern, z. B. in Form einer Antwortkarte. Die Rücklaufquote wird oft sehr gering sein, aber unterschätzen Sie nicht die Informationen, die Sie aus diesen Antworten erhalten können.

Neukunden haben durchaus Entwicklungspotenzial und können künftig einen hohen Wert für das Unternehmen erlangen.

Aufsteigerkunden

Diese Kunden haben bereits häufiger beim Unternehmen gekauft und sind mit den Leistungen des Unternehmens zufrieden. Begründet durch diese Zufriedenheit werden sie auch eher bereit sein, umfangreicher über ihr Kaufverhalten Auskünfte zu erteilen (Kundenbindungsphase).

In dieser Phase kann Ihr Unternehmen mit einer Steigerung der Kundenprofitabilität rechnen und Sie sollten gezielt versuchen, die Kundenbindung zu festigen. Durch eine Cross-Selling-Kampagne sollte es gelingen, den Anteil profitabler Güter im Einkaufsportfolio des Kunden zu steigern.

Starkunden

Starkunden kaufen immer oder zumindest sehr häufig die Leistungen des Unternehmens (Kundenbindungsphase).

In diese Phase steigt das Umsatzpotenzial der Kunden und die Kundenprofitabilität ist sehr hoch. Ziel des CRM sollte jetzt sein, das Interesse des Kunden für höherwertige Leistungen des Unternehmens zu wecken. Um dies zu erreichen, sollten vermehrt Kundenbesuche zum Einsatz kommen. Arbeiten Sie auf einen intensiven Dialog mit Ihren Kunden hin. Dialog bedeutet in diesem Kontext, dass Sie sich Zeit für Ihre Kunden nehmen müssen und ihnen aufmerksam zuhören. Werbebotschaften dürfen Sie selbstverständlich trotzdem an ihre Kunden richten, dies sollte allerdings sehr zurückhaltend erfolgen.

Ertragskunden

Bei diesen Kunden ist der Höhepunkt des möglichen Umsatzes erreicht, sie haben ihren Bedarf gedeckt (Kundensicherungsphase). Das heißt, die Profitabilität dieser

Kunden ist kaum noch zu steigern. Verhindern Sie, dass Ertragskunden einen Teil ihres Bedarfs bei anderen Anbietern decken. Sollte dies dennoch vorkommen, deutet das darauf hin, dass sie mit einem Teil Ihrer Leistung unzufrieden sind und Sie die Unzufriedenheitssignale Ihrer Kunden nicht bzw. nicht ausreichend wahrgenommen haben. Maßnahmen zur frühzeitigen Wahrnehmung von Unzufriedenheit können zum Beispiel sein:

- Durchführung von Kundenzufriedenheitsbefragungen
- Durchführung von Servicekampagnen
- verstärkte Besuche des Außendienstes beim Kunden usw.

6.5 Das Kundenportfolio

Nicht alle Kunden haben die gleiche Bedeutung für das Unternehmen – und Bedeutung erschöpft sich nicht allein im Kundenwert. Zufriedene Kunden sind häufig ein besseres Argument als alle anderen Marketingmaßnahmen. Unter diesem Aspekt empfiehlt es sich, einmal zu überlegen, in welche der nachfolgenden Kategorien sich Ihre Kunden einordnen lassen.

Schlüsselkunden

Das sind Kunden, die eine hohe **Kundenzufriedenheit** sowie einen hohen **Kundenwert** aufweisen. Damit sind sie die wohl wichtigsten Kunden für das Unternehmen. Aufgrund ihrer hohen Zufriedenheit sind sie auch nicht so preisempfindlich wie andere Kunden. Unter Umständen sind sie eher bereit, für eine Leistung mehr als andere Kunden zu bezahlen. Solche Schlüsselkunden sollten des Öfteren nach der Qualität der angebotenen Leistungen befragt werden. Gegebenenfalls können sie auch in die Produktentwicklung mit einbezogen werden.

> **Tipp: Cross Selling und Up Selling**
>
> Schlüsselkunden nutzen häufig noch weitere Produkte und Leistungen aus dem Angebotsspektrum eines Unternehmens (Cross Selling). Eventuell handelt es sich dabei sogar um höherwertige Produkte und Dienstleistungen des gleichen Typs (Up Selling). In beiden Fällen kommt es darauf an, die emotionale Bindung des Kunden zu festigen oder sogar zu verstärken.

Potenzialkunden

Auch Potenzialkunden sind sehr zufrieden, sie stehen aber noch nicht an der Stelle der Schlüsselkunden. Regelmäßige Kontakte und Befragungen über die Zufriedenheit sind empfehlenswert. Potenzialkunden neigen zu Wiederkäufen. Aber es besteht auch die Gefahr, dass sich Potenzialkunden nicht bei allen Kaufentscheidungen in Richtung Ihres Unternehmens bewegen. Dann können sich diese Kunden zu Risikokunden entwickeln.

Risikokunden

Das Problem bei Risikokunden besteht darin, dass sie einerseits
- wegen ihres hohen Kundenwerts für das Unternehmen von Bedeutung, aber andererseits
- wegen geringer Zufriedenheit abwanderungsgefährdet sind.

Um sie von einer Abwanderung abzuhalten, ist es notwendig, sie intensiv zu betreuen. Identifizieren Sie Ihre Risikokunden durch eine gezielte Auswertung der Kundenbeschwerden. Beantworten Sie Beschwerden freundlich, sachlich und schnell.

> **Beispiel: Keine Antwort**
>
> Frau Rauch hat in einer Boutique einen Ring bestellt. Nachdem er endlich geliefert wurde, passte er nicht. Die Verkäuferin sah keine Möglichkeit, ihn umzutauschen. Schreiben an den Lieferanten, an ein an sich namhaftes Modeunternehmen, blieben unbeantwortet. Seitdem kauft Frau Rauch konsequent nur noch in anderen Boutiquen ein und verbreitet darüber hinaus ihren berechtigten Unmut über die Boutique sowie den Lieferanten in ihrem weitläufigen Freundes- und Bekanntenkreis.

Ballastkunden

Ballastkunden sind Kunden, die sowohl einen niedrigen Kundenwert haben als auch eine niedrige Kundenzufriedenheit aufweisen. Solche Kunden fordern eine intensive Kundenbetreuung, die gemessen an dem geringen Umsatz, den sie tätigen, hohe Kosten verursacht. Die Anzahl der Ballastkunden sollte aus diesen Gründen so gering wie möglich gehalten werden. Bei Ballastkunden, die ein Steigerungspotenzial aufweisen, sollte versucht werden, den Kundenwert gezielt durch CRM-Maßnahmen zu steigern. Andere Ballastkunden sollten gezielt »abgedrängt« werden.

6.6 Customer Relationship Management – ein Fazit

In der Praxis ist ein funktionierendes Customer Relationship Management abhängig von der Branche, der Größe des Unternehmens und vielen anderen Faktoren. Kernpunkt ist: Lernen Sie Ihre Kunden kennen und stellen Sie sich gezielt auf sie ein. Sicherlich, intuitiv macht das jeder Unternehmer mehr oder weniger. Das Besondere an CRM ist, dass man gezielt und strukturiert vorgeht. Das Vorgenannte sollte Ihnen eine kleine Hilfe dabei sein.

Identität schaffen

Sorgen Sie dafür, dass Ihre Mitarbeiter mit ihrem Arbeitgeber zufrieden sind! Erste Voraussetzung für die Kundenorientierung Ihrer Mitarbeiter ist, dass sie sich mit dem Unternehmen identifizieren und stolz darauf sind, was dort auch mit ihrer Hilfe geschaffen wird.

Beispiel: Die Produkte des eigenen Unternehmens nutzen

Ob die Mitarbeiter der Schall & Rauch GmbH zu Silvester die eigenen Böller verwenden, lässt sich nur schwer nachprüfen. Aber ob beispielsweise die Mitarbeiter einer Autofirma mit einem Wagen anderen Typs vorfahren, ist offensichtlich. Mitarbeiterrabatte können dazu führen, dass sich Mitarbeiter die Loyalität zu »ihren« Produkten auch leisten können.

Versuchen Sie, Kundenprofile zu erstellen, die es Ihnen ermöglichen, Ihre Kunden gezielt und individuell anzusprechen. Reagieren Sie schnell und effizient auf deren Bedürfnisse. Die Informationen über Ihre Kunden sollten Sie systematisch sammeln und dazu nutzen, Ihr Marketing kundenorientiert zu gestalten.

Datenschutz

Bedenken Sie dabei aber, dass Kundendaten persönliche Daten sind und nur entsprechend genutzt werden dürfen. Jede Weitergabe an Dritte ist absolut tabu! Der Schaden, den Sie damit anrichten können, ist immens, auch für Ihr eigenes Unternehmen.

Nicht in allen Bereichen ist CRM in der vorgestellten Form möglich. Eine Tankstelle an der Autobahn hat andere Kunden und andere Kundeninformationen als Frau Schall in ihrem Friseursalon. Behandeln Sie trotzdem jeden Kunden als Persönlichkeit, vielleicht treffen Sie ihn an anderer Stelle einmal wieder.

Wir wissen, Marketing ist nicht alles. Aber völlig ohne Marketing werden geschäftliche Erfolge zumeist ausbleiben.

7 Online-Marketing

Durch das Internet ergeben sich für Unternehmen in allen Bereichen ganz neue Möglichkeiten der Information, Kommunikation, Interaktion und Transaktion. Bisher lag dabei der Schwerpunkt auf dem stationären Internet, das die Nutzer von einem PC (zu Hause oder an ihrem Arbeitsplatz) nutzen. Durch die weite Verbreitung von mobilen Endgeräten (Smartphones und Tablet PCs) rücken jedoch zunehmend auch mobile Applikationen (mobile Websites und Apps) in den Fokus des Marketings. Es kommt zu einer starken Veränderung des Nutzungsverhaltens. Der Internetnutzer von heute will immer und zu jeder Zeit die Möglichkeit haben, online zu sein. Neben Kommunikationsangeboten (z. B. Facebook) spielen dabei auch Online-Shops (z. B. Amazon) eine zunehmend bedeutende Rolle. Vor diesem Hintergrund eröffnen sich für das Online-Marketing ganz neue Handlungs- und Gestaltungsfelder.

7.1 Website-Gestaltung

Im Folgenden wird am Beispiel von Thalia.de verdeutlicht, worauf bei der Gestaltung eines benutzerfreundlichen Online-Shops zu achten ist.

7.1.1 Homepage – Startseite

Auf der Startseite von Thalia.de befindet sich oben links das Thalia-Logo. Dies ist eine erwartungskonforme Positionierung. Durch das Anklicken des Logos gelangt der Nutzer immer wieder zurück auf die Startseite. Oberhalb des Logos können die Nutzer nach einer Filiale in ihrer Nähe suchen. Rechts neben dem Logo ist die Suche angeordnet. In die Suche können Titel, Autoren, Stichworte und/oder ISBN-Nummern eingegeben werden. Rechts neben der Suche sieht man einen kleine Einkaufstasche, das Symbol für den Warenkorb. Genau daneben befindet sich der Merkzettel.

Im oberen rechten Seitenbereich können sich Nutzer »anmelden«, gemeint ist allerdings die Registrierung als Thalia.de-Kunde. Auf dieser Seite können sich neue Kunden registrieren oder, sofern sie bereits ein Konto haben, sich anmelden.

In der horizontalen Navigationsleiste befinden sich 14 Rubriken. Dies sind schon recht viele Einstiege. Besser wäre es, wenn Thalia.de sich hier auf 5 bis 9 Rubriken beschränken würde. Direkt unter der Navigationsleiste sieht man eine Wechselbühne mit verschiedenen Anzeigenmotiven, die regelmäßig wechseln. Unter der Wechselbühne befinden sich fünf Schaltflächen, über die sich die einzelnen Anzeigenmotive direkt ansteuern lassen. Zudem kann der Nutzer auch innerhalb der Wechselbühne weiterblättern.

Im unteren Bereich werden dem Nutzer verschiedene Empfehlungen präsentiert. Neben den Worten »Ihre persönlichen Empfehlungen« befindet sich ein weiterführender Link, über den sich Nutzer weitere Empfehlungen anzeigen lassen können. Die Preise werden im Thalia-Grün angezeigt.

Die Thalia-Startseite wirkt sehr übersichtlich und bietet dem Nutzer verschiedene Einstiegsmöglichkeiten. Nutzer können gezielt suchen oder sich von den Buch-Neuheiten inspirieren lassen. Auffällig ist jedoch, dass es im linken Seitenbereich keine vertikale Navigationsleiste gibt.

Im mittleren Seitenbereich befinden sich Werbeflächen (Teaser), die den Nutzer inspirieren sollen. Thalia weist auf Kinderwelten, Buch-Neuheiten und verschiedene Themenwelten hin. Weitere, zum Teil exklusive Angebote runden diesen Bereich ab.

Das Ende einer Website wird als **Footer** bezeichnet. Auf Thalia.de befinden sich dort viele interessante Informationen. Nutzer können sich den Newsletter auch gleich noch abonnieren. Thalia.de weist auch auf seine Facebook-, Instagram- und Pinterest-Auftritte hin. Thalia hat einen telefonischen Kundenservice eingerichtet, dessen Telefonnummern und Erreichbarkeit ebenfalls im Footer ersichtlich sind. Alle von Thalia angebotenen Zahlungsmethoden werden ebenfalls angezeigt. Außerdem wird auf das Payback-Bonusprogramm hingewiesen.

Im unteren Teil des Footers findet der Nutzer vier weitere Bereiche. Im ersten Bereich sind Informationen zum Unternehmen zusammengestellt. Die AGBs sind dort einsehbar. Rechts daneben sind weitere Service-Angebote aufgelistet. Besonders wichtig ist die Hilfefunktion. Sobald der Nutzer die Hilfe anklickt, wird er auf eine Folgeseite weitergeleitet. Auf der Hilfeseite sind viele verschiedene Themen zusammengestellt (FAQs). Zudem findet der Nutzer dort nochmals die Telefonnummer des Kundenservice. Außerdem stehen weitere Links zu Themen rund um den Einkauf zur Verfügung.

7.1.2 Suchfunktion

Im Folgenden wird davon ausgegangen, dass ein Nutzer nach einem Buch (z. B. Harry Potter) suchen und dieses auch bestellen möchte. Er hat sich dazu entschieden, die Suchfunktion zu verwenden. Es werden daher nach und nach alle Schritte aufgezeigt, die der Nutzer bis zur Bestellung durchläuft.

Sobald der Nutzer drei Buchstaben in die Suche eingegeben hat, erscheint ein Pull-Down-Menü mit mehreren möglichen Treffern. Das erleichtert die Suche nach dem gewünschten Buch. Im vorliegenden Fall werden verschiedene Rubriken (z. B. in alle Kategorien, in Bücher oder in Kalender) aufgezeigt. Zudem erscheinen verschiedene Harry-Potter-Produkte.

7.1.3 Trefferliste

Nehmen wir einmal an, dass sich der Nutzer für die Rubrik Bücher entscheidet und diese anklickt. Er wird dann auf die Trefferliste zu Harry Potter »in Büchern« weitergeleitet und kann sich einen Überblick über das Angebot verschaffen. Jetzt erscheint am linken Seitenrand auch eine Art vertikale Navigation.

Insgesamt wurden über 1.000 Bücher zur Suchanfrage »Harry Potter« in der Rubrik Bücher gefunden. Diese Treffer lassen sich nach verschiedenen Aspekten sortieren (z. B. Titel von A bis Z oder Z bis A, Erscheinungsdatum oder Preis auf- und absteigend). Der erste Treffer, der angezeigt wird, ist das Buch »Harry Potter und der Stein der Weisen«.

7.1.4 Produktdetailseite

Nehmen wir an, dass sich der Nutzer für dieses Harry-Potter-Buch interessiert und den ersten Treffer auf der Liste anklickt. Als Nächstes wird ihm dann eine Produktdetailseite angezeigt.

Im oberen Seitenbereich der Produktdetailseite finden sich zahlreiche weiterführende Informationen zu dem ausgewählten Buch. Neben der Produktabbildung stehen die Autoren und der Titel des Buches. Etwas weiter rechts kann man den Preis lesen und erfährt, dass das Buch verfügbar ist und versandkostenfrei bestellt werden kann. Der Nutzer kann sich das Buch in den Warenkorb legen und online bestellen oder in eine Filiale seiner Wahl liefern lassen. Ist er sich noch nicht ganz sicher, steht darunter eine Verlinkung zum Merkzettel zur Verfügung. Zu dem ausgewählten Buch gibt es auch eine Kurzbeschreibung. Sollte sich der Nutzer für weitere Informationen interessieren, kann er auf »Beschreibung« klicken und sich diese anzeigen lassen. Außerdem gibt es noch eine Leseprobe, die über das kleine Buchsymbol unter der Produktabbildung aufgerufen werden kann und sich in einem Extrafenster öffnen lässt.

Wenn sich der Nutzer für die Meinung anderer Kunden interessiert, kann er sich einen Überblick über verschiedene Kundenbewertungen verschaffen. Zu diesem Titel gibt es 125 Kundenrezensionen.

7.1.5 Warenkorbzwischenseite

Nachdem sich der Nutzer die Produktdetailseite angesehen hat, entschließt er sich, das Harry-Potter-Buch online zu bestellen, und legt es in den Warenkorb. Nach dem Anklicken des »Warenkorb«-Buttons erscheint eine Rückmeldung (die sogenannte Warenkorbzwischenseite) auf der ersichtlich wird, welcher Artikel ausgewählt wurde. Diese Rückmeldung ist sehr wichtig und gibt dem Nutzer die Sicherheit, dass er alles richtiggemacht hat. Jetzt kann er entscheiden, ob er weiter einkaufen (dies erfolgt durch das Anklicken des »weiter einkaufen«-Buttons unten links) oder direkt zum Warenkorb wechseln will (dies erfolgt durch das Anklicken des »Warenkorb ansehen«-Buttons unten rechts).

In unserem Beispiel möchte der Nutzer jetzt direkt zum Warenkorb wechseln. Daher klickt er den entsprechenden Button an und gelangt zum Warenkorb.

7.1.6 Warenkorb

Es werden nochmals alle Produktdetails angezeigt. Der Nutzer kann somit seine Bestellung auf Richtigkeit überprüfen. Sofern alles in Ordnung ist, kann der Nutzer im Bestellprozess voranschreiten. Dies erfolgt durch das Anklicken eines der beiden »Zur Kasse«-Buttons.

7.1.7 Anmeldung

Nachdem sich der Kunde für den »Gang« zur Kasse entschieden hat, erscheint eine weitere Seite im Bestellprozess. Hier können sich Nutzer als Kunden anmelden oder als Neukunde registrieren lassen. Zudem werden Hilfe-Links zur Bestellung angeboten. In dieser Phase kommt es immer wieder vor, dass Nutzer den Bestellprozess abbrechen. Daher sind vertrauensstiftende und unterstützende Maßnahmen besonders wichtig. Der Nutzer könnte auch über einen »Zurück«-Button zurücknavigieren und sich nochmals den Warenkorb anzeigen lassen.

In unserem Beispiel gehen wir davon aus, dass sich der Nutzer noch nicht als Kunde registriert hat. Er wählt daher die Option »Jetzt Konto anlegen«.

> **Beachten Sie**
>
> Formulare sind ein wichtiger Bestandteil des Bestellprozesses auf Online-Shops. Es sollten möglichst wenige Informationen abgefragt werden und es muss für den Nutzer nachvollziehbar sein, warum gerade diese Daten einzutragen sind.

Zunächst muss der Nutzer seine E-Mail-Adresse angeben, ein Passwort wählen und sein Geburtsdatum angeben. Warum hier das Geburtsdatum abgefragt wird, ist nicht ganz klar. Für das Bestellen im Online-Shop wird es eigentlich nicht benötigt. Bevor der Nutzer die Registrierung fortsetzen kann, wird er noch gefragt, ob Thalia. de ihm regelmäßig und kostenlos E-Mails mit Werbung zuschicken darf. Ist er damit einverstanden, kann er dies durch ein Häkchen bestätigen. Außerdem muss er noch den AGBs sowie der Datenschutzerklärung von Thalia.de zustimmen. Dies geschieht ebenfalls durch das Setzen eines Häkchens im entsprechenden Feld. Die Rechnungsanschrift besteht nur aus Pflichtangaben (Frau/Herr, Vorname, Nachname, Adresse, Hausnummer, PLZ, Stadt und Land).

Nach der erfolgreichen Anmeldung als Kunde von Thalia.de erscheint ein Bestätigungsfenster. Der Nutzer erfährt dort, dass er als Kunde angemeldet ist. Jetzt stehen dem angemeldeten Kunden mehrere Optionen offen. Er kann sein Konto einsehen oder den Bestellprozess fortsetzen. Da bei unserem Kunden noch nichts im Kundenkonto vermerkt ist, setzt er den Einkaufsprozess fort.

Als Nächstes muss er sich für eine Zahlungsoption entscheiden. Aus den angebotenen Möglichkeiten entscheidet sich unser Kunde für die Zahlung auf Rechnung und legt diese als seine präferierte Zahlungsart fest.

Vor dem Absenden der Bestellung kann sich der Nutzer alle Informationen nochmals ansehen und alles auf seine Richtigkeit überprüfen. Nachdem er den »Kaufen«-Button gedrückt hat, ist die Bestellung abgeschlossen.

Wenn Sie die aufgezeigten Gestaltungsempfehlungen beachten, wird es Ihnen gelingen, Internetnutzer zu Besuchern Ihrer Website zu machen. Aus Besuchern müssen dann noch Kunden werden (Conversion Rate). Dies gelingt am besten mit einer benutzerfreundlichen Website. Sofern es Ihnen gelingt, Ihre Kunden zufriedenzustellen, werden sie hoffentlich zu Stammkunden.

7.2 Online-Werbung

Im Internet ergeben sich völlig neue Möglichkeiten für die Schaltung von Werbeanzeigen. Insbesondere lässt sich der Werbeerfolg wesentlich genauer bestimmen. Und es ist möglich, Werbekampagnen zu optimieren, während sie noch laufen. Allerdings muss beachtet werden, dass Internetnutzer auf der Suche nach Informationen, Kontakten und Produkten sind. Werbung zählt dagegen nicht zu den Nutzungsintentionen. Werbung wird daher oft als störend empfunden. Daher finden sogenannte Ad-Blocker eine zunehmende Verbreitung. Mit diesen Programmen lässt sich die Anzeige von Werbung unterdrücken. Trotzdem kann Online-Werbung, wenn sie richtig eingesetzt wird, sehr wirksam sein und den Traffic auf der eigenen Website signifikant erhöhen.

7.2.1 Werbeformen am Beispiel von T-Online.de

Auf T-Online.de sind verschiedene Werbeformen sichtbar, aber nicht zwingend als solche erkennbar. Beispielsweise befinden sich im oberen rechten Seitenbereich vier Werbe-Buttons (von Ebay, Amazon, Douglas und Bonprix). Werbe-Buttons sind sehr dezent und stören nicht beim Besuch der Website. In der Mitte darunter befindet sich ein animiertes Werbebanner (Full Banner: 468×60 Pixel) von Otto.de. Im rechten Bereich des Banners rotieren verschiedene Werbeeinblendungen (Produktabbildungen wechseln sich mit Hinweisen auf die reduzierten Produktpreise ab). Der Full Banner wird zunehmend vom Super Banner abgelöst. Dieses erscheint ebenfalls im Querformat (728×90 Pixel).

Ein weiteres Werbebanner (dieses Mal von ebay.de) befindet sich am rechten Seitenbereich. Aufgrund seiner Form (Hochformat: 120×600 Pixel) wird dieses Banner auch als »Skyscraper« bezeichnet. Dieses Banner ist ebenfalls animiert. Es gibt auch ein Banner, das aufgrund seiner breiteren Form »Wide Scyscraper« (Hochformat: 120 bis 200×600 Pixel) genannt wird. Dieses Banner ist derzeit jedoch nicht auf T-Online eingebunden. Darüber hinaus werden Werbeflächen im redaktionellen Teil angezeigt. Die Werbeflächen von Esprit.de, ebay.de und Tchibo.de sind genauso gestaltet wie die Nachrichten links davon. Daher sind diese Werbeflächen auch nicht sofort als solche erkennbar. Nur ein hochgestelltes »Shopping« weist auf den Anzeigencharakter hin. Sobald der Nutzer auf eine der beschriebenen Werbeflächen klickt, wird er zum jeweiligen Online-Angebot weitergeleitet.

7.2.2 Abrechnungsmodelle und Kennzahlen

Für die Abrechnung von Online-Werbung haben sich eine Reihe verschiedener Modelle etabliert, die zum Teil auch bei klassischen Werbeformen zum Einsatz kommen.

Die wohl bekannteste Kennzahl ist der Tausender-Kontakt-Preis (TKP). Er berechnet sich, indem die Kosten der Werbeschaltung zu den Werbeeinblendungen ins Verhältnis gesetzt werden. Angenommen, die Schaltung eines Banners kostet 10.000 Euro pro Monat und die Website, auf der das Banner geschaltet ist, wird im Monat 1.000.000 Mal aufgerufen. Sofern das Banner immer eingeblendet wurde, ergibt sich der folgende TKP:

TKP = 10.000 Euro / 1.000.000 × 1.000 = 10 Euro

Das bedeutet, dass das werbetreibende Unternehmen 10 Euro für 1.000 Werbeeinblendungen bzw. Kontakte bezahlen muss. Je nachdem, wie viel die Schaltung kostet und wie hoch die Besucherzahl auf der Website mit dem Banner ist, kann es zu sehr unterschiedlichen TKPs kommen. Zudem muss berücksichtigt werden, dass es sich dabei nur um Kontaktmöglichkeiten handelt. Es ist nicht gesagt, dass die Internetnutzer sich auch das Werbebanner ansehen. Dieses Phänomen wird auch als Banner-Blindness bezeichnet.

Darüber hinaus gibt es Abrechnungsmodelle, die das Benutzerverhalten berücksichtigen:

- **Cost-Per-Click-Modell:** Sobald ein Internetnutzer auf ein Werbemittel klickt, wird dies als Erfolg gewertet. Der Werbetreibende muss einen bestimmten Betrag für jeden Klick bezahlen.
- **Cost-Per-Sale-Modell:** Auch hierbei gelangt der Internetnutzer über das Werbemittel auf die Website des werbetreibenden Unternehmens. Sobald er dort einen Kauf tätigt, muss das werbetreibende Unternehmen dafür bezahlen.

Wenn Sie sich intensiver mit den verschiedenen Online-Werbeformen beschäftigen möchten, empfehlen wir Ihnen den Besuch der Website: www.ovk.de. Dort finden Sie eine ausführliche Darstellung der wichtigsten Banner sowie Werbeformen, die für mobile Applikationen geeignet sind.

7.2.3 Partnerprogramme – Affiliate Marketing

Am Affiliate Marketing sind mindestens zwei Partner beteiligt. Dies sind der Merchant und der Affiliate. Beim Merchant handelt es sich um einen werbetreibenden Online-Shop-Betreiber (z. B. Amazon.de). Der Affiliate hat ebenfalls eine Website und ist der Partner des Merchant. Um als Partner am Partnerprogramm teilnehmen zu können, muss sich der Affiliate im Partnerprogramm des Merchant anmelden. Die Anmeldung ist in der Regel kostenlos.

Beide Parteien profitieren von diesem Partnerprogramm. So wird durch das Einbinden der Werbemittel der Mehrwert der jeweiligen Website gesteigert. Dies gilt allerdings nur, wenn die Werbung zur Website des Affiliate thematisch passt. Gleichzeitig wird die Bekanntheit des Merchant gesteigert.

In der Praxis werden zwischen dem Merchant und dem Affiliate häufig sogenannte Affiliate-Netzwerke zwischengeschaltet. Diese Agenturen übernehmen die Vermittlung der Werbemittel und die Abrechnung der Provisionen, die der Affiliate für das Einbinden der Werbung auf seiner Website erhält. Es kommt allerdings nur zu einer Provisionsauszahlung, wenn Internetnutzer die Werbemittel anklicken und dadurch auf die

Website des Merchant gelangen. Je nachdem um welches Partnerprogramm es sich handelt, können ganz unterschiedliche Abrechnungsmodelle zum Einsatz kommen:

- **Pay-Per-Click-Modell:** Sobald ein Internetnutzer auf ein Werbemittel klickt, wird dies als Erfolg gewertet. Der Affiliate erhält dafür eine entsprechende Provision.
- **Pay-Per-Lead:** Bei diesem Modell geht es um die Ausführung einer bestimmten Aktion. Dies ist beispielsweise dann der Fall, wenn ein Internetnutzer auf ein Werbemittel klickt und auf die Newsletter-Anmeldeseite des Merchants gelangt. Sobald der Besucher sich den Newsletter abonniert, wird eine Provision für den Affiliate fällig.
- **Pay-Per-Sale-Modell:** Auch hierbei gelangt der Internetnutzer über das Werbemittel auf die Website des Merchant. Sobald er dort einen Kauf tätigt, fällt eine entsprechende Provision für den Affiliate an.

Im Folgenden wollen wir uns das Partnerprogramm von Amazon.de etwas genauer ansehen. Laut Amazon.de ergeben sich für den Affiliate zahlreiche Vorteile:

- **Kostenlose Anmeldung:** Die Anmeldung ist kostenlos.
- **Einfache und bequeme Bedienung:** Die Bedienung des Partnerprogramms ist einfach. Somit können Affiliate mit ihrer Website nebenbei Geld verdienen.
- **Zahlreiche Tools für Webmaster:** Es stehen Einzellinks, Bilder und Links oder Banner zur Einbindung zur Verfügung. Grundsätzlich kann der Affiliate alle Produkte von Amazon.de bewerben.

Wenn sich ein Website-Betreiber als Partner bei Amazon.de registriert, kann er bis zu 10% Provision erhalten.

7.3 Newsletter-Marketing

Das Newsletter-Marketing zählt zum Direktmarketing. Daran ist vorteilhaft, dass Sie Newsletter individualisieren können. So ist es beispielsweise möglich, einen Newsletter nur an Männer in einem gewissen Alter zu verschicken. Newsletter werden von vielen Online-Anbietern verschickt und zur Kundenbindung genutzt. Durch den regelmäßigen Versand des Newsletters bleibt der Online-Anbieter in Erinnerung und kann kontinuierlich Firmennachrichten verbreiten und auf interessante Produktangebote aufmerksam machen. Interessiert sich ein Kunde für ein entsprechendes Angebot, kann er es anklicken und wird direkt in den Online-Shop des Absenders weitergeleitet. Mithilfe eines Newsletters lässt sich daher der Traffic im Online-Shop steigern. Dabei muss jedoch beachtet werden, dass der Kunde sein Einverständnis gegeben hat und mit dem Empfang des Newsletters einverstanden ist. Neben aktuellen Unternehmensnachrichten und Produktangeboten können auch Gewinnspiele oder Rabattaktionen Teil des Newsletters sein.

Grundsätzlich können mit dem Versenden eines Newsletters **drei Ziele** verfolgt werden:
- **Kundengewinnung:** Besucher des Online-Shops, die sich den Newsletter abonniert haben, werden zu Kunden.
- **Kundenbindung:** Die Beziehung zu bereits bestehenden Kunden wird gefestigt.
- **Kundenrückgewinnung:** Kunden, die seit Längerem nichts mehr bestellt haben, werden durch den Newsletter animiert, den Online-Shop wieder zu besuchen und das jeweilige Angebot in Anspruch zu nehmen.

Bei Thalia ist der Link zur Newsletter-Anmeldung in den Footer eingebunden. Da der Anmelde-Link dort mittlerweile von vielen Nutzern vermutet wird, kann von einer erwartungskonformen Platzierung gesprochen werden.

Das Anmelde-Formular von Thalia ist vorbildlich gestaltet. Oben Links ist eine zufriedene Nutzerin dargestellt, die gerade mit ihrem Laptop surft und sich möglicherweise den Thalia-Newsletter ansieht. Rechts daneben werden die Vorteile aufgeführt, die mit einem Newsletter-Abonnement verbunden sind. Im Anmelde-Formular werden lediglich die E-Mail-Adresse, die Anrede sowie der Vor- und Nachname abgefragt. Wobei nur die E-Mail-Adresse als Pflichtfeld gekennzeichnet ist. Zudem ist positiv, dass im oberen rechten Bereich die Kontaktmöglichkeiten zum Kundenservice eingeblendet werden. So kann ein Nutzer, der sich für den Newsletter interessiert, mit Fragen an einen kompetenten Ansprechpartner wenden. Im unteren Bereich des Anmeldeformulars wird kurz und knapp darüber informiert, was mit der Newsletter-Anmeldung verbunden ist bzw. welche Konsequenzen sich daraus für den Nutzer ergeben. Außerdem kann der Nutzer im unteren Bereich den Newsletter wieder abbestellen und sich ein Newsletter-Beispiel anzeigen lassen.

Auch bei der Gestaltung eines Newsletters müssen Sie rechtliche Vorgaben berücksichtigen. So ist beispielsweise vorgeschrieben, dass sich der Nutzer jederzeit selbst aus der Verteilerliste austragen kann. Zudem muss Ihr Newsletter ein Impressum enthalten.

7.4 Usability-Testing

Wenn Sie Ihre Website optimieren wollen, müssen Sie diese testen. Und zwar, kontinuierlich!

Aus der Vielzahl der verschiedenen Usability-Methoden werden im Folgenden das Expertengutachten, der Usability-Test, das Eyetracking und das Card Sorting näher vorgestellt.

7.4.1 Expertengutachten

Von einer expertenbasierten Evaluation bzw. einem Expert Review spricht man, wenn eine Website von Usability-Experten beurteilt wird. Dazu versetzen sich die Experten in die Rolle der anvisierten Zielgruppe der Website. Während der Beurteilung überprüfen sie die Einhaltung verschiedener Heuristiken. Dazu zählen beispielsweise die Erwartungskonformität (Befinden sich alle Elemente der Website dort, wo die Nutzer sie erwarten?). Aber auch Designaspekte werden berücksichtigt (Wie ist es um das Kontrastverhältnis zwischen der Schrift- und der entsprechenden Hintergrundfarbe bestellt?). Optimalerweise wird ein Expert Review von mindestens zwei besser drei oder vier Experten durchgeführt. Die Überprüfung der Website sollte unabhängig voneinander erfolgen. Nach den einzelnen Evaluationen werden die Ergebnisse der Experten miteinander verglichen. Kommt es dabei zu einer Übereinstimmung, kann von einem deutlichen Usability-Problem gesprochen werden. Für den Fall, dass sie nicht zu einem übereinstimmenden Ergebnis kommen, schließt sich eine Diskussion an. Ziel ist es, einen Konsens in der Beurteilung des jeweiligen Usability-Problems zu finden. Die zentrale Aufgabe des Expert Reviews besteht darin, alle Usability-Probleme in verschiedene Kategorien einzusortieren. Bei A-Problemen handelt es sich um gravierende Usability-Probleme, die möglichst schnell und umfassend behoben werden sollten. B-Probleme sind etwas weniger gravierend, bedürfen jedoch ebenfalls einer Korrektur. Schließlich handelt es sich bei C-Problemen um ästhetische oder kleinere Usability-Probleme, die langfristig zu lösen sind. Basierend auf den identifizierten Usability-Problemen werden praktikable Gestaltungsempfehlungen und Verbesserungsvorschläge erarbeitet. Für die Darstellung der einzelnen Gestaltungsempfehlungen kommen Wireframes zum Einsatz. Dabei handelt es sich um stark vereinfachte, schematische Darstellungen der Website bzw. einzelner Webseiten. Somit ist es sehr einfach möglich, einzelne Website-Elemente (z. B. den Warenkorb) umzupositionieren, ohne dafür das Design der Website zu ändern. Erst wenn die Auftraggeber mit den Gestaltungsempfehlungen (z. B. der neuen Position des Warenkorbs) einverstanden sind, kommt es zur grafischen Umsetzung auf der Website.

Die Kosten, die für ein Expert Review anfallen, sind relativ gering. Ein Expert Review kann bereits in der Konzeptionsphase zur Anwendung kommen. Aber auch Websites, die bereits livegeschaltet sind, können durch Experten überprüft werden. Die Qualität der Ergebnisse hängt stark vom Erfahrungsschatz und Erkenntnisstand der Experten ab. Es kann allerdings vorkommen, dass Experten den Blick für das »normale« Nutzungsverhalten verlieren. Sie sehen dann vielleicht Probleme, die für die Nutzer der Website unproblematisch sind. Andererseits können sie, bedingt durch ihren Expertenblick, auch Probleme übersehen.

7.4.2 Usability-Test

Für die Durchführung eines Usability-Tests werden Nutzer aus der Zielgruppe der Website benötigt. Diese sollen möglichst typisch für die jeweilige Zielgruppe sein. Bereits nach 6-8 Usability-Tests können bis zu 90 Prozent der Usability-Probleme der Website identifiziert sein. Die Aufgabenstellungen, die die Testpersonen mithilfe der Website lösen sollen, können sehr vielfältig sein.

Im kleineren Rahmen kann der Website-Betreiber einen derartigen Usability-Test selbst durchführen. Dazu müssen lediglich 6-8 Personen aus dem persönlichen Umfeld zum Test eingeladen und befragt werden. So lassen sich auch mit kleinem Budget schon interessante Erkenntnisse gewinnen.

Alternativ kann auch eine Usability-Agentur beauftragt werden. Diese verfügen über erfahrene Interviewer und ein entsprechend eingerichtetes Usability-Labor.

Während des Usability-Tests orientiert sich der Interviewer an einem vorab erstellten Interview-Leitfaden. Die Testpersonen sitzen vor einem Monitor und bekommen nacheinander verschiedene Aufgaben gestellt:
- **Startseite:** Bitte orientieren Sie sich zunächst auf der Startseite und verschaffen Sie sich einen Überblick über das Angebot der Website.
- **Newsletter:** Bitte abonnieren Sie den Newsletter der Website.
- **Bestellung:** Bitte bestellen Sie das Produkt XY.
- **AGB:** Bitte machen Sie sich mit den allgemeinen Geschäftsbedingungen vertraut.
- **Liefergebühren:** Fallen bei einer Bestellung Versandkosten an? Wenn ja, wie hoch sind diese?

Während die Testpersonen diese Aufgaben bearbeiten, werden sie gebeten, ihre Gedanken laut auszusprechen. Ein Protokollant notiert sich die einzelnen Antworten. Daher wird diese Interviewtechnik auch **Protokolle Lauten Denkens** genannt. Es bietet sich an, den Usability-Test zudem auf Video aufzuzeichnen. Somit wird sichergestellt, dass keine der Anmerkungen verlorengeht. Allerdings muss man sich dazu die Einwilligung der Testpersonen geben lassen.

7.4.3 Eyetracking

Das Eyetracking zählt zu den Formen der apparativen Beobachtung. Damit wird angestrebt, das Blickverhalten der Website-Nutzer aufzuzeichnen und zu analysieren. Grundsätzlich kann zwischen stationären und mobilen Eyetracking-Systemen unterschieden werden.

Für einen Website-Test wird der Usability-Forscher auf eine stationäre Lösung zurückgreifen. Die Eyetracking-Kamera ist dabei in einen speziellen Monitor integriert. Die Testperson wird gebeten, sich auf einen Stuhl vor den Monitor zu setzen. Im ersten Schritt wird das Eyetracking-System auf die Testperson eingestellt (kalibriert). Anschließend werden der Testperson statische oder dynamische Inhalte der Website präsentiert. So ist es beispielsweise möglich, festzustellen, was sich die Testperson zuerst angesehen hat (Eyecatcher). Außerdem wird festgehalten, wie lange die Testperson bestimmte Seitenelemente betrachtet hat (Fixationen). Zur Auswertung der Eyetracking-Daten stehen verschiedene standardisierte Tools zur Verfügung. Nachdem das Eyetracking abgeschlossen ist, erfolgt in der Regel ein kurzes Interview. Durch die Kombination aus Eyetracking und Interview lassen sich viele interessante Erkenntnisse gewinnen. So wird beispielsweise der Bereich über der oberen horizontalen Navigationsleiste von vielen Internetnutzern gar nicht mehr wahrgenommen. In diesem Zusammenhang spricht man dann von Banner-Blindness.

Sollen dagegen mobile Websites oder Apps analysiert werden, greift der Usability-Forscher auf das mobile Eyetracking zurück. Dazu wird der Testperson eine Brille aufgesetzt, in die die Eyetracking-Technik integriert ist. Anschließend soll sich die Testperson mit der mobilen Applikation (z. B. auf ihrem Smartphone) beschäftigen. Genau wie beim stationären Eyetracking werden der Blickverlauf und die Betrachtungsdauer einzelner Elemente festgehalten. In einem anschließenden Kurzinterview werden dann ebenfalls noch offene Fragen zur Applikation geklärt.

7.4.4 Card Sorting

Ein benutzerfreundliches und intuitiv zu bedienendes Navigationskonzept ist ein wesentlicher Erfolgsfaktor einer jeden Website. Allerdings kommt es immer noch vor, dass sich auf größeren Websites unübersichtliche Navigationsstrukturen finden. Dies ist dadurch begründet, dass die Betreiber der Website mit dieser sehr vertraut sind und wissen, wo sich etwas befindet, sie verlieren jedoch den Bezug zu den Nutzern.

Für die Optimierung von Navigationskonzepten hat sich das sogenannte Card Sorting bewährt. Zunächst wird die Website einer intensiven Analyse unterzogen. Der gesamte Content, der sich auf der Website befindet, wird tabellarisch erfasst. Anschließend wird jeder Content (z. B. eine Produktdetailseite) auf einem Kärtchen notiert. Für das eigentliche Card Sorting werden Nutzer der Website eingeladen und gebeten, die Content-Kärtchen zu sortieren. Die Aufgabe besteht darin, gleichen Content (z. B. verschiedene Produktdetailseiten) zu Grüppchen zusammenzufassen. Nachdem alle Kärtchen zu Gruppen sortiert wurden, sollen die Testpersonen diese Gruppen mit

Oberbegriffen benennen. Die so gefundenen Oberbegriffe stellen die späteren Navigationspunkte bzw. -rubriken dar.

Für Card-Sorting-Studien gibt es auch verschiedene Softwarelösungen (z. B. Websort: https://dirtarchitecture.wordpress.com/websort/). Dabei werden elektronische Content-Kärtchen angelegt, die anschließend von den Testpersonen ebenfalls zu Gruppen zusammengefasst werden sollen. Der Vorteil dieser webbasierten Lösungen besteht darin, dass die Website-Nutzer von zu Hause aus an diesem Card Sorting teilnehmen können. Allerdings lassen sich auf einem normalen Monitor nicht allzu viele Content-Kärtchen darstellen. Hinzu kommt, dass bei den Softwarelösungen schnell der Gesamtüberblick verlorengehen kann.

7.5 Suchmaschinenoptimierung und -werbung

7.5.1 Suchmaschinenoptimierung

Bei der Suche nach interessanten Inhalten greifen viele Nutzer auf Suchmaschinen (am häufigsten wird Google verwendet) zurück. Daher ist es besonders wichtig für einen Website-Betreiber, dass sein Angebot in den natürlichen Ergebnissen der Suchmaschinen, die auch als organische Ergebnisse bezeichnet werden, auftaucht. Im Rahmen der Suchmaschinenoptimierung (SEO = **S**earch **E**ngine **O**ptimization) versucht man daher auf die Platzierung des eigenen Online-Angebotes in den Trefferlisten der Suchmaschinen Einfluss zu nehmen. Da es im Wesentlichen um Google geht, können Sie sich auf die Optimierung Ihrer Platzierung bei Google konzentrieren.

Für die Suchmaschinenoptimierung ist es ganz wesentlich, dass Sie sich über die Schlagworte bzw. Keywords im Klaren sind, nach denen Ihre Nutzer suchen bzw. suchen werden. Neben einzelnen Suchbegriffen spielen auch Wortkombinationen eine zunehmende Rolle. Manche Nutzer geben sogar drei und mehr Suchbegriffe in die Suchmasken der Suchmaschinen ein. Die Schlagwortliste bildet somit die Basis Ihrer Suchmaschinenoptimierung.

On-Page- und Off-Page-Optimierung
Innerhalb der Suchmaschinenoptimierung wird noch in On-Page- und Off-Page-Optimierung unterschieden. Zur On-Page-Optimierung werden alle Maßnahmen gezählt, die Sie auf Ihrer Website ergreifen können (z. B. das Einbinden wichtiger Schlagworte in die Fließtexte auf Ihrer Website). Bei der Off-Page-Optimierung geht es dagegen um Optimierungen außerhalb Ihrer Website (z. B. um externe Verlinkungen Ihrer Website).

Das Ranking Ihrer Website in den Trefferlisten der Suchmaschinen wird von mehr als 150 Faktoren bestimmt. Es handelt sich daher um eine sehr komplexe Optimierungsproblematik. Erschwerend kommt hinzu, dass diese Faktoren nicht alle bekannt sind bzw. von den Suchmaschinen (insbesondere Google) geheim gehalten werden. Außerdem ändern sich diese Faktoren im Zeitablauf immer wieder, sodass es sich bei der Suchmaschinenoptimierung um eine kontinuierliche Aufgabe handelt. Sie können sich also nicht darauf ausruhen, dass Sie einmalig eine gute Position in den Suchergebnissen erreicht haben. Das kann in der nächsten Woche schon wieder ganz anders sein. Wurden Sie also bisher auf Seite 1 gelistet, können Sie auch durchaus auf Seite 2 »abrutschen«.

Grundsätzlich lässt sich jedoch sagen, dass Sie einen möglichst kurzen und aussagekräftigen Domainnamen wählen sollten (z. B. www.bmw.de). Soll dieser Domainname aus mehreren Wörtern bestehen, ist es empfehlenswert, diese Wörter durch Bindestriche zu trennen (z. B. www.autohaus-schmidt.de). Sofern Sie sich auf den deutschen Markt konzentrieren, sollten Sie die Top-Level-Domain ».de« verwenden. Da es bereits mehrere Millionen Domains mit der Endung ».de« gibt, sollten Sie die Verfügbarkeit Ihrer Wunschdomain unbedingt testen. Dies können Sie auf dem Internet-Angebot www.denic.de tun. Sobald Sie über eine frei verfügbare Domain verfügen und Ihre Website online ist, sollten Sie diese bei den großen Suchmaschinen anmelden. Für die Anmeldung bei Google können Sie den folgenden Link verwenden: www.google.com/webmasters/tools/home?hl=de. Darüber hinaus ist eine Anmeldung bei Bing (www.bing.com/toolbox/webmaster) empfehlenswert.

Da die verschiedenen Suchmaschinen Roboter (Crawler) einsetzen und Ihre Website in regelmäßigen Abständen »besuchen« werden, sollten Sie auf Ihrer Website eine klare und übersichtliche Informationsstruktur einrichten. Das bedeutet, dass ausgehend von der Homepage eine klar nachvollziehbare Navigation auf der Website möglich sein sollte. Dies hilft nicht nur den Crawlern bei der Bewertung Ihrer Website, sondern auch den Besuchern, die sich dann wesentlich besser zurechtfinden werden. Die URLs der einzelnen Unterseiten sollten ebenfalls möglichst kurz sein und im Idealfall relevante Schlüsselbegriffe enthalten.

Wenn Sie die Gestaltung der Unterseiten Ihrer Website optimieren möchten, sollten Sie die relevanten Schlüsselwörter in die Überschriften der einzelnen Webseiten einfügen. In den Texten sollten sich ebenfalls relevante Suchbegriffe wiederfinden. Aber Vorsicht!: Fügen Sie die Schlüsselbegriffe nur in einem angemessenen Verhältnis in die Texte ein. Andernfalls wird dies als Manipulationsversuch gewertet.

Besonders wichtig ist es, dass die jeweiligen Schlüsselwörter auch im HTML-Quellcode Ihrer Website eingebunden sind.

Bei der Off-Page-Optimierung geht es darum, dass Ihre Website möglichst stark mit anderen, möglichst bekannten Websites verlinkt ist bzw. wird.

7.5.2 Suchmaschinenwerbung

Auch bei der Suchmaschinenwerbung (SEA = **S**earch **E**ngine **A**dvertising) geht es im Wesentlichen um Google bzw. Google Ads. Dies lässt sich dadurch begründen, dass ca. 94 Prozent der deutschen Internetnutzer Google als Suchmaschine verwenden.

Versetzen Sie sich dazu in die Lage eines Internetnutzers, der auf der Suche nach einem Produkt oder einer Dienstleistung ist. Dazu verwendet er einen oder mehrere Suchbegriff(e). Nachdem er die Suchbegriffe bei Google in das Suchfeld eingegeben hat, richtet sich seine ganze Konzentration auf die Trefferliste. Jetzt kommt Google Ads ins Spiel. Sie können bei Google Werbung schalten, die noch vor den organischen Treffern angezeigt wird.

Damit sind laut Google die folgenden Vorteile verbunden:
- **Gewinnung von Neukunden:** Durch die Anzeigen in den Trefferlisten gewinnen Sie neue Interessenten, die nach dem Anklicken der Anzeige auf Ihre Website bzw. Landingpage geleitet werden. Bei diesen Besuchern handelt es sich um Personen, die sich für die entsprechenden Suchbegriffe interessieren.
- **Regionalisierung:** Es liegt an Ihnen, wo Sie werben möchten. Beispielsweise können Sie Google AdWords derart konfigurieren, dass Ihre Werbeanzeige nur Internetnutzern aus Ihrer Region angezeigt wird. Selbstverständlich können Sie Ihre Anzeige auch nationalen oder internationalen Internetnutzern anzeigen lassen.
- **Selbstverwaltung** und **Optimierung:** Sie können Ihr Google-Ads-Konto selbst verwalten und Ihre Kampagnen kontinuierlich überwachen und optimieren.
- **Kostenlose Anmeldung:** Die Anmeldung bei Google Ads ist kostenlos. Erst wenn ein Internetnutzer auf Ihre Anzeige klickt, entstehen Kosten.
- **Budgetkontrolle:** Sie können Ihr (Tages-)Budget selbst festlegen. Empfehlenswert ist ein Budget von 10-20 Euro pro Tag.
- **Support:** Sofern Sie 10 Euro oder mehr pro Tag ausgeben, können Sie sich bei der Optimierung Ihrer Anzeigenkampagne von Google-Experten kostenlos beraten lassen.

Es gibt jedoch auch Produkte, für die diese Art der Werbekampagne nicht so gut geeignet ist. Gemeint sind echte Innovationen mit einem ganz neuartigen Namen. Da die Internetnutzer derartige Produkte (noch) nicht kennen, suchen sie auch nicht danach und können diese auch nicht in der Trefferliste als Anzeige finden!

8 Social-Media-Marketing

In diesem Kapitel werden wichtige Teilaspekte einer Social-Media-Strategie behandelt. Aufbauend auf der systematischen Situationsanalyse werden Social-Media-Ziele und -Zielgruppen vorgestellt. Danach erfolgt eine ausführliche Vorstellung der Social-Media-Portale Facebook, Instagram, Twitter und YouTube. Außerdem werden die sozialen Netzwerke XING und LinkedIn in ihren Grundzügen dargestellt. Fragestellungen des Content-Marketing und Social-Media-Monitoring runden die Ausführungen ab.

8.1 Situationsanalyse

Bevor es richtig losgehen kann, sollten Sie die aktuelle Ist-Situation umfassend analysieren. Dabei kommt es darauf an, ob Sie ein Neuling in den sozialen Medien sind oder sich dort bereits engagieren. Hilfreich ist es, sich am Benchmarking-Motto »Von den Besten lernen!« zu orientieren. Dies lenkt Ihren Fokus zunächst auf Ihre direkten Wettbewerber. Aber auch Anbieter von Substituten sollten Sie in die Betrachtung einbeziehen. Sie müssen auf jeden Fall fragen, auf welchen Social-Media-Plattformen Ihre Wettbewerber aktiv sind? Was und wie häufig stellen sie dort Content ein? Wie aktiv kommunizieren Ihre Wettbewerber mit deren Zielgruppen? Wie viele Follower haben Ihre Wettbewerber? Wie wird über Ihre Wettbewerber und deren Produkte und Dienstleistungen gesprochen? Nur wenn Sie diese Fragen zuverlässig beantworten können, haben Sie einen Überblick über das Social-Media-Engagement Ihrer Wettbewerber. Danach sollten Sie den Blick auf Ihr eigenes Unternehmen richten. Haben Sie Social-Media-Kompetenzen im Hause oder müssen Sie mit externen Dienstleistern zusammenarbeiten? Wie viele Mitarbeiter können Sie bzw. müssten Sie für die kontinuierliche Pflege Ihrer Social-Media-Auftritte ab- bzw. einstellen? Welches Social-Media-Budget steht Ihnen zur Verfügung? Sind Sie eigenständig in der Lage, Content zu produzieren? Wenn ja, können Sie Content mit einem wirklichen Mehrwert für Ihre Nutzer produzieren? Wenn nein, wie könnten Sie diesen beschaffen?

8.2 Ziele

Wie bei allen Marketingmaßnahmen, müssen Sie sich auch beim Social-Media-Marketing zunächst Klarheit über Ihre eigene Zielstellung verschaffen. Mit dem Engagement auf Social-Media-Plattformen können Sie verschiedene Ziele verfolgen:
- **Bekanntheit:** Durch Social-Media-Marketing lässt sich die Bekanntheit von Unternehmen steigern. Dieser Effekt kommt insbesondere dann zum Tragen, wenn die Internetnutzer den geposteten Content weiterleiten oder über die verschiedenen Social-Media-Inhalte eine Diskussion geführt wird.

- **Kundendialog:** Unternehmen können über die verschiedenen Social-Media-Kanäle einen intensiven Dialog mit ihren Kunden führen.
- **Kundengewinnung:** Social-Media-Marketing kann dazu eingesetzt werden, sich als junges und dynamisches Unternehmen zu positionieren. Das Vertrauen in die Marke wird gestärkt und erhöht dadurch die Kaufbereitschaft der Internetnutzer.
- **Kundenbindung:** Durch interessanten Content und den Kundendialog bleibt das Unternehmen im Gedächtnis der Kunden und kann diese dadurch an das Unternehmen binden.
- **Marktforschung:** Die verschiedenen Social-Media-Plattformen bieten verschiedene Marktforschungsmöglichkeiten. Die geposteten Nachrichten und Kommentare lassen sich manuell oder mithilfe von Softwarelösungen auswerten.

8.3 Zielgruppen

Des Weiteren ist es für Sie sehr wichtig zu wissen, wen Sie mit Ihrem Social-Media-Engagement ansprechen wollen. Da es zahlreiche potenzielle Zielgruppen gibt, hat sich eine Unterscheidung in Business-to-Business- und Business-to-Customer-Zielgruppen bewährt. Werfen wir zunächst einen Blick auf die B2C-Zielgruppen:

- **Potenzielle Kunden:** Häufig informieren sich Kunden vor dem Kauf in den sozialen Medien oder sind auf der Suche nach einer Inspiration für ihren nächsten Einkauf.
- **Tatsächliche Kunden:** Kunden, die bereits gekauft haben, suchen gezielt nach einer Bestätigung, dass sie die richtige Kaufentscheidung getroffen haben.
- **Verlorene Kunden:** Vergessen Sie nicht die abgewanderten Kunden. Vielleicht gelingt es Ihnen, den einen oder anderen zurückzugewinnen.

Zu den oben bereits genannten Zielgruppen kommen im **B2B-Bereich** noch die folgenden Zielgruppen hinzu:

- **Eigene Mitarbeiter:** Gute Public Relations beginnen im eigenen Hause. Diese alte PR-Weisheit gilt auch in den sozialen Medien. Bieten Sie Ihren Mitarbeitern interessanten Content, der sie über aktuelle Entwicklungen in ihrem Unternehmen auf dem Laufenden hält.
- **Potenzielle Bewerber bzw. Mitarbeiter:** Gerade junge Bewerber sind viel auf Social-Media-Plattformen unterwegs und informieren sich dort über neue Jobchancen. Für Sie ist es daher sehr wichtig, sich auch im Social-Media-Bereich als attraktiver Arbeitgeber zu präsentieren.
- **Journalisten:** Diese Zielgruppe ist anspruchsvoll und hat in der Regel nur wenig Zeit. Kurzer und aussagekräftiger Content ist daher sehr gefragt. Dies können aktuelle Nachrichten in Textform, neue Fotos aber auch Videos sein.
- **Investoren:** Der Beziehungsaufbau bzw. die Beziehungspflege zu Investoren kann auch über die verschiedenen Social-Media-Plattformen erfolgen. Achten Sie daher darauf, dass Sie Kompetenz und Seriosität ausstrahlen.

8.4 Auswahl der geeigneten Social-Media-Plattform(en)

Erst wenn Sie wissen, was Sie mit Ihrem Social-Media-Engagement erreichen wollen, können Sie eine fundierte Auswahlentscheidung treffen. Zudem müssen Sie wissen, welche Social-Media-Plattformen von Ihren Zielgruppen genutzt werden und welche wirklich zu Ihrem Unternehmen und Ihrer Social-Media-Strategie passen. Nur dort macht es Sinn, Content hochzuladen. Um Ihnen Ihre Auswahlentscheidung zu erleichtern, stellen wir Ihnen im Folgenden sechs wichtige Social-Media-Plattformen vor. Dabei handelt es sich um Facebook, Instagram, Twitter und YouTube sowie die Business-Netzwerke XING und LinkedIn.

8.4.1 Facebook

Facebook ist die bekannteste Internet-Community. Sie wurde 2004 von Mark Zuckerberg gegründet. Facebook bietet zahlreiche Kommunikationsmöglichkeiten. Internetnutzer müssen sich zunächst als Nutzer registrieren und ein Profil anlegen. Dann können sie Freunde finden, eigene Nachrichten posten und Nachrichten von anderen Nutzern lesen, kommentieren, liken oder weiterleiten. Als Nachrichten kommen alle möglichen digitalen Dateien infrage. So lassen sich beispielsweise Textnachrichten verbreiten. Aber auch das Posten von Audio- und Video-Dateien ist möglich. Besonders beliebt ist das Hochladen von Fotos. Nutzer können diese in verschiedenen Fotoalben zusammenstellen.

Unternehmen können eine Facebook-Seite für ihr Unternehmen erstellen und auf diese Weise mit Interessenten in Kontakt treten. Zudem bietet Facebook zahlreiche Werbemöglichkeiten für Unternehmen. Die Werbung kann auf Facebook zielgruppengerecht ausgesendet werden. Wenn einem Nutzer der Auftritt eines Unternehmens gefällt, kann er den »Gefällt mir«-Button drücken und so zum Fan des Unternehmens werden. Nutzer können aber auch die Posts der Unternehmen lesen, kommentieren, liken oder weiterleiten. Dadurch entstehen virale Effekte, die zur Unternehmensbekanntheit beitragen.

Neben dem Dialog mit den Besuchern bzw. Kunden besteht die Intention der Unternehmen darin, die Internetnutzer auf die eigene Website umzuleiten. Daher gibt es häufig an verschiedenen Stellen Verlinkungen zum eigenen Online-Shop oder zur eigenen Website.

Zur Verdeutlichung der Gestaltungsmöglichkeiten, die Sie auf Facebook haben, stellen wir Ihnen im Folgenden die Facebook-Seite von Lego (https://www.facebook.com/LEGOGermany) genauer vor.

Die Facebook-Seite von Lego

Im oberen Seitenbereich hat Lego derzeit ein ansprechendes Bild mit Blumensträußen eingestellt. Dieses Bild weckt Emotionen und soll den Nutzer auf die Lego-Facebook-Seite positiv einstimmen. Das Titelbild ist verlinkt und kann gelikt, kommentiert und geteilt werden. Darunter sieht der Nutzer das Lego-Logo. Bei Facebook werden vom Logo immer die Ecken abgeschnitten, daher sehen Sie ein rundes Lego-Logo. Wenn man das Lego-Logo anklickt, erscheint es allerdings in der richtigen Darstellung. Auch das Lego-Logo lässt sich liken und weiterleiten. Derzeit gefällt 401 Personen das Lego-Logo. Rechts daneben steht noch einmal das Wort Lego mit einem kleinen Häkchen. Dabei handelt es sich um ein Verifizierungsabzeichen. Der Nutzer kann dadurch erkennen, dass es sich bei der aufgerufenen Facebook-Seite um eine authentische Seite für diese öffentliche Person, dieses Medienunternehmen oder diese Marke handelt. Abgerufen werden kann diese Information über ein Mouseover. Diese Informationen werden sichtbar, sobald der User mit dem Mauszeiger über den Auslösebereich fährt.

Darunter befindet sich die Navigationsleiste mit den Navigationspunkten »Startseite«, »Info«, »Fotos«, »Videos« und »Mehr«. Auf der rechten Seite wird der »Gefällt mir«-Button angezeigt. Durch das Anklicken dieses Buttons können Nutzer zum Fan Ihres Facebook-Auftritts bzw. Ihres Unternehmens oder Ihrer Marke werden. Da wir uns derzeit auf der Startseite befinden, erscheint der Navigationspunkt »Startseite« in blauer Farbe und ist unterstrichen. Scrollt der Nutzer etwas herunter, sieht er auf der linken Seite eine Info-Box. Darin wird er durch Lego willkommen geheißen: »Willkommen auf der offiziellen LEGO Facebook Seite! Postet gerne eure LEGO Fotos, Videos und Bau-Erlebnisse.« Außerdem findet er dort einen Hinweis auf den Lego-Kundenservice: »Unseren Kundenservice erreicht ihr unter www.LEGO.com/Service.« Wie Sie erkennen können, handelt es sich dabei um eine Verlinkung zum Lego-Service auf der offiziellen Lego-Website. Unmittelbar darunter werden die Nutzer darauf aufmerksam gemacht, dass Facebook nicht für Nutzer unter 13 Jahren gemacht ist. Daher richtet sich die Lego-Facebook-Seite auch an Fans ab 13 Jahren sowie an deren Eltern, Großeltern und andere Erwachsene, die sich für die Lego-Gruppe und deren Produkte sowie Veranstaltungen interessieren. Danach erfolgt ein kurzer Text zum Unternehmen und seinen Produkten: »Bereits seit 3 Generationen sind LEGO Steine nicht mehr aus deutschen Kinderzimmern weg zu denken. Die kreativen Steine sorgen für fünf Milliarden Stunden Spielspaß pro Jahr und leuchtende Augen bei Kindern in aller Welt. Damals wie heute präsentiert LEGO viele neue Produkte in bewährter LEGO Qualität, auf die sich Kinder und Eltern stets verlassen können.« Außerdem kündigt Lego noch ganz allgemein verschiedene Events an, die in diesem Jahr in Deutschland, Österreich und der Schweiz stattfinden sollen. Die Nutzer können sich auf der Lego-Facebook-Seite auf dem Laufenden halten. Zudem fordert sie Lego dazu auf, Veranstaltungen und Fotos mit Lego zu teilen, die etwas mit Lego zu tun haben.

Danach erfährt der Nutzer, dass die Lego-Facebook-Seite 14.167.057 Personen gefällt, und wie viele davon sich unter den eigenen Freunden befinden. Derzeit gibt es 14.191.337 Follower. Darunter wird den Nutzern der Link zur offiziellen Lego-Website angeboten und sie können die Kontaktdaten von Lego einsehen. Mit Letzterem kommt Lego der Impressumspflicht auf Facebook nach. Hat der Nutzer sich alle diese Informationen durchgelesen, kann er sie wieder ausblenden. Die Informationen aus dieser Info-Box können zusätzlich auch über den Navigationspunkt »Info« abgerufen werden.

Über den nächsten Navigationspunkt »Fotos« gelangt der Nutzer zu den Fotos. Hier gibt es die Unterscheidung in »Foto-Alben« und »Alle Fotos«. Die Foto-Alben sind betitelt und der Nutzer kann erkennen, wie viele Fotos bzw. Objekte sich im jeweiligen Album befinden. In der Desktop-Variante werden nebeneinander vier Foto-Alben angezeigt. Rechts oben befindet sich ein weiterführender Link »Alle ansehen«. Darüber gelangt der Nutzer zu allen Foto-Alben. Klickt ein Nutzer ein Foto-Album (z. B. das Foto-Album »Titelbilder«) an, werden ihm die im Foto-Album enthaltenen Fotos angezeigt und er kann sie liken, kommentieren und/oder teilen. Unter den Fotoalben werden alle Fotos einzeln angezeigt. Scrollt der Nutzer nach unten, werden nach und nach immer weitere Fotos eingeblendet. Achten Sie bei Ihren Fotos auf eine gute Qualität und einen deutlichen Mehrwert für Ihre Nutzer. Dann ist die Chance groß, dass Ihre Nutzer den »Gefällt mir«-Button drücken, die Fotos kommentieren oder mit ihren Freunden teilen.

In der Rubrik Videos werden dem Nutzer alle Videos präsentiert. Zu jedem Video gibt es ein Titelbild. Die Wahl eines geeigneten Titelbildes ist sehr entscheidend. Denn nur Titelbilder, die die Aufmerksamkeit der Nutzer erregen, animieren diese dazu, sich das Video anzusehen. Rechts unten im Titelbild ist für die Nutzer die Länge des Videos erkennbar. Unter dem Titelbild erscheint eine Videounterschrift. Diese sollte ebenfalls möglichst aussagekräftig sein. Des Weiteren wird angezeigt, wann das Video eingestellt wurde und wie viele Nutzer sich das Video bisher angesehen haben. Je mehr Nutzer sich ein Video bereits angesehen haben, desto wahrscheinlicher ist es, dass es auch von weiteren Nutzern angesehen wird. Darunter kann der Nutzer einsehen, wer beispielsweise ein »Gefällt mir«, »Haha« oder »Love« vergeben hat. Klickt der Nutzer ein Video an, wechselt er in die Video-Ansicht und das Video startet. Es gibt hier weitere Ansichtsoptionen. So können die Nutzer in eine Vollbild-Ansicht wechseln oder sich das Video ansehen (dann in einer verkleinerten Ansicht), während sie weiter auf Facebook surfen. Zu jedem Video gibt es eine kurze Beschreibung. Zudem bietet Lego zu seinen Produktvideos eine Direkt-Verlinkung zur Lego-Website an. Selbstverständlich können die Nutzer auch die Videos liken, kommentieren und weiterleiten. Ferner wird angezeigt, welches Video als nächstes kommt. Damit ist der Surf-Spaß für die Nutzer garantiert.

Über den Button »Mehr« können die Nutzer zu Live-Videos, Veranstaltungen und zur Community gelangen. In dem Unterpunkt »Live« sind derzeit keine Live-Videos von Lego abrufbar. Auch gibt es derzeit keine bevorstehenden Veranstaltungen. Allerdings wird auf zwei vergangene Veranstaltungen aus dem Jahr 2022 verwiesen, die auch verlinkt sind und über die sich die Nutzer informieren können. In der Unterrubrik »Community« können sich die Nutzer Beiträge von anderen Lego-Fans ansehen. Im linken Seitenbereich wird darauf aufmerksam gemacht, wie vielen Personen dies gefällt und wie viele neue Follower es gibt. Darunter sind die Top-Fans aufgelistet und die Nutzer können über die nächste Info-Box direkt zu Fotos gelangen, die von anderen Besuchern eingestellt wurden. Da es sich bei Lego um eine sehr beliebte Marke handelt, deren Produkte sich gut fotografieren lassen, finden die Nutzer hier sehr umfassendes Bildmaterial und können sich von den Bau-Ideen der anderen Nutzer inspirieren lassen.

Im rechten Bereich der Navigationsleiste können die Nutzer den »Gefällt mir«-Button anklicken, die Suche nutzen und über die drei Punkte auf weitere Funktionen zugreifen (z. B. der Facebook-Seite folgen, sie speichern oder mit anderen Nutzern teilen). Wird die Suche aktiviert, erscheint ein ausgegrauter Bildschirm mit einem kleinen Suchfeld. Dort sieht der Nutzer zunächst das Suchfeld, in das er seinen Suchbegriff bzw. seine Suchbegriffe eingeben kann. Direkt darunter wird ihm das Lego-Logo angezeigt und er wird gefragt, ob er etwas sucht. Zusätzlich wird er noch aufgefordert, nach Beiträgen, Fotos, Videos und mehr von Lego zu suchen.

Kehren wir nun auf die Lego-Facebook-Startseite zurück. Direkt unter der Navigationsleiste haben die Nutzer im rechten Seitenbereich die Möglichkeit, selbst einen Beitrag zu erstellen. Sie können etwas für Lego schreiben, Fotos und/oder Videos hochladen und einen Ort angeben. Für die Beiträge bietet Facebook viele Möglichkeiten der Hintergrundgestaltung an. Außerdem können die Nutzer aus einer Vielzahl von Emojis auswählen und ihren Beitrag damit anreichern.

Darunter befindet sich der Newsfeed. Dabei handelt es sich um eine vertikale Anordnung der bisher geposteten Beiträge. Die Nutzer können am Lego-Logo erkennen, dass es sich um einen originalen Lego-Beitrag handelt. Zudem ist erkennbar, wann der Beitrag gepostet wurde und wie er betitelt ist. Lego hat seine Produktbeiträge immer mit einem Link zur Lego-Website bzw. zum Lego-Webshop versehen. Über die drei Punkte in der rechten oberen Ecke können die Nutzer den Beitrag speichern, den Link kopieren, eine Benachrichtigung zu diesem Beitrag aktivieren oder ihn auf einer anderen Website einbetten. Für Letzteres wird den Nutzern ein Code zur Verfügung gestellt, mit dessen Hilfe sich der Beitrag auf der gewünschten Website einbetten lässt. Sollte es einmal vorkommen, dass sie einen Beitrag bedenklich finden, können sie ihn auch melden. Die jeweiligen Beiträge können von den Nutzern gelikt, kommentiert und geteilt werden. Wurde ein Beitrag bereits kommentiert, dann können die Nutzer diesen Beitrag ebenfalls liken und kommentieren.

Die Facebook-Seite von Globus Baumarkt
Um Ihnen noch weitere Möglichkeiten von Facebook zu zeigen, wechseln wir an dieser Stelle das Praxisbeispiel und sehen uns die Facebook-Seite von Globus Baumarkt an. Auch hier findet sich der gewohnte Aufbau mit Titelbild, Logo und Seitentitel. Anders als bei Lego hat Globus Baumarkt einen Shop auf seiner Facebook-Seite eingerichtet. Dieser wird den Nutzern im rechten Seitenbereich unterhalb des Titelbildes in Form eines »Shop ansehen«-Buttons angezeigt. Klickt der Nutzer auf diesen Button, dann wechselt er in den Facebook-Shop von Globus. Die Navigationsleiste besteht aus den Navigationspunkten »Globus Baumarkt« (darüber gelangt der Nutzer immer wieder auf die Startseite des Shops), »Alle Produkte«, »Primaster Werkstatteinrichtung« und »Mehr«.

Sehen wir uns zunächst die Rubrik »Alle Produkte« an. Den Nutzern werden hier verschiedene Filtermöglichkeiten angeboten. Die angezeigten Artikel können nach »empfohlenen Produkten«, »neuesten Produkten« sowie nach »Preis aufsteigend oder absteigend« sortiert werden. Außerdem können die Nutzer einen Mindest- und Höchstpreis angeben. Zusätzlich besteht die Möglichkeit, sich nur Produkte anzeigen zu lassen, die derzeit im Angebot und auf Lager sind. Rechts daneben sind Produkte dargestellt. In der rechten oberen Ecke erscheint als Mouseover die Option, sich das Produkt zu merken. Unter dem Produktfoto befinden sich ein Produkttitel sowie der Preis des Produktes. Sowohl das Produktbild als auch der Produkttitel können von den Nutzern angeklickt werden. Sie gelangen dann auf die Produktdetailseite des ausgewählten Artikels. Jetzt erscheinen erneut das Produktbild sowie die Produktbeschreibung und der Preis. Unter dem Produkttitel ist ein »Auf Website ansehen«-Button eingefügt über den die Nutzer zum Globus Baumarkt-Webshop weitergeleitet werden. Auf der Produktdetailseite befinden sich wieder die bekannten Möglichkeiten zum Speichern, Liken und Teilen. Über die drei Punkte können sich die Nutzer weitere Optionen aufrufen (z. B. den Beitrag oder den Anbieter melden). Der Aufbau der Rubrik »Primaster Werkstatteinrichtung« ist identisch und enthält eine Übersicht zu den Produkten der Handelsmarke von Globus Baumarkt. Interessant ist dagegen ein Blick in den Menüpunkt »Mehr«. Hier werden den Nutzern mehrere Rubriken vorgeschlagen. So können sie sich beispielsweise Produkte aus den Rubriken »aktuelle Fliesentrends«, »allgemeine Trends« oder »Energie sparen« anzeigen lassen. Darüber hinaus können die Nutzer über das Burger-Menü (oder Burger-Icon) im rechten Seitenbereich dem Globus Baumarkt folgen (dies tun derzeit 163.819 Follower), dem Globus Baumarkt eine Nachricht schicken, ihre Wunschliste einsehen oder die Unternehmensinformationen abrufen.

Unter der Navigationsfläche befindet sich ein großes Teaser-Foto zum Thema »Urban Jungle. Großstadt Dschungel für Zuhause«. Unter dem Titel befindet sich ein Call-to-Action-Button mit der Aufschrift »Collection ansehen«. Klickt der Nutzer auf das Teaser-Foto oder den Button, gelangt er in die Produktübersicht dieser Collection mit den bekannten Sortier- und Filteroptionen.

Unter diesem Teaser-Bereich wird ein bereits angesehenes Produkt aufgeführt. Über den Link »Alle ansehen« können alle bisher angesehenen Produkte nochmals in einer Übersicht angezeigt werden. Darunter werden weitere Produkte aus dem Globus Baumarkt-Facebook-Shop angeteasert.

Jetzt kehren wir noch einmal zur Facebook-Startseite von Globus Baumarkt zurück und sehen uns die Rubrik »Mehr« an. In der Unterrubrik »Veranstaltungen« sind zwei bevorstehende Veranstaltungen eingestellt. Sowohl das Bild als auch der Veranstaltungstitel sind verlinkt und können von den Nutzern angeklickt werden. Sie gelangen dann auf eine weiterführende Seite zur Veranstaltung. Nutzer haben in der Rubrik »Veranstaltungen« einige Optionen: Sie können sich an der Veranstaltung interessiert zeigen, zu- oder absagen, ihre Freunde und Bekannte zur dieser Veranstaltung einladen oder sie teilen. Außerdem besteht über die drei Punkte die Möglichkeit, sich die Veranstaltung in seinen Kalender einzutragen.

Über die bisher aufgezeigten Optionen hinaus können Sie auf Facebook selbstverständlich auch bezahlte Werbung schalten. Dafür hat Facebook einen eigenen **Werbeanzeigenmanager** eingerichtet, den Sie für Ihre Facebook-Werbekampagnen nutzen können. Bevor Sie sich jedoch genauer mit den einzelnen Werbeformaten beschäftigen, sollten Sie sich die folgenden Leitfragen stellen:

- Welches **Ziel** (z. B. Reichweite, Interaktionen) wollen wir mit unserer Werbekampagne verfolgen?
- **Wen** möchten wir mit unserer Werbung erreichen?
- Wollen wir **einmalig** oder **kontinuierlich** werben?
- Welches **Budget** steht uns für die Werbekampagne zur Verfügung?
- Können wir die **Werbemittel** selbst erstellen oder müssen wir mit einer Agentur zusammenarbeiten?
- Welche **Werbeaussage** wollen wir treffen bzw. **was** genau wollen wir bewerben?
- In welcher **Tonalität** wollen wir auf Facebook werben?
- Wie werben unsere **Wettbewerber** auf Facebook?
- usw.

Der große Vorteil von Facebook besteht darin, dass Facebook viel über seine Nutzer weiß und eine sehr zielgruppengenaue Werbeschaltung ermöglicht. Außerdem können Sie auch mit einem kleinen Media-Budget viel erreichen. Im Wesentlichen können Sie mit den folgenden Content-Elementen auf Facebook werben:

- **Text:** Sie benötigen einen Slogan bzw. eine Werbebotschaft, die Sie in Ihre Werbemittel integrieren möchten.
- **Bild:** Wählen Sie Bildmaterial aus, das sich vom Bildmaterial Ihrer Konkurrenten deutlich abhebt.
- **Video:** Videos werden im Social-Media-Marketing immer wichtiger. Denken Sie also darüber nach, ob Sie über geeignetes Videomaterial verfügen bzw. dieses erstellen können.

Behalten Sie Ihre laufenden Werbekampagnen im Blick. Vielleicht müssen Sie an der einen oder anderen Stelle **nachjustieren**, damit die **Performance** stimmt. Lassen Sie sich zudem auch immer wieder von anderen erfolgreichen Werbekampagnen **inspirieren**. **Probieren** Sie verschiedene Werbemittel aus und entscheiden Sie anhand der **Erfolgskennzahlen**, was für Sie funktioniert und was nicht. Auf keinen Fall sollte Ihre Werbung von Ihrer Zielgruppe als **aufdringlich** oder nervig empfunden werden. Viel besser ist es, wenn Sie humorvolle Werbemittel schalten, die sich Ihre Zielgruppe gerne ansieht. Schließlich meldet sich kaum ein Nutzer bei Facebook an, um sich Werbung anzusehen, stattdessen möchte er sich mit seinen Freunden und Bekannten vernetzen. Das sollten Sie bei allen Werbemaßnahmen immer mitbedenken. Dann werden Sie auch Erfolg haben.

8.4.2 Instagram

Instagram ist eine Social-Media-Plattform, die sich auf das Teilen von Fotos und Videos spezialisiert hat. Instagram gehört ebenfalls zum Unternehmen Meta (ehemals Facebook). Finanziert wird Instagram durch Werbeeinnahmen. Um alle Inhalte von Instagram nutzen zu können, ist ein eigener Account erforderlich. Dieser ist jedoch kostenlos. Instagram wird hauptsächlich als mobile App genutzt. Die Nutzer können Fotos und Videos hochladen, bearbeiten und Filter setzen.

Die Instagram-Seite von Globus Baumarkt
Um Ihnen die Potenziale aufzuzeigen, die sich mit einer Instagram-Seite ergeben, kehren wir zum Globus Baumarkt zurück. Die Instagram-Seiten sind übersichtlich gestaltet. Dadurch fällt den Nutzern die Orientierung sehr leicht. Auf der linken Seite befindet sich eine vertikale Navigationsleiste. Über das Instagram-Logo und die Startseiten-Rubrik können Nutzer immer wieder zurück auf die Instagram-Startseite gelangen. Darunter befindet sich die Instagram-Suche. Wenn Sie damit beginnen, einen Suchbegriff in das Suchfeld einzugeben, baut sich eine Trefferliste auf. Darin werden mithilfe der Autovervollständigung passende Instagram-Seiten aufgelistet. Sobald die Suche den Globus Baumarkt anzeigt, kann dieser von den Nutzern ausgewählt und angeklickt werden, wodurch sie auf die Instagram-Seite vom Globus Baumarkt gelangen.

Analog zur Facebook-Seite erscheint ein rundes Globus-Baumarkt-Logo. Dieses lässt sich jedoch nicht anklicken. Im oberen Seitenbereich steht »globus.baumarkt«. Klickt der Nutzer diesen Schriftzug an, dann gelangt er zu den Instagram-Kontoinformationen. So erfährt er beispielsweise, dass der Globus Baumarkt im November 2020 Instagram beigetreten ist. Instagram informiert den Nutzer auch darüber, warum diese Kontoinformationen so wichtig sind:

- **Beitrittsdatum:** Authentische Konten haben oft einen längeren Verlauf auf Instagram. Spam-Konten werden stattdessen oft kurz nach der Erstellung wieder gelöscht.

Konkret ist in einem Info-Fenster von Instagram zu lesen:

- »**Standort des Kontos:** Diese Info basiert auf globus.baumarkts Aktivität. So kannst du feststellen, ob er/sie in seinen/ihren Posts möglicherweise einen falschen Standort angibt.
- **Bisherige Benutzernamen**: Du kannst dir die Änderungen ansehen, die globus.baumarkt in letzter Zeit an seinem/ihrem Benutzernamen vorgenommen hat, und so möglicherweise leichter einordnen, ob das Konto authentisch ist oder nicht.
- **Konten mit gemeinsamen Followern:** Du kannst sehen, welche öffentlichen Konten die meisten gemeinsamen Follower mit globus.baumarkt haben. So kannst du möglicherweise Konten mit ähnlichen Interessen leichter identifizieren.
- **Aktive Werbeanzeigen:** Du kannst dir ein besseres Bild von einem Konto machen, wenn du alle Anzeigen siehst, die dieses Konto aktuell in Meta-Technologien geschaltet hat.«

Rechts davon hat der Nutzer die Möglichkeit, den Call-to-Action-Button »Folgen« zu betätigen. Sofern sich der Nutzer dazu entschließt, dem Globus Baumarkt zu folgen, erscheint im Content-Bereich eine horizontale Vorschlagsliste von alternativen Angeboten, denen der Nutzer möglicherweise auch folgen könnte bzw. möchte. Außerdem bietet Instagram rechts neben dem Folgen-Button die Option »Nachricht senden« an. Wird diese Option ausgewählt, öffnet sich ein Dialogfenster, in dem der Nutzer dem Globus Baumarkt eine Nachricht schicken kann. Der Textnachricht kann ein Anhang (z. B. ein Foto) beigefügt werden. Zudem können die Nutzer den Globus Baumarkt auch anrufen. Dazu muss allerdings das Systemmikrofon freigegeben sein. Über die drei Punkte können die Funktionen »Blockieren«, »Einschränken«, »Melden« angewählt sowie die Informationen zum jeweiligen Instagram-Konto abgerufen werden. Derzeit sind 533 Beiträge vorhanden und der Globus Baumarkt hat 31.800 Follower sowie 323 Abonnenten.

Der Globus Baumarkt präsentiert sich erwartungsgemäß als Einzelhandelsunternehmen und fordert die Nutzer über den Hashtag #WerBautBrauchtGlobus! auf, ihre Ideen mit Globus zu teilen. Direkt darunter befindet sich der Link zum Impressum. Klickt der

Nutzer diesen an, wird er in einem separaten Fenster auf die Globus-Baumarkt-Website weitergeleitet. Damit kommt Globus der Impressumspflicht auf Instagram nach.

Der angebotene Content lässt sich über insgesamt 24 verschiedene Rubriken ansteuern. Diese reichen vom bereits bekannten »Urban Jungle« über »Wintergrillen« bis hin zur »Challenge«. Jede Rubrik verfügt über einen runden Button und einen eigenen Titel, die sich beide anklicken lassen. Entscheidet sich der Nutzer beispielsweise für die Rubrik »Bad«, dann wechselt die Ansicht und er kann sich ein Video im Hochformat ansehen. Darin geht es um einen konkreten Bauabschnitt oder um Materialien für ein Badprojekt. Im unteren Teil des Videos werden im Verlauf erläuternde Texte eingeblendet. Der Nutzer hat die Möglichkeit, eine Reaktion an den Globus Baumarkt zu schicken. Zudem werden sogenannte »Quick Reactions« angeboten: Die Nutzer können Herzchen vergeben und dadurch das jeweilige Video liken. Die einzelnen Videos können auch mit Freunden oder Bekannten geteilt werden. Über zwei Pfeile, die sich links und rechts neben dem aktuellen Video befinden, können die Nutzer zum vorherigen Video zurück- oder zum nächsten Video vorblättern. Wenn ein neues Video bzw. Reel angeboten wird, macht der Globus Baumarkt darauf durch Einblendungen im Video aufmerksam. Ganz oben im Video befindet sich eine Art Fortschrittsbalken. Die Nutzer können dadurch erkennen, wie viele Videos in der gewählten Rubrik noch zu sehen sind. Ist der Fortschrittsbalken ausgefüllt und der Nutzer klickt ein weiteres Mal auf vorblättern, wechselt er automatisch in die nächste Rubrik. Theoretisch können die Nutzer in der ersten Rubrik beginnen und sich der Reihe nach durch alle angebotenen Videos klicken. Unter der Rubrikenleiste befinden sich drei weitere Einstiegsmöglichkeiten: »Beiträge«, »Reels« und »markiert«.

Wir bleiben bei den Beiträgen und scrollen etwas nach unten. Es werden mehrere Beiträge nebeneinander angezeigt. Alle Beiträge lassen sich anklicken und sind mit einem Mouseover versehen. Reels haben oben rechts in der Ecke ein kleines »Filmklappensymbol«. Dieses verweist darauf, dass es sich um ein Reel handelt. Zudem wird durch das Mouseover ersichtlich, wie viele Nutzer ein Herzchen vergeben oder den Beitrag kommentiert haben. Beide Symbole erscheinen mittig. So ist beispielsweise der aktuell erste Beitrag bei 47 Nutzern beliebt. Allerdings hat noch niemand einen Kommentar verfasst. Durch das Anklicken des Beitrags gelangt man auf eine ausgegraute Übersichtsseite. Dort können sich die Nutzer das ausgewählte Foto ansehen. Reels starten automatisch. Über die bereits bekannten Blätterpfeile können die Nutzer zum nächsten Beitrag gelangen. Neben dem Foto ist ersichtlich, dass es vom Globus Baumarkt gepostet wurde. Dies wird durch das Logo angezeigt, das sich rechts neben dem Foto befindet. Über ein Mouseover können die Nutzer einsehen, dass es sich um den Globus Baumarkt handelt. Es wird erneut auf das Impressum verwiesen und die Nutzer werden dazu aufgefordert, dem Globus Baumarkt zu folgen. Über die drei Punkte werden ähnlich wie bei Facebook die folgenden Optionen angeboten:

- Melden
- Beitrag ansehen
- Link kopieren
- Einbetten
- Infos zu diesem Konto

Der Text neben dem Foto ist für Sie von besonderer Bedeutung. Schließlich wollen die Nutzer in der Regel mehr über das Foto erfahren. Beim ersten Beitrag zur Monstera-Pflanze bekommen die Nutzer die folgenden Informationen:

- »Eine der beliebtesten und sicherlich auf Instagram meist abgebildeten Trend-Zimmerpflanzen ist die Monstera, auch bekannt als das köstliche Fensterblatt.
- In den meisten Wohnzimmern findet man die weltweit beliebte Monstera deliciosa. Diese Kletterpflanze kann bis zu drei Metern hoch werden. Im Gegensatz dazu ist die Monstera adansonii ein wenig kompakter geraten und passt somit auch in kleine Räume.«

Zudem werden die Nutzer dazu aufgefordert, den Beitrag abzuspeichern und die Komplettversion auf der Globus-Baumarkt-Website zu lesen. Dadurch leitet Globus interessierte Nutzer und damit Traffic auf seine Website. Unter dem Text befinden sich 17 Hashtags. Dabei handelt es sich um interne Verlinkungen. Klicken die Nutzer beispielsweise den Hashtag »#monstera« an, so gelangen sie auf die entsprechende Instagram-Seite. Bitte beachten Sie, dass Sie nicht zu viele Hashtags vergeben, denn das kommt bei den Nutzern nicht gut an. Es macht nämlich den Eindruck, dass Sie auf der Jagd nach Nutzern und deren Likes, Kommentaren usw. sind. 10-15 Hashtags sollten in der Regel ausreichen.

Der zweite Einstieg ist mit »Reel« betitelt. Wie der Name bereits vermuten lässt, sind hier die vorhandenen Reels zu sehen. In der Regel sind diese vertont bzw. mit einer Musik hinterlegt und starten automatisch, sobald sie vom Nutzer angeklickt wurden. Der Ton lässt sich allerdings ausschalten. Im ersten Reel geht es in einem Tipp zur Pflanzenpflege um das richtige Düngen. Nachdem das Reel durchgelaufen ist, startet es erneut. Durch einfaches Anklicken lässt sich ein Reel jedoch auch anhalten. Neben dem Reel zeigt sich der gewohnte Aufbau mit Markenlogo, Call-to-Action-Button, Erklärungstext und Aufforderung zum Speichern. Den kompletten Beitrag zum Reel finden die Nutzer wieder auf der Website vom Globus Baumarkt. Dieses Mal werden den Nutzern 16 Hashtags angeboten. Damit ist der Surf-Spaß garantiert.

Über den dritten Einstieg gelangen die Nutzer zu Fotos und Reels, die von anderen Nutzern gepostet wurden. Auch zu diesen Nutzern können Interessierte die Profilinformationen abrufen und bei Gefallen können sie diesen auch folgen, sich den Erklärungstext durchlesen und, sofern vorhanden, die Kommentare anderer Nutzer lesen.

Außerdem können sie auch hier ein Herzchen vergeben, den Beitrag kommentieren, an andere Nutzer weiterleiten und ihn abspeichern.

Auch auf Instagram können Sie **Werbung** schalten. Zu denken ist beispielsweise an **Foto-** oder **Video-Ads**, die zu einem passenden Zeitpunkt an die Nutzer ausgeliefert werden. Bitte bedenken Sie, dass Ihre Werbemittel auch auf einem **Smartphone** oder **Tablet** gut zu erkennen sein müssen. Bei Instagram kommt hinzu, dass Sie aus einer **Vielzahl visuell sehr ansprechender** bzw. auffälliger **Posts** mit Ihrem Werbemittel hervorstechen müssen. Sehr gut ausgewähltes Bildmaterial ist daher ein Muss. Für Instagram gelten ansonsten die gleichen Leitfragen und Überlegungen, die wir Ihnen bereits bei Facebook aufgezeigt haben.

Social Commerce ist auf dem Vormarsch. Ganz besonders bei Instagram. Sie können den Nutzern Produkte anbieten, die Sie in der jeweiligen Anzeige verlinken. Interessenten können dann die markierten Artikel anklicken und direkt bestellen. Wenn das für Sie und Ihr Unternehmen infrage kommt, sollten Sie sich unbedingt auch mit dem Thema Instagram-Shopping beschäftigen.

8.4.3 Twitter

Twitter ist ein kostenloser Micro-Blogging-Dienst. Nach einer recht einfachen Anmeldung können Nutzer und Unternehmen Kurznachrichten (maximal 280 Zeichen) verschicken. Über ein Suchfeld kann nach speziellen Themen und Nachrichten gesucht werden. Diese Nachrichten werden Tweets genannt. Das Schreiben einer Nachricht wird daher auch als »twittern« bezeichnet und Nutzer, die Nachrichten schreiben, »Twitterer«. Nutzer, die einem anderen Nutzer und dessen Nachrichten »folgen«, werden Follower genannt. Dazu müssen sie die Nachrichten abonnieren. Der Twitterer kann entscheiden, ob alle Twitter-Nutzer seine Nachrichten lesen können oder nur ausgewählte Twitter-Nutzer. Genau wie in einem Blog können auch die Tweets von anderen Twitter-Nutzern kommentiert werden. Dies bedingt, dass Unternehmen ebenfalls auf die Tweets bzw. Retweets von anderen Twitter-Nutzern antworten sollten. Nur wenn das Unternehmen sicherstellen kann, dass es zu schnellen und kompetenten Antworten in der Lage ist, sollte es sich für ein Engagement bei Twitter entscheiden.

Die Deutsche Bahn auf Twitter
Die Deutsche Bahn ist auf Twitter gleich mit mehreren Accounts aktiv. So gibt es einen Deutsche Bahn Verkehrsmeldungen-, einen Deutsche Bahn Personenverkehr- und einen Deutsche Bahn AG-Account. Im Folgenden sehen wir uns den Deutsche Bahn Personenverkehr-Account etwas genauer an. Dabei handelt es sich um einen verifizierten Twitter-Account, wie die Nutzer an dem kleinen Häkchen neben dem Account-

Titel erkennen können. Die Deutsche Bahn hat ein Titelbild mit einem ICE in einer Schneelandschaft gewählt. Dies passt zur Jahreszeit und stimmt die Nutzer auf die Tweets, von denen es 642.233 gibt, ein. Das Titelbild lässt sich anklicken und kann im Vollbildmodus betrachtet werden. Das Logo der Deutschen Bahn ist teilweise in das Titelbild integriert und lässt sich ebenfalls anklicken.

In der Infobox erfährt der Nutzer, dass das Twitter-Team der Deutschen Bahn auf alle servicerelevanten Fragen zum Personenverkehr von Montag bis Freitag in der Zeit von 6:00 bis 22:00 Uhr und von Samstag bis Sonntag in der Zeit von 10:00 bis 22:00 Uhr antwortet. Dadurch sind die Nutzer auf das zeitliche Antwortverhalten bzw. die Zeitfenster des Twitter-Teams eingestimmt. Zusätzlich können die Nutzer sehen, dass das Twitter-Team in Frankfurt sitzt und seit Mai 2009 auf Twitter aktiv ist sowie 162.946 Follower hat. Zudem können Interessierte das Deutsche-Bahn-Impressum anklicken und sich dieses auf der DB-Vertriebs-Website durchlesen. Dort findet sich auch eine Servicehotline.

Über die Rubriken »Tweets«, »Tweets und Antworten« sowie »Medien« gelangen die Nutzer zu den jeweiligen Tweets. Aus einem sehr aktuellen Anlass hat das DB-Twitter-Team vor fünf Stunden (am 17. Februar 2023) einen sehr sinnvollen Tweet gepostet. Darin geht es um das Erdbebenunglück in der Türkei und Syrien. Die Bahncard-Besitzer werden aufgerufen bzw. gebeten, ihre gesammelten Bahn-Bonuspunkte zu spenden. Diese gehen dann an das »Bündnis Entwicklung hilft«. Über einen Link, der am Ende des Tweets eingebunden ist, gelangen die Nutzer auf die dazugehörige DB-Website. Dort können die Bahnreisenden weiterführende Informationen nachlesen. Um bei den Twitter-Nutzern mehr Aufmerksamkeit zu erregen, hat das Twitter-Team seinen Tweet durch ein Bild ergänzt. Darauf ist zu lesen: »Deine Punkte für Menschen in Not.« Dieser Tweet wurde in den letzten fünf Stunden drei Mal kommentiert, 10 Mal retweetet, 38 Mal mit einem Herzchen versehen und 8.274 angezeigt. Sieht man sich den Tweet genauer an, wird zunächst das Bild groß eingeblendet. Die Twitterer können auf den Tweet antworten, ihn retweeten, ein Herzchen vergeben und ihn teilen. Diese Optionen werden unter der Vollansicht des Bildes von Twitter angeboten.

Da es bisher nur drei Antworten auf den Tweet gibt, können wir uns diese etwas genauer ansehen. Es fällt auf, dass das Twitter-Team der Deutschen Bahn bereits auf alle Antworten geantwortet und somit den Dialog mit den Twitterern aufgenommen hat. Der geführte Dialog ist auf Twitter für die anderen Nutzer einsehbar. Beispielsweise bemängelt der erste Twitterer, dass es mit dem Erfassen von Bahn-Bonus-Punkten immer wieder Probleme gibt, er ansonsten aber wohl bereit wäre, diese zu spenden. Daraufhin antwortet das DB-Twitter-Team, dass es durchaus zu verzögerten Gutschriften von Bahn-Bonus-Punkten kommen könne und der Nutzer sich in einem solchen Fall am besten an den Bahn-Bonus-Service wenden solle. Daraufhin fragt der Nutzer in seiner zweiten Antwort nach den Kontaktdaten. Die Verlinkung zu diesen wird ihm durch das Twitter-Team kurz darauf genannt. Dann endet der Dialog zwischen dem

Twitterer und dem Twitter-Team der Deutschen Bahn. Dies ist aus unserer Sicht ein sehr eindrückliches Beispiel dafür, wie man Service-Anfragen von Kunden schnell und kompetent über seinen Twitter-Account bearbeiten kann.

8.4.4 YouTube

Online-Videos sind bei den Internetnutzern sehr beliebt. So sehen sich immer mehr Nutzer Videos im Internet an und/oder laden diese auf Video-Portalen (wie z. B. YouTube) hoch. Auch hierfür ist die zunehmende Verbreitung von immer besseren mobilen Endgeräten verantwortlich. Hochauflösende Kameras in Smartphones ermöglichen es immer mehr Menschen, Videos zu drehen und diese anderen Internetnutzern zur Verfügung zu stellen. Die so erstellten Video-Dateien zählen ebenfalls zum User Generated Content. Aber auch für Unternehmen bieten Online-Videos eine interessante Möglichkeit für die Unternehmenskommunikation. Sie können das Video-Material auf der eigenen Website einbinden, bei YouTube einen eigenen Video-Channel einrichten oder die Videos bei Facebook posten. Im Gegenzug können sich die Internetnutzer die Videos ansehen, kommentieren oder weiterleiten. Dadurch erfahren die Unternehmensvideos eine weite Verbreitung und tragen somit zur Steigerung der Bekanntheit bei. Da sich Emotionen durch Videos gut transportieren lassen, können sie auch zum Imageaufbau genutzt werden. Bei der Gestaltung des Video-Materials sollte darauf geachtet werden, dass es einen deutlichen Mehrwert für die Internetnutzer hat.

Das Unternehmen Lego auf YouTube
Als positives YouTube-Beispiel haben wir uns erneut für Lego entschieden. Lego ist dort mit einem eigenen Kanal vertreten (https://www.youtube.com/@LEGO/featured). Im oberen Seitenbereich sehen die Nutzer ein großes Hintergrundbild, auf dem zahlreiche Legomodelle abgebildet sind. Rechts unten im Bild werden den Nutzern die Verlinkungen zur Lego-Homepage, zur Lego-Facebook-Seite, zur Lego-Instagram-Seite sowie zur Lego-Twitter-Seite angeboten. Darunter ist das Lego-Logo zu sehen. Rechts davon steht Lego als Titel des Kanals. Durch das grau-weiße Häkchen daneben erfahren die Nutzer, dass es sich um einen bestätigten, d. h. offiziellen, Lego-Kanal handelt. Der Lego-Auftritt verfügt aktuell über 15,6 Mio. Abonnenten. Rechts auf der Startseite gibt es einen Call-to-Action-Button, mit dem sich die Nutzer den Lego-Kanal abonnieren können.

Den Nutzern stehen insgesamt sieben Navigationsmöglichkeiten zur Verfügung. Konkret handelt es sich dabei um:
- **Übersicht:** Content-Bereich/Startseite mit weiteren Unterbereichen für einen Direkteinstieg.
- **Videos:** Innerhalb der Videos-Rubrik können sich die Nutzer Videos anzeigen lassen, die erst kürzlich hochgeladen wurden oder sehr beliebt sind. Unter den Titel-

bildern der Videos steht der Video-Titel und die Nutzer können erkennen, wann das Video hochgeladen und wie oft es seit dem angesehen wurde. Außerdem wird rechts unten im Titelbild die Länge des jeweiligen Videos eingeblendet.

- **Shorts:** Auch innerhalb der Rubrik »Shorts« wird zwischen kürzlich hochgeladenen und beliebten Shorts unterschieden. Bei Shorts handelt es sich um kurze Videos im Hochformat, die besonders für das Betrachten über ein Smartphone geeignet sind. Klickt der Nutzer auf eines der Shorts, dann wird er auf eine eigene Ansichtsseite weitergeleitet, auf der das Video automatisch startet. Die Shorts sind mit Musik hinterlegt. Der Ton lässt sich allerdings auch bei YouTube deaktivieren. Nutzer können dem Short einen »Daumen hoch« oder »Daumen runter« vergeben und es teilen. Für Letzteres bietet YouTube eine umfangreiche Liste von Social-Media-Portalen an. Sobald der Nutzer eines dieser Portale auswählt, erfolgt, sofern der Nutzer über einen Account verfügt, eine automatische Einbindung in einen Post, den der Nutzer noch mit Text ergänzen kann. Alternativ stellt YouTube den Link zum Video, beispielsweise für das Verlinken auf Ihrer Website, bereit. Außerdem ist eine Kurzbeschreibung abrufbar. Dort erfahren interessierte Nutzer etwas zu den Bewertungen (Anzahl der »Mag ich«-Bewertungen), zu den Aufrufen sowie den Tag der Short-Veröffentlichung. In einem kurzen Beschreibungstext wird der Inhalt des Videos erläutert. Die vorhandenen Shorts sind vertikal angeordnet. Scrollt der Nutzer nach unten, startet immer dasjenige Short, das sich im sofort sichtbaren Bereich findet. In jedes Short ist im unteren Bereich ein kurzer Titel eingebunden, der einen Bezug zur Lego-Welt herstellt. Bei einigen Shorts wurde der Hashtag #shorts ergänzt. Zudem können die Nutzer über das Lego-Logo und den Schriftzug »@Lego« wieder zur Lego-YouTube-Startseite gelangen. Dies ist besonders im Zusammenhang mit geposteten Videos von Bedeutung. Schließlich will Lego ja in erster Linie Traffic auf seinem YouTube-Kanal generieren.
- **Live:** In der Rubrik »Live« wird erneut nach kürzlich hochgeladenen und sehr beliebten Live-Videos unterschieden. Dort begegnet uns auch wieder das Lego-Ninjago-Live-Video von der Startseite. Außerdem finden sich dort weitere Live-Videos.
- **Playlists:** Innerhalb der Playlist wird zwischen »erstellten Playlists«, »Lego Entertainment« und »Lego Designer & Art« unterschieden. Auf den jeweiligen Titelbildern ist für die Nutzer sofort erkennbar, wie viele Videos in einer Playlist enthalten sind.
- **Kanäle:** Hier werden den Nutzern weitere Lego-YouTube-Kanäle angeboten. Dabei handelt es sich um »Lego Family«, »The Lego Group«, »Lego Little Ones«, »The Lego Foundation« und »Lego Education«.
- **Kanalinfo:** Hier erfahren die Nutzer relevante Daten zum Kanalbetreiber Lego. Unter »Statistiken« stehen das Beitrittsdatum (22.10.2005) sowie die bisherigen Aufrufe (19.860.080.778 Aufrufe). Damit zählt der Lego-Kanal zu den sehr erfolgreichen YouTube-Kanälen.

Außerdem können die Nutzer über den Content-Bereich direkt in weitere Kategorien einsteigen und sich die dort präsentierten Videos ansehen. Direkt unter der horizontalen Navigationsleiste wird sehr prominent für das Ninjago-Live-Video von Lego geworben, das mittlerweile in der achten Staffel auf Deutsch erschienen ist. Erneut weist das grau-weiße Häkchen darauf hin, dass es sich um ein originales Lego-Video handelt. Zudem erfährt der interessierte Nutzer, wie viele Personen sich derzeit das Live-Video ansehen. Klickt der Nutzer auf den Teaser, dann gelangt er auf die bekannte YouTube-Video-Seite, auf der die YouTube-Videos angezeigt werden. Es stehen dem Nutzer mehrere Ansichtsmodi zur Verfügung. Unter anderem eine Bild-in-Bild-Ansicht. Nutzer können sich darin das ausgewählte Video verkleinert anzeigen lassen und gleichzeitig weiter auf YouTube surfen. Für das aktuelle Ninjago-Live-Video von Lego haben bereits 1.094 Nutzer den »Daumen hoch«-Button angeklickt. Daneben besteht bei Missfallen auch die Option, den »Daumen runter«-Button zu drücken. Außerdem können die Nutzer das Video mit anderen Nutzern teilen. Eigentlich wird darüber hinaus noch eine Speichern-Funktion angeboten, diese ist allerdings bei Inhalten für Kinder deaktiviert. Darüber informiert ein kleines YouTube-Infofeld, das kurzfristig am unteren linken Seitenrand eingeblendet wird. Wenn Sie mehr dazu erfahren möchten, können Sie das Infofeld anklicken und gelangen dann auf die folgende Google-Support-Seite: https://support.google.com/youtube/answer/9632097?nohelpkit=1&hl=de. Übrigens wurde aus Sicherheitsgründen auch die Chatfunktion deaktiviert. Unter dem Video finden sich erneut das Lego-Logo sowie der »Abonnieren«-Button. Da es sich um ein Live-Video handelt, wird im grau unterlegten Infofeld nochmals auf die Zuschauerzahl hingewiesen und darauf, dass dieser Livestream am 3. Februar 2023 gestartet ist. Zudem hat Lego drei Hashtags eingebunden:

- #legoninjago
- #legoepisode
- #mastersofspinjitzu

Wenn Nutzer nach diesen Hashtags suchen, werden sie über die Verlinkung des jeweiligen Hashtags zu den entsprechenden Videos, für die dieser Hashtag vergeben wurde, weitergeleitet. Durch die Auswahl und Vergabe geeigneter Hashtags können Sie also die Auffindbarkeit Ihrer Videos wesentlich verbessern. Geben Sie zum Test einfach einmal den Hashtag #legoninjago ein. Sie werden fündig.

Werbung auf YouTube

Selbstverständlich können Sie auch auf YouTube **Werbung** schalten. Beliebte Formate sind **Werbespots**, die vor dem Start eines Videos den Nutzern eingeblendet werden. Dabei unterscheidet man zwischen Werbespots, die durchlaufen und von den Zuschauern **nicht angehalten** werden können, und Werbespots, die sich nach einer bestimmten Laufzeit **überspringen** lassen. Eine weitere Werbeform sind beispielsweise Anzeigen, die **unterhalb des Videoplayers** oder in den **Suchergebnissen** eingeblendet werden. Bitte denken Sie auch bei der Gestaltung Ihrer Werbevideos in erster Linie an Ihre Zielgruppe. Diese möchte sich auf YouTube Filme anschauen. Werbung, die durchläuft und sich nicht überspringen lässt sowie keinen wirklichen Mehrwert bietet, wird schnell als nervig empfunden. Dies kann somit kontraproduktiv sein. Gelingt es Ihnen dagegen, die Aufmerksamkeit der Zuschauer zu gewinnen, dann besteht der wesentliche Vorteil der YouTube-Werbevideos darin, dass sie eine **direkte Verlinkung** zu Ihrer Website, Ihrem Online-Shop oder Ihren Social-Media-Auftritten enthalten. Sie generieren damit Traffic für Ihre anderen Online-Angebote. Des Weiteren ist es vorteilhaft, dass Sie **verschiedene Versionen** ein und desselben Videos schalten können. Sie beginnen Ihre Kampagne mit der **Langversion** und nach einiger Zeit wechseln Sie zu einer **kürzeren Variante**. Wenn Sie sich genauer für die Werbemöglichkeiten auf YouTube interessieren, empfehlen wir Ihnen einen Besuch auf der folgenden Website: https://www.youtube.com/intl/de/ads/. Dort finden Sie alles Wissenswerte rund um das Thema »Werben auf YouTube«. Auch für Ihre YouTube-Werbekampagnen gilt, dass Sie den Erfolg kontinuierlich beobachten müssen. Dafür stellt Ihnen YouTube geeignete **Analysetools** zur Verfügung.

8.4.5 XING und LinkedIn

XING
Bei XING (www.xing.com) handelt es sich um einen Klassiker der sozialen Geschäftsnetzwerke. Es haben sich mittlerweile an die 20 Millionen Nutzer angemeldet. Um XING nutzen zu können, müssen Sie sich ein Profil anlegen. Dort können Sie Ihre persönlichen Daten und ein Foto einpflegen. Es gibt eine kostenlose Basis- und eine kostenpflichtige Premium-Variante. Sinnvoll ist es, seine Interessen- und Kompetenzfelder sowie seine Kontaktdaten (z. B. E-Mail-Adresse oder Handynummer) anzugeben. Zusätzlich lässt sich auch ein tabellarischer Lebenslauf hinterlegen. Danach suchen andere Nutzer und insbesondere Headhunter. Dann kann es auch schon losgehen mit der geschäftlichen Kontaktanbahnung und -pflege. Als Premium-Mitglied haben Sie die Möglichkeit, eine differenzierte Suche durchzuführen, um andere Personen, die ebenfalls bei XING angemeldet sind, zu finden. Sie können beispielsweise nach dem Vor- und Nachnamen oder nach dem aktuellen Unternehmen suchen. Darüber hinaus gibt es bei XING sehr viele Gruppen zu den unterschiedlichsten Themengebieten.

LinkedIn
LinkedIn (www.linkedin.com) ist ebenfalls ein soziales Netzwerk, um mit Geschäftspartnern in Kontakt zu treten und zu bleiben, Nachrichten zu verschicken und zu recherchieren. Es wurde bereits 2002 gegründet. Seit 14 Jahren ist LinkedIn für deutsche Nutzer verfügbar. Auch bei LinkedIn müssen Sie sich ein Profil anlegen. Dies kann als Basis- oder Premium-Account erfolgen. Der Funktionsumfang umfasst die persönlichen Daten, einen tabellarischen Lebenslauf sowie viele verschiedene Gruppen so-

wie Statistiken. LinkedIn ist in den letzten Jahren stark gewachsen und hat sehr viele Nutzer hinzugewonnen. Die Zahlen belaufen sich auf über 800 Millionen Nutzer in über 200 Ländern. Dies verdeutlicht den Größenunterschied zu XING sehr deutlich. Neben Personen können auch Unternehmen ein Profil anlegen.

XING oder LinkedIn?
Und zum Schluss die Gretchenfrage: XING oder LinkedIn? Grundsätzlich kann man diese Frage weder mit Ja noch mit Nein beantworten. Wenn Ihr Geschäftsfeld auf die deutschsprachige DACH-Region ausgerichtet ist, dann ist XING sicherlich eine gute Wahl. Agieren Sie dagegen eher im internationalen Business-to-Business-Bereich, dann empfehlen wir Ihnen eine LinkedIn-Mitgliedschaft. Es kann darüber hinaus auch sinnvoll sein, sich bei beiden Netzwerken anzumelden. Der Pflegeaufwand kann als moderat eingeschätzt werden. Wichtig ist jedoch, dass Ihre Mitarbeiter, die sich in diesen Business-Netzwerken einbringen sollen, über Ihre unternehmensspezifischen Social-Media-Guidelines verfügen.

8.4.6 Blogs

Bei einem Blog handelt es sich um eine Art Online-Tagebuch. In regelmäßigen Abständen (u. U. sogar täglich) werden Blogbeiträge gepostet. Es gibt öffentliche Blogs, die für alle Internetnutzer zugänglich sind, und geschlossene Blogs (z. B. im Intranet des Unternehmens), die nur für einen ausgewählten Nutzerkreis zugänglich sind. Die einzelnen Beiträge werden Blogposts genannt. Das besondere an Blogs ist, dass die Leser die geposteten Beiträge kommentieren können. Handelt es sich um einen offenen Blog, können die Leser auch selbst Blogbeiträge posten. Eine weitere Besonderheit sind die sogenannten RSS-Feeds. Dabei handelt es sich um eine Art Blog-Abonnement. Blogleser, die ein RSS-Feed nutzen, werden, sobald ein neuer Blogbeitrag erscheint, darüber informiert. Mit Blogs können Unternehmen mit ihren Kunden in einen Dialog eintreten und ihre Leistungsfähigkeit als kompetenter Partner dokumentieren. Um die Bekanntheit des eigenen Blogs zu steigern, können Sie Ihren Blog auf Facebook bewerben oder einen Link über Twitter-Nachrichten verschicken. Außerdem sollte auf der Startseite Ihrer Website eine Verlinkung zum Blog enthalten sein. Häufig befinden sich die Links zu den verschiedenen Social-Media-Portalen im Footer der eigenen Website.

8.5 Content mit Mehrwert

»Content is King!« Dieses Motto kennen Sie bereits aus dem klassischen Online-Marketing. Im Social-Media-Marketing müssen Sie darauf achten, dass Sie nur Content anbieten, der einen Mehrwert für Ihre Zielgruppe(n) hat. Im Folgenden sehen wir uns die verschiedenen Content-Formate etwas näher an.

- **Texte:** »In der Kürze liegt die Würze!« Bereits für Ihre Homepage müssen Texte kurz und prägnant aufbereitet werden. Für die sozialen Medien gilt dies in noch stärkerem Maße. Bitte bedenken Sie dabei, dass die Social-Media-Welt immer bild- und videolastiger wird. Zum Teil kommt es zu einer nahezu vollständigen Verdrängung von Textelementen. Ihre Texte sollten daher besonders sorgfältig formuliert und sehr genau auf Ihre Zielgruppe abgestimmt sein.
- **Fotos und Grafiken:** Dieses Content-Format hat in der letzten Zeit stark an Bedeutung gewonnen. Mit gutem Bildmaterial können Sie bei Ihren Nutzern starke Emotionen auslösen, und dies mit relativ geringem Aufwand. Des Weiteren ist es vorteilhaft, dass Sie Fotos und Bilder auf allen Social-Media-Plattformen verwenden können.
- **Audios:** Als Podcasts erfreuen sich Audio-Files immer größerer Beliebtheit. Dies ist dadurch begründet, dass sich Zuhörer Podcasts anhören, während sie sich zugleich auch mit etwas anderem beschäftigen können. Mit gut gemachten Podcasts können Sie Akzente setzen und sich als Experte auf einem bestimmten Wissensgebiet positionieren. Hinzu kommt, dass sich gleich ganze Serien von Podcasts einfach und mit geringem Aufwand produzieren lassen. Im Vergleich zu Videos fallen die Produktionskosten daher auch wesentlich geringer aus.
- **Videos:** Bedingt durch immer schnellere Verbindungsgeschwindigkeiten ist heute die Übertragung von hochauflösendem Videomaterial kein Problem mehr. Hinzu kommt, dass die (mobilen) Endgeräte heute alle multimedialen Inhalte abspielen können. Nutzer können sich die Videos zu Hause aber auch unterwegs problemlos ansehen. Eine weitere Zunahme von Video-Content im Internet und in den sozialen Medien ist daher sehr wahrscheinlich.
- **Livestreams:** Dabei werden aktuelle Veranstaltungen live per Videostream übertragen. Zu denken ist beispielsweise an Ihre Hauptversammlung oder eine Pressekonferenz.

8.6 Crossmediales Social-Media-Marketing

Gerade in den Anfängen kommt es darauf an, Ihre Social-Media-Aktivitäten bei Ihren Zielgruppen bekannt zu machen. Hierfür stehen Ihnen zahlreiche Möglichkeiten zur Verfügung. Einige ausgewählte Ideen, die sich in der Praxis bewährt haben, stellen wir Ihnen im Folgenden vor.

- **Hinweise im Footer Ihrer Homepage:** Mittlerweile ist es eine gelebte Konvention, dass im Footer einer Website auf die jeweiligen Social-Media-Plattformen, auf denen das Unternehmen aktiv ist, hingewiesen wird. Die jeweiligen Social-Media-Anbieter stellen dafür Icons mit einer Verlinkung zur Verfügung die Sie ganz einfach in Ihren Footer einbinden können.
- **Hinweise in Ihren E-Mails:** Auch in die Signatur Ihrer E-Mails sollten Sie die Verlinkungen zu Ihren Social-Media-Auftritten einbinden.

- **Hinweise in Ihrem Newsletter:** Eine weitere Gelegenheit der Bekanntmachung Ihrer Social-Media-Aktivitäten bietet sich in Ihrem Newsletter, sofern Sie einen anbieten. Widmen Sie doch einmal einem Ihrer Social-Media-Auftritte einen eigenen Beitrag. Ihre Nutzer werden dies mit Interesse verfolgen und können so direkt zu Ihrem Social-Media-Auftritt gelangen.
- **Hinweise in Ihren Printmedien:** Alle gedruckten Medien sollten ebenfalls einen entsprechenden Hinweis enthalten. Dies kann beispielsweise in der Fußzeile Ihres Briefpapiers erfolgen. Entsprechendes gilt für Ihre Broschüren, Flyer und Plakate.
- **Hinweise in Werbespots:** Sowohl Radio- als auch Fernsehspots eignen sich für die Verbreitung derartiger Hinweise. Nennen Sie einfach am Ende eines Werbespots Ihre Social-Media-Auftritte und blenden Sie diese am Ende eines Fernsehspots ein. Sollten Sie auch über Kinospots verfügen, gilt natürlich Entsprechendes.
- **Hinweise Ihres Außendienstes:** Insbesondere im Business-to-Business-Kontext können Ihre Außendienstmitarbeiter als Multiplikatoren agieren. Da der Außendienst mit internetfähigen Laptops ausgestattet ist, lässt sich eine kurze Vorstellung der jeweiligen Social-Media-Plattformen einfach ins Verkaufsgespräch integrieren.
- **Hinweise auf Ihrem Messe- und Ausstellungsstand:** Bauen Sie einen Touchscreen in Ihren Messestand ein. Die Messebesucher können dann gleich einmal Ihr Social-Media-Engagement live kennenlernen.
- **Hinweise auf Ihren Werbegeschenken:** Bisher stand wahrscheinlich der Link zu Ihrer Website auf Ihren Werbegeschenken. Nutzen Sie diese Werbeflächen und machen dort auf Ihre Social-Media-Auftritte aufmerksam.

8.7 Erfolgskennzahlen bzw. Key Performance Indicators (KPI)

Ein entscheidungsorientiertes Social-Media-Management erfordert ein tagesaktuelles Feedback. Dieses Feedback erhalten Sie durch verschiedene Erfolgskennzahlen, die sich bestimmen bzw. berechnen lassen. Dabei kommt es nicht darauf an, möglichst viele Kennzahlen zu bestimmen. Viel wichtiger ist es, eine bewusste Auswahl zu treffen.

Bei Erfolgskennzahlen handelt es sich um die quantitative Verdichtung der Nutzeraktivitäten auf Ihren Social-Media-Plattformen. Die Auswahl der KPIs muss unternehmensindividuell unter besonderer Berücksichtigung Ihrer Zielsetzungen erfolgen. Innerhalb der Kennzahlen lassen sich absolute und relative Kennzahlen unterscheiden. Absolute Kennzahlen lassen sich durch einfaches Auszählen ermitteln (z. B. Likes, Follower, Views und Reichweite). Um relative Kennzahlen zu ermitteln, müssen mindestens zwei absolute Kennzahlen zueinander in Beziehung gesetzt werden (z. B. Share of Voice, Sentiment und Share of Buzz).

Eine Kennzahl, die oft vergessen wird, ist die Nutzerzufriedenheit. Diese Kennzahl ist deshalb von so großer Bedeutung, da sie die Erwartungshaltung Ihrer Nutzer berücksichtigt und diese mit dem Nutzererlebnis in Beziehung setzt. Ziel sollte es sein, die Erwartungen der Nutzer zu übertreffen. Gelingt Ihnen dies in besonderem Maße, sind Ihre Nutzer sogar begeistert und empfehlen Ihren Social-Media-Auftritt in ihrem Freundes- und Bekanntenkreis weiter. Bleiben Sie hingegen hinter den Erwartungen der Nutzer zurück, resultiert daraus Unzufriedenheit. Bei starker Unzufriedenheit kann es sogar zu einem Shitstorm kommen. Dies müssen Sie auf jeden Fall vermeiden.

8.8 Social-Media-Monitoring

Durch Social-Media-Monitoring bekommen Sie einen Überblick über den Dialog, der von den Nutzern mit Ihrem Unternehmen, Ihren Marken sowie Produkten und Dienstleistungen geführt wird. Da sich das Social Web täglich immer weiter ausbreitet, ist eine manuelle Überwachung dieses Dialogs nicht möglich. Mittlerweile gibt es daher zahlreiche kostenlose und kostenpflichtige Social-Media-Monitoring-Tools, die über die unterschiedlichsten Statistiken und Datenauswertungsmöglichkeiten verfügen. Hinzu kommen noch die Statistiken und Reports, die die Social-Media-Anbieter Ihnen zur Verfügung stellen. Letztere sollten Sie kontinuierlich nutzen. Ob Sie sich darüber hinaus noch für ein kostenpflichtiges oder doch besser für ein kostenloses Social-Media-Monitoring-Tool entscheiden, hängt ganz eng mit Ihrem Budget zusammen. Auf jeden Fall sollten Sie hier eine gut überlegte Entscheidung treffen. Die folgenden Leitfragen können Ihnen bei der Entscheidungsfindung behilflich sein:

- Deckt das Tool unsere Social-Media-Auftritte ab oder lassen sich weitere Social-Media-Plattformen ergänzen?
- Welche Kosten sind mit dem Einsatz monatlich verbunden?
- Welche Statistiken werden standardmäßig zur Verfügung gestellt?
- Welche Möglichkeiten der Datenaufbereitung und -auswertung bietet das Tool?
- Können wir damit auch die Aktivitäten unserer Wettbewerber erfassen?
- Bietet das Tool ein individualisierbares und übersichtliches Dashboard an?
- Handelt es sich um ein datenschutzkonformes Tool?
- Wie ist die Usability des Tools?
- Wie hoch ist der Einarbeitungsaufwand?
- Werden seitens des Anbieters Schulungen angeboten?
- Gibt es einen kostenlosen oder kostenpflichtigen Kundendienst? Und wenn ja, zu welchen Konditionen?

9 Mobile Marketing

In diesem Kapitel wird näher auf ausgewählte Aspekte des Mobile Marketing eingegangen. Zunächst werden mobile Websites und Apps vorgestellt. Danach liegt der Fokus auf der App-Entwicklung. Im Mittelpunkt des Interesses stehen die konzeptionellen Fragestellungen der App-Entwicklung. Daraufhin erfolgt die Darstellung wichtiger Aspekte der App-Vermarktung.

9.1 Mobile Websites und Apps

Durch die zunehmende Verbreitung von mobilen Endgeräten, insbesondere Smartphones, rückt das Mobile Marketing zunehmend in den Fokus der Online-Marketingmanager. Das Internet wird verstärkt mobil, das heißt von unterwegs, genutzt. Diese Entwicklung wird dadurch begünstigt, dass viele Smartphone-Nutzer mittlerweile über eine Internet-Flatrate verfügen und somit die intensive Nutzung des mobilen Internets sehr kostengünstig geworden ist. Es stellt sich also nicht die Frage, ob Sie Mobile Marketing betreiben, sondern wann Sie damit, möglichst zeitnah, beginnen. Im Folgenden soll daher ein kurzer Überblick über mobile Websites und mobile Apps gegeben werden.

Mobile Websites
Bei einer mobilen Website handelt es sich um eine mobile Version Ihrer Website, die über mobile Endgeräte (z. B. Smartphones oder Tablets) aufgerufen werden kann. Wie der Name schon erahnen lässt, handelt es sich bei mobilen Websites um spezielle Online-Angebote, die sich auf Smartphones und Tablets gut darstellen lassen. Die Grundvoraussetzung für den Erfolg einer mobilen Website ist die konzeptionelle und gestalterische Überarbeitung des bisherigen Online-Angebotes. Auch wenn Smartphones heute über wesentlich größere Displays als klassische Handys verfügen, ist die Displaygröße im Vergleich zu einem stationären Monitor immer noch sehr klein. Daher muss das Seitenlayout der mobilen Website an diese Rahmenbedingung angepasst werden. Dies wird durch eine Informationsreduktion und die Verschlankung des Designs erreicht. Zudem muss beachtet werden, dass es verschiedene Betriebssysteme (Android und iOS) bei den mobilen Endgeräten gibt. Bevor Sie eine mobile Website liveschalten können, müssen Sie testen, wie Ihre mobile Website auf den einzelnen Endgeräten mit den verschiedenen Betriebssystemen dargestellt wird. Da viele der mobilen Endgeräte mittlerweile über ein Touchscreen verfügen, lassen sich einzelne Bereiche der mobilen Website größer zoomen.

Apps
Apps sind mobile Anwendungen, die die User auf ihren mobilen Endgeräten installieren und mobil nutzen können. Der Funktionsumfang einer App ist dabei in der Regel

wesentlich größer als der einer mobilen Website. Allerdings sind mit der App-Entwicklung auch höhere Kosten verbunden. Eine wesentliche Neuerung stellen die sogenannten Local Ads dar. Dies sind Werbeanzeigen, die nur an Smartphone-Nutzer in der Nähe des Anbieters versendet werden. Insbesondere lokal bzw. regional agierende Unternehmen (z. B. Hotels und Restaurants) profitieren von diesen lokalen Werbeangeboten. Wir konzentrieren uns in den nächsten Abschnitten auf die App-Entwicklung und Vermarktung.

9.2 App-Entwicklung

Bei der Entwicklung einer neuen App müssen Sie immer den späteren Nutzer vor Augen haben. Es ist nicht sinnvoll, sich von technischen Spielereien verleiten zu lassen oder die App mit zu vielen Funktionen zu überfrachten. Denn dann besteht die Gefahr, dass Sie Ihre User frustrieren und diese die App nach kurzer Zeit nicht mehr nutzen oder sogar wieder deinstallieren. Es ist daher ratsam, zunächst die aktuelle Situation zu analysieren und bei der Entwicklung der App den Nutzer immer wieder einzubeziehen. Das ist sicherlich mit Aufwand verbunden, aber dieser Aufwand zahlt sich später bei der Vermarktung Ihrer App im laufenden Betrieb aus. Je nachdem, über welche Ressourcen Sie im Unternehmen verfügen, können Sie Ihre App selbst entwickeln oder mit einer darauf spezialisierten Agentur zusammenarbeiten. Es ist für Sie in beiden Fällen von Vorteil, sich mit den im Folgenden vorgestellten Ablaufschritten der App-Entwicklung vertraut zu machen.

9.2.1 Zusammenarbeit mit einer App-Agentur

Falls Sie Kollegen in der IT-Abteilung haben, die sich mit dem Thema App-Entwicklung auskennen, sollten Sie diese natürlich in Ihr App-Entwicklungsprojekt einbeziehen. Größere Firmen haben eher die Manpower und können die geplante App selbst entwickeln. Sollte das bei Ihnen nicht der Fall sein, dann müssen Sie sich auf die Suche nach einer geeigneten App-Agentur machen. Worauf Sie dabei achten sollten haben wir Ihnen hier zusammengestellt.

- **Referenzen** sind sicherlich ein erster Indikator für die Erfahrung der App-Entwickler. Lassen Sie sich von den potenziellen Agenturen die entsprechenden App-Projekte erläutern und ausführlich vorstellen.
- Sollte die Agentur bereits für einen Ihrer **Konkurrenten** tätig sein, kommt Sie eher nicht infrage. Schließlich könnte es zu Gewissenskonflikten kommen.
- Auch der **Standort** der App-Agentur ist von Bedeutung. Ist die Agentur in Ihrer Nähe angesiedelt, dann ergeben sich für Abstimmungen im Projekt kurze Wege. Dies ist sehr von Vorteil. Sie können sich dann nämlich bei Bedarf viel einfacher

- mit den App-Entwicklern an einen Tisch setzen und alle Details in Ruhe persönlich besprechen.
- Die **Größe** der App-Agentur kann, je nach geplantem Projekt, ebenfalls wichtig sein. Ist die Agentur in der Lage, mehrere App-Entwickler für das Projekt abzustellen, dann kommen Sie schneller zu Ihrer App.
- Handelt es sich um ein Start-up, das erst seit Kurzem am Markt agiert, oder um eine etablierte Agentur mit viel Erfahrung? **Start-ups** haben den Vorteil, dass Sie es mit sehr motivierten Mitarbeitern zu tun haben, die sich für Ihr Projekt begeistern können. Bei **etablierten App-Agenturen** verlaufen Projekte dagegen in gewohnten Bahnen und nach bewährten Projektmanagementmethoden. Beides hat seine Vor- und Nachteile. Sehr wichtig ist in beiden Fällen, dass zwischen Ihnen und der App-Agentur bzw. den App-Entwicklern die **Chemie** stimmt. Nur dann werden Sie Ihr App-Projekt erfolgreich abschließen.
- Nicht zu vernachlässigen sind die **Kosten**, die auf Sie zukommen, wenn Sie eine App-Agentur beauftragen. Lassen Sie sich die voraussichtlichen Kosten daher zu Projektbeginn genau aufschlüsseln.
- Außerdem müssen Sie klären, **wann** die App-Agentur mit der Programmierung der geplanten App starten kann. Dies wirkt sich ganz entscheidend auf den Veröffentlichungstermin Ihrer App aus.

9.2.2 Ideenfindung und -auswahl

Im ersten Schritt geht es darum, das Konzept für die eigene App zu konkretisieren. Dafür stehen Ihnen sehr viele verschiedene **Kreativitätstechniken** zur Verfügung. Diese können Sie allein als Projektverantwortlicher, gemeinsam in Ihrem Team, gemeinsam mit den App-Entwicklern aus der Agentur oder gemeinsam mit Ihren Nutzern anwenden.

- Zunächst sollten Sie über Ihre erste Idee mit **Freunden** und **Bekannten** sprechen. Dadurch bekommen Sie ein erstes Gefühl dafür, ob Ihre Idee verstanden wird und bei potenziellen Nutzern ankommt. Es kann sogar passieren, dass sich durch derartige Gespräche Ihre Idee konkretisiert. Dann sind Sie schnell einen wichtigen Schritt weiter.
- Sicherlich kennen Sie die Kreativitätstechnik **Brainstorming**. Diese können Sie gemeinsam mit Ihrem Projektteam anwenden, um an Ihrer Idee weiterzuarbeiten.
- Etwas unbekannter ist das **Brainwriting**. Jeder Teilnehmer bekommt dabei die Aufgabe, seine Ideen zur geplanten App aufzuschreiben. Dazu haben die Teilnehmer mehrere Tage Zeit. Dann sammeln Sie die aufgeschriebenen Ideen ein und werten diese aus.
- Eine Mischung aus Brainstorming und Brainwriting ist die **Methode 635**. Sie benötigen sechs Personen, die daran teilnehmen. Jeder bekommt ein Arbeitsblatt mit einer Tabelle, die drei Spalten und sechs Zeilen hat. Oben auf das Blatt schreiben

Sie das Thema der Sitzung. Jetzt soll jeder Teilnehmer drei erste Ideen auf seinem Arbeitsblatt notieren. Dafür hat er fünf Minuten Zeit. Anschließend werden die Arbeitsblätter im Uhrzeigersinn zum nächsten Nachbarn weitergereicht. In der zweiten Runde lesen sich die Teilnehmer die Ideen Ihrer Nachbarn, die sie auf dem Arbeitsblatt vor sich haben, durch und ergänzen wieder drei neue Ideen oder entwickeln eine der notierten Ideen weiter. Dafür haben sie erneut fünf Minuten Zeit. Danach geht es Runde für Runde genauso weiter bis jeder wieder sein Ursprungsblatt vor sich liegen hat. So können Sie in 30 Minuten bis zu 108 Ideen und Vorschläge generieren. Die gesamten Vorschläge werden abschließend vom Moderator zusammengetragen und gemeinsam ausgewertet. Daran kann sich eine Diskussion der einzelnen Vorschläge anschließen.

- Ein weiterer Ansatz besteht darin, **Einzelinterviews** (sogenannte **Tiefeninterviews**) mit Nutzern zu führen. Dies sollte allerdings durch eine besonders geschulte Person erfolgen. Idealerweise handelt es sich dabei um einen Psychologen. Grundlage des Tiefeninterviews ist ein Gesprächsleitfaden, der zur Strukturierung des Gesprächs dient. So lassen sich die Beweggründe für die App-Nutzung aus Anwendersicht gut ermitteln. Sie sollten mindestens 10 bis 15 Interviews durchführen. Dies schafft eine breite Informationsbasis für die Weiterentwicklung Ihrer App.
- Sie können aber auch gleichzeitig mehrere Nutzer zu einer **Gruppendiskussion** einladen. Ein Moderator leitet die Diskussion und ein Protokollant notiert sich wichtige Aussagen der Teilnehmer. In gut geführten Diskussionen kommen viele tolle Ideen zustande, aus denen Sie nur noch auswählen müssen. Es ist empfehlenswert, vier bis fünf Gruppendiskussionen zum gleichen Thema durchzuführen.

Es ist nicht erforderlich, alle aufgeführten Methoden anzuwenden. Dies wäre sicherlich ein zu großer Zeit- und Kostenaufwand. Es hat sich in der Praxis jedoch bewährt, mehrere Strategien zu verfolgen. Beispielsweise können Sie mit Freunden und Bekannten starten, dann die 635-Methode durchführen und die dort generierten Ideen in einer Gruppensitzung mit Kunden diskutieren lassen.

9.2.3 Ihre Nutzer

Auch im Zusammenhang mit der App-Entwicklung müssen Sie Ihre (potenziellen) Nutzer in den Mittelpunkt stellen. Die zentrale Fragestellung lautet: Wer soll Ihre App aus welchem Grund nutzen? Diese Frage müssen Sie kurz und knapp beantworten können. Denn nur dann kann Ihnen eine nutzergerechte App-Entwicklung gelingen. Sie müssen also eine klare Vorstellung von Ihrer Zielgruppe und deren Nutzerverhalten haben. Recherchieren Sie daher zunächst im Internet nach aktuellen Studien zu Nutzern von mobilen Endgeräten. Betreiben Sie eine ausführliche Sekundärrecherche. Darüber hinaus können Sie natürlich auch Ihre Kunden befragen. Setzen Sie eine On-

line-Befragung zum mobilen Nutzungsverhalten Ihrer Kunden auf. Die folgenden Themenkomplexe sollten Sie dabei berücksichtigen:
- Wen wollen wir mit unserer App ansprechen? Alle unsere Kunden oder nur einzelne Kundensegmente?
- Welche mobilen Endgeräte besitzen bzw. nutzen unsere Kunden?
- Wie sieht aktuell das mobile Nutzerverhalten unserer Kunden aus? Wann nutzen sie das mobile Internet? Morgens, mittags, abends oder den ganzen Tag über? Wie intensiv, d. h. wie lange sind sie pro Tag online?
- Welche anderen Apps nutzen unsere Kunden? Nutzen sie auch die Apps unserer Konkurrenten?
- Wie zufrieden sind sie mit den verwendeten Apps? Was gefällt ihnen gut? Was weniger gut? Welche Funktionalitäten vermissen sie?
- usw.

9.2.4 Ihre Wettbewerber

Ihre wichtigsten Wettbewerber sind Ihnen bestimmt bekannt. Aber haben diese auch eine App? Und wenn ja, ist diese erfolgreich? Das müssen Sie auf jeden Fall recherchieren.
- Besuchen Sie daher zunächst die Websites Ihrer Konkurrenten und sehen Sie dort nach, ob diese eine App zum Download anbieten. Haben Ihre Wettbewerber eine eigene Unterseite auf der Website für deren App eingerichtet? Sehen Sie sich diesen Auftritt genau an. Wenn Sie fündig geworden sind, laden Sie sich die App herunter und probieren Sie sie aus.
- Als nächstes sollten Sie die App-Stores besuchen und relevante Keywords in die Suchfunktion eingeben. Sehen Sie sich die Trefferliste genau an und stellen Sie wichtige Konkurrenz-Apps zusammen, laden Sie diese ebenfalls herunter und beginnen Sie mit dem Testen. Sollten Sie dabei auf sehr viele Konkurrenz-Apps stoßen, dann hilft ein Blick ins Kategorien-Ranking. Konzentrieren Sie sich zunächst auf die beliebtesten und am besten bewerteten Konkurrenz-Apps.
- Darüber hinaus bietet Ihnen das Internet weitere Recherchemöglichkeiten. Zu denken ist an spezielle Fach-Websites, die sich dem Testen und Bewerten von Apps widmen. Dort finden Sie zahlreiche Rankings und Testberichte. Nutzen Sie also auch diese Informationsquelle.
- Fragen Sie im Freundes- und Bekanntenkreis nach interessanten Apps, die sich an eine ähnliche Zielgruppe wie die Ihrige wenden. Diese Erfahrungsberichte können wertvolle Informationen enthalten.

Jetzt haben Sie einen Fundus an Konkurrenz-Apps, mit dem Sie weiterarbeiten können. Wichtig ist, dass Sie bei der anstehenden Konkurrenzanalyse sehr systematisch vorgehen. Erstellen Sie eine Excel-Datei, in die Sie Ihre Rechercheergebnisse eintragen. In die Spalten notieren Sie die jeweiligen Apps und in den Zeilen Ihre Bewertungskriterien und -ergebnisse. Die folgenden Bewertungskriterien, die Sie noch weiter auffächern können, haben sich in der Praxis bewährt. Sie sollten jedoch nicht zu viele Unterkategorien bilden, ansonsten wird es schnell unübersichtlich.

- Ist sofort erkennbar, für welchen **Zweck** die App entwickelt wurde?
- Über welche **(Kern-)Funktionen** verfügt die App?
- Wie beurteilen Sie die gewählten **Designelemente**? Handelt es sich um ein minimalistisches oder verspieltes Design?
- Wie sieht es mit der **Usability** der App aus? Dies können Sie im Selbsttest beurteilen, oder Sie binden schon jetzt Personen aus Ihrer Zielgruppe ein und bitten diese, die Usability der Konkurrenz-App zu beurteilen.
- Wie sieht die **Farbenwelt** der App aus? Sind überall ausreichend Kontraste vorhanden?
- Gibt es eine klar erkennbare Aufforderung zur Handlung? Auch **Call-to-Action-Elemente** genannt.
- **Joy of Use:** Macht es **Spaß**, die App zu benutzen? Werden starke Emotionen ausgelöst?
- Wie ist die **Navigation** innerhalb der App zu beurteilen?
- Wie wurde die App **technisch** umgesetzt?
- In welchen **App-Stores** lässt sich die App downloaden?
- In welcher **App-Store-Kategorie** ist die App zu finden?
- Mit welchem **Beschreibungstext** wird die App im App-Store beworben?
- Handelt es sich um eine **kostenlose** oder um eine **kostenpflichtige** App? Wenn Sie kostenpflichtig ist, zu welchen Konditionen wird sie angeboten?
- Seit wann ist die App **am Markt**?
- In welcher **Version** ist sie mittlerweile vorhanden?
- Wie oft wurde die App bereits **heruntergeladen**?
- Wie wird die App von den Nutzern **bewertet**?
- In welchen **Sprachen** ist die App vorhanden?
- Welche **Altersfreigabe** hat die App?

Sie sehen, es kann schnell sehr aufwendig werden, mehrere Konkurrenz-Apps detailliert zu bewerten. Aber der Aufwand lohnt sich. Denn nur so gewinnen Sie ein umfassendes Bild Ihrer Konkurrenzsituation. Einige Fragen können und müssen Sie selbst beantworten. Verlassen Sie sich jedoch nicht ausschließlich auf Ihre eigene Sicht der Dinge, sondern fragen Sie immer wieder Ihre (potenziellen) Nutzer.

9.2.5 App-Konzept

Bevor es mit der Programmierung Ihrer App losgehen kann, sollten Sie zunächst einmal einen Prototyp erstellen. Dies können Sie mit Stift und Papier oder speziell dafür entwickelten Tools machen. Wir raten Ihnen, erst einmal mit Stift und Papier zu beginnen. Zeichnen Sie Ihre Ideen auf. Dies hilft Ihnen dabei, alles genau zu durchdenken. Da Sie ja bereits Ihre Wettbewerber ausführlich analysiert haben, können Sie sich an deren Gestaltung orientieren. Selbstverständlich können Sie auch eine völlig andere Gestaltung konzipieren. Bitte bedenken Sie jedoch, dass die Nutzer mittlerweile viele Erfahrungen mit anderen Apps gemacht haben und sich daher gewisse Konventionen herausgebildet haben, die Sie beachten sollten. So findet man z. B. die Suchfunktion häufig im oberen Seitenbereich. Bereits in dieser Konzeptionsphase können Sie mit dem Testen Ihres App-Konzepts beginnen. Zeigen Sie Ihren potenziellen Nutzern Ihre Entwürfe, holen Sie sich Feedback und optimieren Sie Schritt für Schritt Ihr App-Konzept.

Haben Sie schon ein **Logo** für Ihre App? Oder wollen Sie dafür Ihr Unternehmens-Logo verwenden? Wenn Sie noch kein Logo haben oder Ihr Unternehmens-Logo abwandeln wollen, sollten Sie damit starten. Das App-Logo hat später für die Vermarktung Ihrer App noch eine wichtige Bedeutung. Analysieren Sie die App-Logos von anderen Anbietern. Lassen Sie sich inspirieren und entwickeln Sie in Ihrem Team ein ganz individuelles Logo. Es sollte nicht zu komplex sein, damit es auch auf den kleinen Bildschirmen mobiler Endgeräte gut erkennbar ist.

Danach können Sie sich mit dem **Startscreen** Ihrer App beschäftigen. Arbeiten Sie zunächst Ihre Ideen in einer schwarz-weißen Skizze aus. Die Farbgestaltung kommt erst später dran. Das spart Ihnen Zeit und lenkt nicht von den zentralen Funktionalitäten Ihrer App ab. Die folgenden Leitfragen können Ihnen dabei behilflich sein:

- Womit stellen Sie sicher, dass die Nutzer sofort den **Zweck** der App erkennen?
- Was soll alles auf dem **Startscreen** zu sehen sein?
- Wie teilen Sie den verfügbaren **Platz** auf?
- Welche **(Kern-)Funktionalitäten** bieten Sie auf dem Startscreen an?
- Und welche Funktionen integrieren Sie in die **Navigationsleiste**? Wie sollen die jeweiligen Icons aussehen?
- Müssen die Nutzer auf dem Startscreen **scrollen** oder wird der gesamte Content immer im sofort-sichtbaren Bereich angeboten?
- Gibt es eine **Suchfunktion**? Wo soll diese angeordnet sein?
- Wie integrieren Sie Ihr **Logo** in den Startscreen?
- Gibt es eine **Hilfefunktion**? Wenn ja, wo bieten Sie diese an?
- Soll es auf dem Startscreen Platz für **Werbung** anderer Anbieter geben?
- usw.

Danach können Sie alle **Folgescreens** gestalten. Dabei müssen Sie sich u. a. die folgenden Fragen stellen:

- Wie verdeutlichen wir den Nutzern den **Zweck** des jeweiligen Screens?
- Wie teilen wir den **Platz** auf?
- Müssen die Nutzer auf dem Screen **scrollen**, um alles zu sehen bzw. nutzen zu können?

- Welche **Funktionalitäten** bieten wir an? Welche **Icons** verwenden wir dafür? Sind diese selbsterklärend?
- usw.

Im Zusammenhang mit den **Navigationsmöglichkeiten** innerhalb Ihrer App müssen Sie sich die folgenden Fragen stellen:
- Welche **Navigationselemente** bzw. **-möglichkeiten** wollen wir unseren Nutzern zur Verfügung stellen?
- Wie viele **Navigationsebenen** soll es geben? Soll es eine **flache** oder **tiefe Navigationsstruktur** werden?
- Können die Nutzer von jedem Screen **mit einem Klick** wieder zurück zur Startseite gelangen?
- Wie stellen wir sicher, dass die Nutzer **jederzeit wissen, wo** sie sich gerade befinden?
- usw.

Außerdem müssen Sie noch entscheiden, ob für die Nutzung Ihrer App eine **Registrierung** erforderlich ist. Wenn ja, wie gestalten Sie das Registrierungsformular? Denken Sie in diesem Zusammenhang auch an das Angebot Ihrer **Datenschutzrichtlinien** und **Nutzerbedingungen** bzw. Ihrer **allgemeinen Geschäftsbedingungen**.

Halten Sie zudem auch fest, welche **technischen Funktionalitäten** (z. B. Kamera, GPS-Funktion) der mobilen Endgeräte Sie in Ihrer App verwenden wollen. Darüber hinaus muss klar sein, welche **Schnittstellen** zu anderen Systemen erforderlich sind, damit Ihre App funktioniert.

Das **Design** Ihrer App ist ebenfalls von großer Bedeutung:
- In welcher **Farbenwelt** soll unsere App gestaltet sein?
- Welche **Designelemente** nutzen wir? Standardelemente oder speziell entworfene Designelemente?
- Welche **Schriftart** und **-größe** wollen wir einsetzen?
- usw.

Des Weiteren müssen Sie sich Gedanken zum **Content** machen, den Sie den Nutzern in Ihrer App anbieten wollen:
- Wie wollen Sie die Nutzer ansprechen? **Duzen** Sie sie oder entscheiden Sie sich doch eher für das **förmliche Sie**? Das hängt ganz von Ihrer Zielgruppe ab.
- Wie sollen die **(Produkt-)Texte** verfasst sein?
- Welches **Bildmaterial** wollen Sie anbieten? Achten Sie darauf, dass es auch auf kleinen Bildschirmen gut erkennbar ist.
- Wollen Sie auch **Videos** und **Audios** anbieten?

- Erstellen Sie Ihren Content selbst oder müssen Sie diesen von **Dienstleistern** beziehen?
- usw.

Nachdem Sie Ihr App-Konzept vollumfänglich ausgearbeitet haben, kann es an die **Programmierung** gehen. Ist eine lauffähige Version Ihrer App fertig, können Sie mit dem Testen weitermachen.

9.2.6 Usability-Test

Die Grundidee eines Usability-Tests haben Sie bereits in Kapitel 7.4.2 kennengelernt. Wenn Sie Ihre App testen möchten, benötigen Sie dafür mehrere Endgeräte (z. B. Smartphone, iPhone und Tablet, iPad). Das Testen kann daher schnell sehr aufwendig werden. Sie erstellen auch für diesen Usability-Test einen Interviewleitfaden. Darin halten Sie alle Aufgabenstellungen fest, die die Testpersonen mit Ihrer App auf den jeweiligen Endgeräten durchführen sollen. Da die Displays der mobilen Endgeräte sehr klein sind stellt das Eyetracking (vgl. Kapitel 7.4.3) eine besondere Herausforderung dar. Mithilfe technischer Haltevorrichtungen und einer Eyetracking-Brille ist es jedoch auch für mobile Apps umsetzbar.

Beim Testen einer App geht es in erster Linie darum, herauszufinden, ob die App von den Nutzern verstanden wird und diese intuitiv nutzbar ist. Sie starten daher zunächst mit einer Erwartungsabfrage. So können Sie in Erfahrung bringen, was für eine Vorstellung die Testpersonen von der App haben. Dann zeigen Sie die App und lassen den Testpersonen etwas Zeit, sich einen Überblick über den Startscreen zu verschaffen. Ist den Testpersonen klar, was sie hier machen können? Wie gefällt ihnen der Startscreen? Ist alles gut lesbar? Werden die Icons in der Menüleiste verstanden? Welche Funktionen vermuten die Testpersonen hinter den Icons? Sprechen Sie mit den Testpersonen ausführlich über den Startscreen und holen sich deren Feedback ein.

Anschließend können Sie den Testpersonen konkrete Aufgabenstellungen geben. Handelt es sich um eine Buchungs-App eines Hotels, dann sollten Sie die Nutzer den Buchungsprozess ausprobieren lassen. Bei einer Shopping-App steht dagegen der Bestellprozess im Mittelpunkt des Interesses. Testen Sie auf jeden Fall alle wichtigen Funktionen Ihrer App. Als Ergebnis erhalten Sie viele qualitative Problemschilderungen, die Sie kategorisieren müssen. Es hat sich bewährt, die auftretenden Probleme in die folgenden drei Gruppen einzuteilen:

- **A-Probleme:** Dies sind ganz gravierende Probleme. Die Testpersonen können in einem solchen Fall die ihnen gestellte Aufgabe gar nicht oder nur mit einem unverhältnismäßig großen Aufwand lösen.

- **B-Probleme:** Obwohl die Testpersonen die Aufgabenstellung lösen können, sind diese Probleme ärgerlich und haben einen negativen Einfluss auf die Zufriedenheit.
- **C-Probleme:** Hierbei handelt es sich um »kosmetische« Probleme. Sie sind nicht so bedeutsam wie die A- und B-Probleme, sollten aber trotzdem behoben werden.

Durch diese Einteilung erhalten Sie eine Priorisierung des Überarbeitungsaufwandes. Starten müssen Sie mit der Behebung der A-Probleme. Danach widmen Sie sich den B-Problemen und zum Schluss beseitigen Sie auch noch die C-Probleme. Wenn Sie Ihre App ausreichend getestet haben und alle gravierenden Probleme behoben sind, können Sie Ihre App veröffentlichen.

9.2.7 App im App-Store veröffentlichen

Wenn Sie das Konzept für Ihre App abgeschlossen, die App entwickelt und mit Ihren Nutzern ausgiebig getestet haben, dann können Sie sie im Google Play Store und/oder im Apple Store veröffentlichen.

Im Google Play Store finden Sie die Nutzungsbedingungen im Footer. Diese sollten Sie sich zunächst einmal in Ruhe durchlesen. Außerdem können Sie dort die Datenschutzerklärung finden. Für Sie als App-Entwickler ist der Link »Entwickler«, der sich ebenfalls im Footer befindet, die wichtigste Pflichtlektüre. Sie werden auf die Android-Developers-Website umgeleitet (https://developer.android.com/index.html). Sie können dort beispielsweise das Programm »Android Studio« herunterladen oder sich über die verschiedenen Android-Kurse informieren. Etwas weiter unten auf der Webseite gibt es einen Bereich, der sich »Explore more« nennt. Sie erfahren dort unter anderem etwas zu den »Quality Guidelines« und zur Distribution Ihrer App. Klicken Sie einmal auf den Teaser »Distribute Your App«. Sie finden auf der folgenden Seite einen weiteren Teaser zum Thema »Distribution«, der Sie auf eine Übersichtseite zur problemlosen Einführung Ihrer App führt. Die folgenden Themenkomplexe werden behandelt:
- Probleme schon vor der Veröffentlichung beheben
- Risiken bei der Einführung minimieren
- Store-Einträge veröffentlichen
- Anleitung zur Prüfung für deine erste App-Einführung
- Jetzt starten
- Mit Google Play durchstarten

Sehen wir uns auch einmal im Apple Store (https://www.apple.com/de/app-store/) um und verschaffen uns einen ersten Überblick. In der zweiten Zeile gibt es zwei Links, die für Sie als App-Entwickler von Bedeutung sind. Zunächst sollten sich durchlesen, was Apple über den eigenen App-Store zu sagen hat. Danach können Sie den Link »Entwickeln für den App Store« aktivieren und tiefer in die Thematik einsteigen. Die sehr umfangreichen Informationen sind übersichtlich aufbereitet. Wenn Sie sich nach ganz unten durchgearbeitet haben, geht es über den Link »Weitere Infos zum Entwickeln von Apps für den App Store« noch weiter. Sie gelangen dann auf die Entwickler-Website von Apple (https://developer.apple.com/).

Sollte Ihre App gegen die Richtlinien des Google Plays Stores oder Apple Stores verstoßen, kann es passieren, dass sie aus dem jeweiligen App-Store entfernt wird.

9.3 App-Vermarktung

Nachdem Sie eine App mit einem deutlichen Mehrwert konzipiert, erstellt sowie getestet und im App-Store hochgeladen haben, ist schon viel geschafft. Jetzt kommt es aber darauf an, dass Ihre potenziellen App-Nutzer auch von Ihrer App erfahren und zum Download motiviert werden. Die Marketinginstrumente, die Ihnen dazu zur Verfügung stehen, sind sehr vielfältig. Grundsätzlich lassen sie sich in On-Page-Optimierungen und Off-Page-Optimierungen einteilen.

9.3.1 On-Page-Optimierung

Beginnen sollten Sie mit der On-Page-Optimierung. Damit sind Werbemaßnahmen angesprochen, die Sie in den jeweiligen App-Stores ergreifen können.

- Besonderes Augenmerk sollten Sie auf die Gestaltung des **App-Icons** legen. Das App-Icon ist schließlich das erste was Ihre Nutzer von Ihrer App sehen. Idealerweise bilden das Design des App-Icons und das App-Design eine harmonische Einheit. Wichtig ist zudem, dass sich Ihr App-Icon von den App-Icons Ihrer Konkurrenten abhebt. Analysieren Sie daher sehr genau, welche App-Icons Ihre Konkurrenten verwenden, und entwerfen Sie ein App-Icon, das die Nutzer zum Anklicken und anschließenden Download motiviert.
- Ein weiterer Baustein der App-Vermarktung sind aussagekräftige **Screenshots**. Sie haben in den App-Stores die Möglichkeit, mehrere Screenshots Ihrer App zu präsentieren. Wenn Sie mehrere Screenshots anbieten, sollten diese möglichst die Geschichte hinter Ihrer App zum Ausdruck bringen. Es muss klar werden, welchen Zweck Ihre App hat und welcher Nutzen sich für den User durch den Download ergibt.
- **Vorschauvideos** sind ebenfalls sehr beliebt. Damit lässt sich der Kerngedanke Ihrer App gut transportieren. Es muss Ihnen gelingen, den Nutzer emotional zu begeistern. Dann wird er sich auch sehr wahrscheinlich Ihre App herunterladen. Bevor Sie Ihr Video im App-Store einstellen, sollten Sie es einem Pretest unterzie-

hen. Zeigen Sie es ausgewählten Personen aus Ihrer Zielgruppe und bitten Sie um ihr Feedback. Vielleicht lässt sich ja noch etwas verbessern.
- Darüber hinaus können Sie in den App-Stores auch noch **Beschreibungstexte** zu Ihrer App einstellen. Diese sollten kurz und knapp formuliert sein. Achten Sie dabei auf einen lockeren Sprachstil. Machen Sie Ihren Nutzern Lust auf mehr. Da die User in der Regel wenig Zeit investieren wollen, sollten Sie Ihren Beschreibungstext um eine Auflistung der wichtigsten Funktionalitäten Ihrer App ergänzen. Dadurch bekommen die Nutzer einen schnellen Überblick und werden in Ihrer Entscheidung, die App herunterzuladen, bestärkt.
- Da die Algorithmen der App-Stores die Beschreibungstexte nach **Schlüsselbegriffen** bzw. **Keywords** durchsuchen und die Ergebnisse für die Erstellung von Suchergebnislisten verwenden, sollten Sie entsprechende Keywords in Ihrem Beschreibungstext verwenden.
- Des Weiteren sind die **Nutzerbewertungen** der Apps in den App-Stores von besonderer Bedeutung. Apps, die gut bzw. sehr gut bewertet werden, werden auch häufiger heruntergeladen. Lesen Sie sich die Bewertungen Ihrer App regelmäßig durch und reagieren Sie auf die Kritik der Nutzer. Dies zeigt, dass Ihnen Ihre Nutzer und Ihre App am Herzen liegen, und sorgt gleichzeitig für weitere Downloads.
- Außerdem müssen Sie entscheiden, in welche **Kategorie** Sie Ihre App im App-Store einsortieren wollen. Dies kann eine sehr erfolgskritische Entscheidung sein. Denn nur wenn Ihre App in der Kategorie einsortiert ist, in der die Nutzer sie erwarten, erhöht sich Ihre Downloadchance.

9.3.2 Online- und Social-Media-Marketing

Die Möglichkeiten, die sich im Online- und Social-Media-Marketing für die Vermarktung Ihrer App ergeben, sind sehr vielfältig. Einige ausgewählte Ideen dieser Off-Page-Optimierungen haben wir Ihnen im Folgenden zusammengestellt.
- Binden Sie Ihre App auf Ihrer **Website** ein. Ideal ist es, wenn die Nutzer schon auf der Homepage auf Ihre App hingewiesen werden und diese auch gleich auf ihr Smartphone oder Tablet downloaden können.
- Sie können für Ihre App auch eine **Landingpage** erstellen. Dort haben Sie ausreichend Platz, den Zweck und die angebotenen Funktionen Ihrer App zu erklären. Stellen Sie auch Screenshots und Videos zur App online. Arbeiten Sie die Vorteile Ihrer App deutlich heraus. Dies erzeugt Emotionen und erleichtert den Nutzern die Entscheidung. Zudem können Sie auf dieser Webseite eine FAQ-Liste und Kontaktmöglichkeiten für möglicherweise auftretende Supportanfragen hinterlegen.
- Richten Sie für Ihre App eigene Seiten auf den verschiedenen **Social-Media-Plattformen** ein. Dies erhöht die Kontaktchancen für Ihre App erheblich. Beliebt sind beispielsweise Facebook- oder Twitter-Seiten.

- Sofern Sie über einen **YouTube-Channel** verfügen, ist dies der ideale Ort, um Videos zu Ihrer App hochzuladen. Bevor sich Nutzer eine App herunterladen, sehen sie sich oft App-Videos an und entscheiden danach, ob sie die App downloaden oder nicht.
- Verschiedene Social-Media-Plattformen (z. B. Facebook) haben eigene **Werbeprogramme** für Apps aufgelegt, die Sie für die Vermarktung Ihrer App prüfen sollten.
- Sie können auch **in anderen Apps** für Ihre App werben, indem Sie dort Anzeigen schalten. Dies hat den Vorteil, dass die Nutzer das Smartphone zur Hand haben und über die Verlinkung direkt zu Ihrer App gelangen können.
- Wenn Sie über die E-Mail-Adressen Ihrer Kunden verfügen, können Sie ein spezielles **Mailing** verschicken und Ihre App darin vorstellen. Natürlich dürfen Sie die Verlinkung zu Ihrer App nicht vergessen.
- Oder verschicken Sie einen **Sondernewsletter**. Darin haben Sie ausreichend Platz, um Ihre App ausführlich vorzustellen.

Die Thalia-App
Auch Thalia bietet eine App an, mit der mobiles Einkaufen einfach und überall möglich sein soll. Einen Hinweis auf die Thalia-App finden die Nutzer im Footer in der Rubrik »Ihre Vorteile« auf der Thalia-Homepage. Über den Link »Thalia App« gelangen die Nutzer auf eine eigene Unterseite, auf der die Thalia-App vorgestellt wird. Im Titelbild sieht man eine Frau in entspannter Haltung auf dem Sofa sitzen und die Thalia-App nutzen. Es werden eine Verlinkung sowie ein QR-Code zum Google Play Store und zum Apple-App-Store angeboten, die über das Smartphone oder Tablet abgerufen werden können. Die Thalia-App ist also für Android- und iOS-Nutzer gleichermaßen verfügbar.

Insgesamt nennt Thalia sechs gute Gründe, die Thalia-App zu lieben. Die Nutzer sollen genau das finden, wonach sie suchen. Außerdem können sie in verschiedenen Sortimenten recherchieren und sich von über 10 Millionen Produkten inspirieren lassen. Thalia macht damit Lust auf ein entspanntes Stöbern. Die Kunden können sich die ausgewählten Produkte dann nach Hause oder in die nächstgelegene Thalia-Filiale liefern lassen. Konkret werden die folgenden sechs Vorteile der Thalia-App genannt:
- **Scan & Go:** Dabei handelt es sich um ein kontaktloses Bezahlsystem. Kunden können damit sicher in den Thalia-Buchhandlungen einkaufen gehen, ohne sich an der Kasse anstellen zu müssen. Thalia bietet interessierten Nutzern über einen Link eine eigene Scan & Go-Website an. Dort wird die Idee des Scan & Go ausführlich in Textform und durch Videos erläutert.
- **Lieblingsbuchhändlerinnen und -händler:** Die App-Nutzer können ihren Lieblingsbuchhändler in der App folgen und sich von persönlichen Rezensionen und Empfehlungen inspirieren lassen. Neue (Buch-)Tipps werden direkt auf das Smartphone oder Tablet gesendet.
- **Thalia-Next:** Hierbei verzichten die App-Nutzer ganz bewusst auf eine persönliche Beratung in der Buchhandlung. Sie geben ihr aktuelles Lieblingsbuch in Thalia-

Next ein und erhalten von über 600 erfahrenen Buchhändlern eine Auswahl an passenden Buchempfehlungen.
- **Schulbuch-Scan:** Auch für Eltern, die Schulbücher kaufen müssen, hat sich Thalia etwas überlegt, Den Schulbuch-Scan. Dazu scannen die Kunden einfach die ISBN- und EAN-Nummern auf dem Schulbuchzettel und Thalia legt die gescannten Bücher einfach mit einem Klick in den Warenkorb. So macht Schulbuchkaufen Spaß.
- **Kein Angebot mehr verpassen? Ja, bitte!:** Mit Push-Nachrichten zu aktuellen Angeboten möchte Thalia die App-Nutzer auf dem Laufenden halten.
- **eBooks lesen:** Die Kunden können darüber hinaus ihre eigenen eBooks direkt in der Thalia-App lesen.

Mit ausgewählten Screenshots hat Thalia die Erläuterungen zu den Vorteilen der App illustriert. Wer sich jetzt noch unsicher ist, ob er sich die Thalia-App herunterladen soll, findet in den App-Stores weitergehende Informationen. Wie Thalia seine App im Google Play Store präsentiert sehen wir uns im Folgenden etwas genauer an.

Die Thalia-App im Google Play Store

Die Thalia-App findet sich erwartungsgemäß in der Rubrik »Apps« und ist dort mit einer eigenen App-Seite vertreten. Sehr prominent wird darauf hingewiesen, dass der Download der Thalia-App kostenlos ist. Im Titelbild steht »Thalia – Bücher entdecken«. Darunter wird das Thalia-Logo angezeigt. Damit ist klar, wer der Anbieter der App ist und worum es in der App geht. Mittlerweile gibt es 17.423 Rezensionen und über eine Millionen Downloads. Außerdem erfährt der interessierte Nutzer, dass die Thalia-App für Nutzer ab 0 Jahren freigegeben ist. Weiterführende Informationen zur Altersfreigabe können Sie über den Info-Button abrufen. Ebenfalls im Titelbild ist der Call-to-Action-Button »Installieren« integriert. Alternativ können sich noch unentschlossene Nutzer die Thalia-App auf ihre Wunschliste setzen. In einem 27-sekündigen Trailer, den die Nutzer rechts im Titelbild starten können, werden sehr plakativ und verständlich die Vorteile der Thalia-App vorgestellt. Der Trailer endet mit der Aufforderung, die Thalia-App jetzt kostenlos herunterzuladen.

Unter dem Titelbild werden neun Screenshots zur Thalia-App präsentiert. Diese können sich die Nutzer im Vollbildmodus ansehen und sich dadurch einen Überblick über den Zweck, den Aufbau und Nutzen der App verschaffen. Rechts davon finden die Nutzer in den Kontaktdaten des Entwicklers, d. h. eine Verlinkung zur Thalia-App-Website, eine Kontakt-E-Mail-Adresse sowie eine Verlinkung zu den Datenschutzbestimmungen. Neben der Thalia-App bietet Thalia noch drei weitere Apps an, die am rechten Seitenrand angeteasert werden.

Der Beschreibungstext zur Thalia-App befindet sich direkt unter den Screenshots. Es gibt eine Kurzversion und eine Langversion, die über die Verlinkung »Über diese App« aufgerufen werden kann. Bereits in der Kurzfassung arbeitet Thalia den Sinn und Zweck der Thalia-App gut heraus: »Für eine Welt in der Inhalt zählt – entdecken Sie mit der Thalia-App alles rund ums Lesen sowie Bücher, Hörbücher, Spielwaren und Gesellschaftsspiele!« In der Langversion wird der Zweck erneut genannt und um eine Auflistung von Vorteilen, die bereits von der Thalia-App-Website bekannt sind, ergänzt. Darüber hinaus erfährt der Nutzer noch weitere Details (z. B. zum Merkzettel oder zum Konto). Auch über zukünftige Updates kann sich der Nutzer informieren. Außerdem verweist Thalia auf die Thalia-Facebook- und die Thalia-Instagram-Seite. Informationen zu der erforderlichen Android-Version, der Altersfreigabe, den interaktiven Elementen, Google Commerce Ltd., der Aktualität, den Downloads, den Berechtigungen sowie dem Veröffentlichungsdatum runden die Langversion ab. Eine große Bedeutung hat die Aktualität. Zuletzt erfolgte eine Aktualisierung am 6. Februar 2023. Auch zur Datensicherheit können die Store-Besucher Informationen abrufen. Thalia hat Angaben dazu gemacht, wie die Thalia-App Daten erhebt, verarbeitet und weitergibt. Wenn Sie sich das im Detail ansehen möchten, dann klicken Sie den Pfeil neben dem Begriff »Datensicherheit« an.

Kundenbewertungen

In den App-Stores haben die Kundenbewertungen eine enorm große Bedeutung. Dies kommt auch dadurch zum Ausdruck, dass explizit darauf hingewiesen wird, dass es sich um verifizierte Bewertungen und Rezensionen handelt. Die Bewertung erfolgt auf einer Fünf-Sterne-Skala. Die Thalia-App wird insgesamt mit dem Wert 4,6 bewertet. Die App-Nutzer können auch Rezensionen verfassen. Zur Thalia-App existieren bereits über 17.000 Rezensionen. In einer aktuellen Rezension lobt ein Nutzer die App und findet, dass sie über eine gute Struktur verfügt und selbsterklärend ist. Interessant ist, dass dieser Nutzer einen Vorschlag für eine neue Funktionalität macht. So müsste man Bücher, die man bereits besitzt und/oder gelesen hat, markieren können, damit sie einem nicht mehr angezeigt werden. Darauf hat das Thalia-Team geantwortet, sich bedankt und zugesichert, dass es den Vorschlag des Nutzers auf seine Umsetzbarkeit prüfen will. Aus unserer Sicht ist das ein sehr schönes Beispiel für einen gelungenen Dialog mit den Kunden, der einen deutlichen Mehrwert für Thalia hat.

Angenommen, der Nutzer hat sich auf der Thalia-Website über die App informiert und ist dann in den Google Play Store gegangen, um sich dort noch weitere Informationen über die App zu beschaffen, dann stehen die Chancen für Thalia ganz gut, dass er sich die App auch herunterlädt. Auf jeden Fall wurden durch diese Marketingmaßnahmen Erwartungen beim Nutzer geweckt, die die Thalia-App erfüllen muss. Schließlich will Thalia ja, dass sich die Nutzer die App herunterladen, ausprobieren und möglichst dauerhaft verwenden. Werfen wir daher einmal einen Blick auf die Thalia-App.

Für die App wird das bekannte Thalia-Logo verwendet. Nach dem Download wird man in der App gebeten, gemeinsam mit Thalia das Erlebnis Buch noch besser zu machen. Thalia weist im ersten Screen darauf hin, dass sie den Einkauf des Kunden sehr persönlich gestalten und die App möglichst gut auf seine Bedürfnisse abstimmen möchten. Dazu ist es erforderlich, dass Thalia Nutzerdaten sammelt. Außerdem erfolgt ein Hinweis darauf, dass der Nutzer die Einstellungen jederzeit in »Mein Konto« bearbeiten kann. Als Auswahlmöglichkeit werden der blaue Call-to-Action-Button »Ich stimme zu« und der graue Button »Einstellungen« angeboten. Nachdem man zugestimmt hat, öffnet sich die App. Um alle Serviceleistungen der Thalia-App nutzen zu können, wird man über ein kleines Info-Fenster gebeten, sich am besten gleich anzumelden. Wir wählen die Option »Jetzt anmelden« aus. Es erscheint ein Screen auf dem die E-Mail-Adresse und das Passwort des Nutzers abgefragt wird. Alternativ kann der Nutzer auch ein neues Konto einrichten, je nachdem, ob er bereits Thalia-Kunde ist oder nicht. Im unteren Teil des Screens erfolgt ein Verweis auf die AGB und die Datenschutzerklärung. Wir haben unser Passwort zur Hand und melden uns an.

Die Thalia-App macht einen sehr übersichtlichen Eindruck. Es dominieren die Farben Weiß, Grün und Blau. Links oben befindet sich das Thalia-Logo. Oben rechts findet man die Suchfunktion und die Verlinkung zum eigenen Konto. Direkt darunter bewegen sich verschiedene Teaser auf einer horizontalen Wechselbühne. Der Content-Bereich beginnt mit persönlichen Empfehlungen. Danach folgt eine Verlinkung zu aktuellen Bestsellern. Auch auf App-Highlights wird der Nutzer hingewiesen. Dabei handelt es sich um die Vorteile, die wir schon von der Thalia-Website und dem App-Store kennen. In der App wird allerdings nur auf »eBook lesen«, »Scan & Go«, »Thalia Next« und den »Schulbuch Scan« hingewiesen. Danach geht es mit »Tipps für Sie« und »Das könnte Sie interessieren« weiter. Thalia hat sich also in der Ansprache für das förmliche Sie entschieden. Die Lieblingsbuchhändlerin, die wir in den App-Highlights vermisst haben, treffen wir als nächsten Content-Baustein der Thalia-App. Darunter finden sich Thalia-Buch-Highlights. Gefolgt von einem Teaser, der auf die Geschenkkarte aufmerksam macht. Abgerundet wird die Startseite durch einen Filialfinder. Im unteren Seitenbereich gibt Thalia einen Überblick über das gesamte Sortiment. Insgesamt stehen 14 verschiedene Sortimentsoptionen zur Verfügung. In der unteren Navigationsleiste werden den Nutzern fünf verschiedene Symbole angeboten. Über das Häuschen kommt der Nutzer zurück zur Startseite. Das nächste Symbol kündigt nochmals das Thalia-Sortiment an. Klickt man darauf wird man zu einer langen Liste weitergeleitet. Dort sind vier Rubriken unter Aktuelles subsumiert und es werden noch 22 weitere Kategorien angekündigt. Dies ist gegenüber der Darstellung auf der Startseite etwas inkonsistent und könnte die Nutzer möglicherweise verwirren. Hier sollte Thalia noch einmal nachjustieren. Das nächste Icon steht für den Scanner und leitet den Nutzer auf eine Übersichtsseite mit der bekannten Funktion »Scan & Go«. Hier besteht die Möglichkeit, den »Schulbuchzettel« und die »Artikel-Info« zu scannen. Zudem bietet die Thalia-App einen Merkzettel an, der über das bekannte Herzchen abgerufen werden kann. Der Warenkorb ist die fünfte Option in der unteren Navigationsleiste. Nachdem wir uns einen Überblick über die wichtigsten Navigationsmöglichkeiten der Thalia-App verschafft haben, bestätigt sich für uns, dass es sich um eine sehr aufgeräumte und leicht zu verstehende App handelt.

9.3.3 Klassisches Marketing

Neben den neuen Möglichkeiten des Online- und Social-Media-Marketings sollten Sie sich auch über Instrumente des klassischen Marketings Gedanken machen, um Ihre App zu bewerben.

- **Pressemitteilungen** sind solch ein Instrument. Sobald Ihre App in den App-Stores verfügbar ist, schreiben Sie eine pfiffige Pressemitteilung, die Sie um das App-Icon und Screenshots anreichern. Finden Sie zunächst eine spannende Überschrift, die das Interesse der Journalisten weckt. Beantworten Sie in der Pressemitteilung die wichtigsten W-Fragen (z. B. welche App haben Sie wann veröffentlicht? Was kann Ihre App? Welche Vorteile bzw. welchen Nutzen bietet Ihre App? usw.). Diese Pressemitteilung können Sie an klassische Medien (z. B. Zeitungen, Radio und TV) aber auch an Online-Redaktionen versenden.
- Es gibt zahlreiche **Fachpublikationen**, die sich mit dem Themenkomplex Apps beschäftigen und immer Interesse an Neuigkeiten aus der Welt der Apps haben. Stellen Sie den Redakteuren Ihre App zur Probe zur Verfügung. Dann können sie sie ausgiebig testen und einen Testbericht darüber verfassen.
- Bringen Sie erstmalig eine sehr innovative App heraus, dann kann eine eigens dafür einberufene **Pressekonferenz** der richtige Rahmen sein. Laden Sie die Vertreter der Presse zu sich ins Haus oder an einen geeigneten Ort ein und präsentieren Sie Ihre App. Neben den klassischen Pressekonferenzen werden virtuelle Pressekonferenzen immer beliebter. Dies spart Zeit und Kosten.
- Sie können auch in geeigneten Printmedien auf Ihre neue App in Form von **Anzeigen** hinweisen. Anzeigen bieten Ihnen viele Gestaltungsmöglichkeiten, um die USP Ihrer App zu erläutern.
- Denken Sie auch an **Plakate** an Bahnhöfen, Straßen- und U-Bahnhaltestellen. Gerade in Wartesituationen nutzen viele Menschen ihr Smartphone und sind durchaus geneigt, sich mit einer neuen App zu beschäftigen.

10 Nachhaltiges Marketing

In diesem Kapitel werden wichtige Aspekte der Nachhaltigkeitsanforderungen an Unternehmen behandelt, die von entscheidender Bedeutung sowohl für Anbieter von Gütern aus allen Branchen als auch für die Verwender dieser Güter sind. Um den Rahmen dieses Buch nicht zu sprengen, beschränkt sich das Kapitel bewusst auf ausgewählte, bedeutsame Aspekte des nachhaltigen Marketings.

Die Aussagen dieses Kapitels betreffen sowohl Hersteller von Konsum- und Investitionsgütern in allen Branchen als auch Anbieter im Dienstleistungsbereich und ihre jeweiligen Abnehmer. Dabei ist zu berücksichtigen, dass Marketing ein Themenbereich zu sein scheint, der sich noch nicht ausreichend den Herausforderungen der Nachhaltigkeit gestellt hat. Marketing hat aufgrund seiner Verkaufsförderungsfunktion einen starken Einfluss sowohl auf die Ökonomie, die Ökologie als auch auf das Soziale. Daher ist die Behandlung des Themas Nachhaltigkeit im Marketing unerlässlich.

10.1 Problemstellung – Warum Nachhaltigkeit?

Der Begriff »Nachhaltigkeit« ist heutzutage im aller Munde. Alle gesellschaftlichen Akteure reden von Nachhaltigkeit und viele bemühen sich redlich, nachhaltig zur produzieren und zu konsumieren. Das Thema Umweltkrise ist seit Langem auf der Tagesordnung und man könnte meinen, die wichtigsten Probleme seien gelöst. Dennoch scheinen sich die Umweltrisiken eher zu verschärfen. Das Ausmaß aktueller Umweltprobleme zeigt sich unter anderem in den Beschreibungen sogenannter ökologischer Megatrends, die von verschiedenen Organisationen veröffentlicht werden.

10.1.1 Ökologische Megatrends

Das Bundesministerium für Umwelt, Naturschutz und Reaktorsicherheit hat im Jahr 2011 in seiner Studie »Verantwortung neu denken – Risikomanagement und CSR«[1] u. a. auf folgende ökologische Megatrends aufmerksam gemacht:
- Klimawandel und den damit verbundenen Treibhauseffekt
- Ressourcenknappheit durch Raubbau an den natürlichen Ressourcen
- zunehmende Verluste an Biodiversität, steigende Müllproduktion als globales Problem
- Steigerung des Primärenergieverbrauchs
- zunehmender Kampf um Rohstoffe und Materialien

---

1 Bundesministerium für Umwelt, Naturschutz und Reaktorsicherheit, Berlin, März 2011.

- zunehmende Knappheit an Trinkwasser in mehreren Regionen der Welt
- demografischer Wandel mit Auswirkungen auf das Arbeitskräfteangebot insbesondere von qualifizierten Arbeitskräften.

Eine Studie der renommierte KPMG AG Wirtschaftsprüfungsgesellschaft mit dem Titel »Erwarten Sie das Unerwartete: Building Business Value in einer sich verändernden Welt« von 2014 nennt folgende globale Megatrends, die sich auf die Wirtschaft auswirken: Klimawandel, Energie- und Treibstoffverbrauch, materielle Ressourcenknappheit, Wasserknappheit, Bevölkerungswachstum, Urbanisierung, Ernährungssicherheit, Rückgang des Ökosystems und Abholzung. Michael Andrew, Vorstandsvorsitzender von KPMG International, schreibt:

»Wir leben in einer Ressourcenknappheit. Das rasante Wachstum der sich entwickelnden Märkte, der Klimawandel und Fragen der Energie- und Wassersicherheit gehören zu den Kräften, die einen enormen Druck auf Wirtschaft und Gesellschaft ausüben werden.«

10.1.2 Die Verantwortung der Wirtschaft

Ökologische Megatrends stellen die Wirtschaft vor völlig neue Risiken und Herausforderungen, die die ganze Gesellschaft betreffen. Deshalb müssen Unternehmen strategische, konzeptionelle und operative Antworten auf diese Entwicklungen finden. Dementsprechend besteht eine zentrale Aufgabe der Wirtschaft als ein wichtiger Verursacher von Umweltschäden darin, ihre Verantwortung wahrzunehmen, ökologische und soziale Probleme aufzudecken und zu bewerten. Die Frage, wie Unternehmen mit den veränderten Rahmenbedingungen und den wachsenden Umfeldrisiken umgehen, entscheidet über ihre Wettbewerbsfähigkeit und ihren zukünftigen Erfolg. In diesem Zusammenhang ist zu bemerken, dass ein Unternehmen für die Auswirkungen ihrer Entscheidungen und Aktivitäten verantwortlich ist. Ein Grund dafür liegt in der betrieblichen Wertschöpfung. Der Wertschöpfungsprozess wirkt bekanntlich auf unterschiedliche Art und Weise auf die Umwelt. So erfordert z. B. die Beschaffung sowie der Vertrieb der hergestellten Produkte Transportleistungen, Lagerhaltung und vieles mehr. Dies trägt u. a. dazu bei, dass Flächen, die für die Produktion benötigt werden, versiegelt werden, Emissionen in die Luft entweichen, Schallemissionen entstehen, Erschütterungen zustande kommen, Unfälle zunehmen usw.

10.2 Die Verantwortung der Verwender

Aber auch die Verwender der hergestellten Güter (Konsumenten, Organisationen, andere Unternehmen, Staat) tragen eine nicht zu unterschätzende ökologische Verantwortung. Generell wird diese Verantwortung mit der Forderung, umwelt- und ressourcenfreundliche Güter zu konsumieren, verknüpft. Es ist dabei schwierig zu bestimmen, was unter »nachhaltigem Konsum« verstanden werden soll. Die Bestimmung, was nachhaltiger Konsum ist, lässt sich anhand von zwei Gesichtspunkten konkretisieren.

Zum einen in Bezug auf die Frage, welche Konsummuster als nachhaltig angesehen werden können. Konsummuster können als nachhaltig angesehen werden, wenn die Bedürfnisse der Konsumenten so erfüllt werden, dass beim Konsumieren die Regenerationsfähigkeit der natürlichen Umwelt gewährleistet wird. Zum anderen kann »nachhaltiger Konsum« im Sinne eines Konsumleitbildes verstanden werden, als Abfolge von Schritten, die zu einem nachhaltigen Konsum führen. Solche Schritte können beispielsweise zum Konsumverzicht, zur Energieeinsparung usw. führen. Weitere wichtige Aspekte betreffen das ökologische Verantwortungsbewusstsein von Konsumenten. Sie beziehen sich auf

- ihr Kaufverhalten (Konsum von ökologischen Produkten),
- ihr Nutzungsverhalten (sparsamer Umgang mit Gütern) und
- ihr Entsorgungsverhalten (Abfallreduzierung, Abfallvermeidung usw.).

Fazit: Ohne eine grundlegende Veränderung der Herstellungs- und Konsumweisen, insbesondere ihrer gravierenden umwelt- und ressourcenbelastenden Praktiken, wird eine nachhaltige Entwicklung nicht machbar sein.

Dennoch ist auch die Tatsache zu berücksichtigen, dass die Konsumentscheidungen beim Verbraucher liegen. Das ist die eine Seite. Die andere Seite ist, dass die Verbraucher meist nur einen begrenzten Spielraum für ihre Konsumentscheidungen haben. Denn Konsumenten sind normalerweise in gegebene gesellschaftliche und wirtschaftliche Strukturen eingebunden und diese Strukturen können ein nachhaltiges Konsumverhalten verhindern. Das heißt, die Souveränität des Verbrauchers ist in seiner Entscheidungsfindung eingeschränkt.

Bekanntlich sind Verbraucher in der Regel nicht vollständig informiert und ihr wirtschaftliches Handeln gestaltet sich nicht immer rational. Außerdem haben Konsumenten meistens nur geringen Einfluss auf die Güterherstellung. Die Produzenten aber können durch ihre Kommunikation, insbesondere durch Werbung, die Bedürfnisentwicklung der Verbraucher stark beeinflussen. Das heißt, dass Unternehmen als Produzenten oder Händler durch die von ihnen angebotenen Güter mitentscheiden, ob und inwieweit sie die vorhandenen sozialen und ökologischen Konsumgewohnheiten in ein entsprechendes nachhaltiges Kaufverhalten weiterentwickeln können. Das Problem: In der Kommunikation von Anbietern wird nur selten ein nachhaltiger Lebensstil kommuniziert. Daraus lässt sich ableiten, dass Unternehmen auch eine Verantwortung tragen, den Konsumenten einen nachhaltigen Konsum zu ermöglichen.

10.3 Der Begriff »Nachhaltigkeit«

Der englische Begriff für »Nachhaltigkeit« lautet »sustainability«. Deutsche Synonyme für das Adjektiv »sustainable« sind beispielsweise »dauerhaft«, »umweltgerecht«, »tragfähig«, »zukunftsfähig« usw. In diesem Zusammenhang ist zu berücksichtigen, dass der Begriff »Nachhaltigkeit« auch für Sprachverwirrung sorgt. Es gibt keine abschließende Definition des Begriffes »nachhaltige Entwicklung« bzw. »Nachhaltigkeit«. Im Gegenteil: Es gibt eine Vielzahl von Definitionen und Beschreibungen mit unterschiedlichen Schwerpunktsetzungen. Eine inhaltlich Beschreibung, was unter Nachhaltigkeit zu verstehen ist, wurde von der Brundtland-Kommission für Umwelt und Entwicklung der UNO im sogenannten »Brundtland-Bericht« aus dem Jahr 1987 vorgelegt. Eine »nachhaltige Entwicklung« wird in diesen Bericht wie folgt definiert:

> **Beachten Sie**
>
> »Nachhaltige Entwicklung ist eine Entwicklung, die die Bedürfnisse der Gegenwart befriedigt, ohne zu riskieren, dass künftige Generationen ihre eigenen Bedürfnisse nicht befriedigen können.«[2]

In dieser Definition wird auf die ökologische und ethische Verantwortung der gegenwärtigen Generationen gegenüber den zukünftigen Generationen mit ihren Bedürfnissen hingewiesen.

10.3.1 Das 3-Säulen-Konzept

Ein verbreiteter Ansatz bei der Bestimmung des Begriffs »Nachhaltigkeit« ist das 3-Säulen-Konzept. Dieses Konzept bringt den Begriff der Nachhaltigkeit mit den drei Gesichtspunkten Ökologie, Ökonomie und Soziales in Verbindung.
- Dabei wird die »**ökologische Nachhaltigkeit**« (Hans-Böckler-Stiftung) auf die Verbesserung der Umweltqualität, die Verringerung des Rohstoff- und Energieverbrauchs, den Schutz der biologischen Vielfalt, die Risikovermeidung für Mensch und Tier usw. bezogen.
- Die »**ökonomische Nachhaltigkeit**« bezieht sich auf die Funktionsfähigkeit des Wirtschaftssystems, auf Vollbeschäftigung und soziale Sicherung, auf ökonomische Leistungsfähigkeit und Innovationskompetenz, auf intergenerativen Ausgleich und auf internationale wirtschaftliche Stabilität.
- Die »**soziale Nachhaltigkeit**« wird auf die selbstbestimmte Lebensführung, auf umweltverträgliche Befriedigung der Grundbedürfnisse, auf Chancengleichheit, auf soziale Arbeitsgestaltung und auf aktive gesellschaftliche Teilhabe bezogen.

---

2   Konferenz der Vereinten Nationen über Umwelt und Entwicklung (UNCED), 1987.

10.3.2 Starke und schwache Nachhaltigkeit

Eine wichtige Erweiterung des Begriffs Nachhaltigkeit ist die Unterscheidung zwischen schwacher und starker ökologischer Nachhaltigkeit.

Mit »**schwacher Nachhaltigkeit**« wird gefordert, dass das gesamte eingesetzte Kapital über die Zeit konstant bleibt, es sich also nicht vermehrt. Das heißt, eine Substitution der natürlichen Ressourcen ist durch technologische und finanzielle Lösungen erlaubt. Als »schwache Nachhaltigkeit« wird die Vorstellung bezeichnet, dass die natürlichen Ressourcen (Ökologie) durch Human- und Sachkapital ersetzt werden können. In diesem Fall wird die Ökologie mit der Ökonomie und der sozialen Dimension gleichgesetzt.

Bei der »**starken Nachhaltigkeit**« wird die Ökologie über die anderen beiden Dimensionen gestellt. Die »starke Nachhaltigkeit« lässt keinerlei Substitution von natürlichem durch menschengemachtes Kapital zu. Sie fordert, dass keine nicht-regenerierbaren Ressourcen benutzt werden und regenerierbare Ressourcen nur eingesetzt dürfen, wenn sie sich erneuern lassen. Diese Perspektive stützt sich auf ein die natürliche Lebenswelt respektierendes, menschenbezogenes Wertesystem, welches das profitorientierte System infrage stellt. Diese Ansicht wird von vielen Experten vertreten, die die natürlichen Ressourcen als Grundvoraussetzung für alle anderen Entwicklungsfelder ansehen.

10.3.3 Intra- und intergenerative Nachhaltigkeit

Bei diesem Nachhaltigkeitsbegriff werden die Bedürfnisse der Gegenwart als »intragenerationale Gerechtigkeit« bezeichnet. Dabei geht es um die Gerechtigkeit zwischen den heute lebenden Menschen, inklusive der Lebensinteressen unserer Kinder. Darüber hinaus umfasst dieser Begriff auch die Gewährung von gleichen Entwicklungschancen der Entwicklungsländer.

Die »Bedürfnisse der Zukunft« werden demgegenüber als »Intergenerationen-Gerechtigkeit« bezeichnet. Dabei geht es um die Gerechtigkeit zwischen heutigen und künftigen Generationen. Zu diesem Gerechtigkeitsbegriff gehört die Notwendigkeit, die natürlichen Lebensgrundlagen für die kommenden Generationen zu schützen und zu erhalten

10.3.4 Herausforderungen für Unternehmen

Ein nachhaltig geführtes Unternehmen soll die Dimensionen der drei Nachhaltigkeitssäulen berücksichtigen und ihre Integration gewährleisten. Diese Aufgabe stellt Unternehmen insbesondere vor drei Herausforderungen.

a) Die ökonomische Herausforderung

Nachhaltiges Wirtschaften bedeutet, die Bedürfnisse von heute so zu befriedigen, dass nachfolgende Generationen ein intaktes ökologisches, soziales und ökonomisches System vorfinden können. Der Fokus liegt dabei auf der wirtschaftlichen Leistung, der Marktpräsenz und der langfristigen Unternehmenssicherung. Auf der ökonomischen Ebene muss daher eine Verbesserung der ökologischen der sozialen Effizienz erreicht werden.

Mit Effizienz wird das Ergebnis aus dem Verhältnis zwischen Wertschöpfung und ökologischem Schaden verstanden. In analoger Weise wird das Verhältnis von Wertschöpfung zu sozialem Schaden gesehen. Positive Auswirkungen dieser Herausforderung würden sich auf die ökonomische Leistungsfähigkeit und Innovationsfähigkeit der Wirtschaft und auf die Funktionsfähigkeit des Wirtschaftssystems sowie auf die Reduzierung der Arbeitslosigkeit und Verbesserung der sozialen Sicherungssysteme usw. ergeben.

b) Die ökologische Herausforderung

Die ökologische Nachhaltigkeit bezieht sich auf den rücksichtsvollen Umgang mit den natürlichen Ressourcen. Die ökologische Herausforderung bezieht sich somit auf das Überleben und den Gesundheitszustand von Ökosystemen. Hinsichtlich der ökologischen Nachhaltigkeit werden den Unternehmen verschiedene Forderungen gestellt, z. B.:

- Entwicklung umweltfreundlicher Güter
- Einsparung von Ressourcen
- Vermeidung von Abfällen und Emissionen
- Schließung von Stoffkreisläufen
- Einführung von Umweltmanagementsystemen usw.

Daher muss auf der ökologischen Ebene eine Steigerung der Öko-Effektivität erreicht werden. Als Effektivität wird hier die Verringerung der direkt oder indirekt durch den Menschen verursachten absoluten Umweltbelastungen mit positiven Auswirkungen auf die Umweltqualität, die Reduzierung des Rohstoff- und Energieverbrauchs, der Schutz der biologischen Vielfalt usw. verstanden.

c) Die soziale Herausforderung

Die soziale Herausforderung bezieht sich auf die sozialen Aspekte der Nachhaltigkeit. Soziale Nachhaltigkeit wird als das Verbot verstanden, in der Gegenwart irreversible Veränderungen an der Umwelt vorzunehmen, die von zukünftigen Generationen nicht gewollt werden. Daher muss auf sozialer Ebene eine Steigerung der sogenannten Sozial-Effektivität erreicht werden. Als sozialeffektiv kann ein Unternehmen bezeichnet werden, wenn es das absolute Niveau negativer sozialer Wirkungen reduziert hat bzw.

es gering halten kann. Sozialeffektiv ist ein Unternehmen auch, wenn es positive Wirkungen auslöst wie z. B. die Reduzierung der Unfallquote und des Krankenstands, die Stärkung der Familienorientierung usw.

Die Integration von Ökologie, Soziales und Ökonomisches
Die Verbindung der drei Herausforderungen Ökologie, Ökonomie und Soziales soll verdeutlichen, dass Nachhaltigkeit nur erreicht werden kann, wenn ökologische, ökonomische und soziale Aspekte gleichberechtigt berücksichtigt werden. Die umwelt-, wirtschafts- und sozialpolitischen Ziele eines Unternehmens müssen gleichermaßen berücksichtigt, also im Unternehmen integriert werden.

10.4 Ansätze zur Umsetzung von Nachhaltigkeit

In Laufe der Zeit haben sich Handlungsweisen herausgebildet, die die folgende Fragestellung berühren: Wo können bzw. müssen Unternehmen ansetzen, um nachhaltig wirtschaften zu können?

Folgende Ansätze sollen hier benannt werden:
- Der Abbau erneuerbarer Ressourcen soll nicht die Regenerationsfähigkeit dieser Ressourcen überschreiten.
- Nicht erneuerbare Ressourcen sollten nur in dem Maße verbraucht werden, in dem sie durch erneuerbare Ressourcen oder eine höhere Produktivität ersetzt werden können.
- Die Entlassung von Stoffen in die Umwelt muss sich an der Belastbarkeit bzw. Aufnahmefähigkeit der Umwelt orientieren.
- Die Eingriffe in die Umwelt müssen in ausgewogenem Verhältnis zum Reaktionsvermögen der natürlichen Umweltprozesse stehen.
- Gefahren und unvertretbare Gesundheitsrisiken durch von Menschen verursachte Veränderungen der Umwelt müssen vermieden werden.

Um das zu erreichen, sind Veränderungen sowohl an den bisherigen Produktions- und Konsumweisen erforderlich. Insbesondere müssen diese Veränderungen zur Senkung des Ressourcenverbrauchs und der entsprechenden Emissionen führen. Gleichzeitig müssen die Wirtschaftskreisläufe im Unternehmen an das Ökosystem angepasst werden.

In diesem Zusammenhang haben sich drei Strategietypen herausgebildet:
1. Die sogenannte **Effizienzstrategie**, die auf eine Erhöhung der Produktivität der eingesetzten Ressourcen zielt, z. B. in Form einer Verringerung des Stoff- und Energieeinsatzes pro Gut.

2. Die sogenannte **Konsistenzstrategie**. Diese Strategie zielt auf eine qualitative und quantitative Anpassung der Stoff- und Energieströme, an die Fähigkeit der Ökosysteme, sich zu regenerieren. Hier setzt das Konzept der geschlossenen Stoffkreisläufe an.
3. Die sogenannte **Suffizienzstrategie**, die darauf zielt, die Bedürfnisbefriedigung, die auf umwelt- und ressourcenbelastenden Praktiken basiert, einzuschränken bzw. zu ersetzen.

Diese drei Strategien sind aber nicht einzeln zu betrachten. Eine separate Betrachtung würde den qualitativen Aspekten der Beziehungen zwischen Wirtschaft und Ökologie nicht genügen. Andererseits ist die Suffizienzstrategie als eine notwendige Ergänzung der anderen beiden zu sehen.

10.5 Nachhaltiges Marketing

10.5.1 Gegenstand des nachhaltigen Marketings

Zum Gegenstand des Nachhaltigkeitsmarketings gehören neben der Befriedigung der Bedürfnisse von potenziellen Kunden, um die Unternehmensziele zu erreichen, auch die Vermeidung oder Verringerung ökologischer und sozialer Probleme. Das ist die Basis für die Unterscheidung zwischen Nachhaltigkeitsmarketing und konventionellem Marketing.

10.5.2 Wesentliche Unterschiede zwischen Nachhaltigkeitsmarketing und konventionellem Marketing

Im Wesentlichen handelt sich um folgende Unterschiede:
- Nachhaltigkeitsmarketing berücksichtigt die ökologischen Belastungen, die aus den stofflichen und energetischen Gegebenheiten des Wirtschaftens resultieren.
- Nachhaltigkeitsmarketing geht von den Kundenbedürfnissen aus und zielt gleichzeitig auf eine Steigerung des ökologischen Nutzens für den Kunden.
- Nachhaltigkeitsmarketing ist zielgruppenspezifisch und setzt die Ökologie als gleichberechtigte Dimension neben anderen ein.
- Die Steigerung des wahrgenommenen Nutzens für die Kunden wird durch einen abgestimmten ökologischen Marketingmix gewährleistet.
- Nachhaltigkeitsmarketing zielt auf eine Veränderung der öffentlichen und politischen Rahmenbedingungen, um ökologische Leistungen erfolgreich im Massenmarkt zu vermarkten.

10.5.3 Marketingstrategien im Nachhaltigkeitsmarketing

In Anlehnung an Porter stehen im Nachhaltigkeitsmarketing vier Wettbewerbsstrategien im Mittelpunkt: Kostenführerschafts-, Differenzierungs-, Nischen- und Hybridstrategien.

a) Kostenführerschaftsstrategie

Im Zentrum der Betrachtung stehen hier die preisbewussten Käufer (Preiskäufer). Für reine Preiskäufer ist allein der Preis entscheidend und nicht die Marke. Sie kaufen grundsätzlich das preiswerteste Angebot. Im Zentrum der Kostenführerschaftsstrategie stehen die sogenannten Konsumenten (Verbraucher, die mal qualitätsbewusst, mal preisbewusst handeln). Bei nachhaltigen bzw. ökologischen Produkten bestehen inzwischen Möglichkeiten, den Trend zu höheren Preisen zu beenden. Dies kann durch die Senkung von Kosten im Unternehmen, die aus der Umstellung auf eine nachhaltige Wirtschaft resultieren, erreicht werden, z. B. durch Einsparungen von Einsatzstoffen und Energie und die daraus resultierenden niedrigeren Herstellungskosten. Weitere Einsparmöglichkeiten bestehen in der Reduktion von Verpackungsmaterial und preisintensiven Zusatzstoffen sowie durch Maßnahmen im sozialen Bereich. Solche Effekte öffnen Spielräume für eine Kostenführerschaft auch mit ökologischen Gütern.

b) Differenzierungsstrategie

Diese Strategie zielt auf eine Aufwertung des Angebotes durch Güter, die einen deutlichen ökologischen und sozialen Zusatznutzen für die Verwender bieten. Ein solches Angebot richtet sich insbesondere an sogenannte Qualitätskäufer, die sich in ihrer Kaufentscheidung eher an Qualitätsmarken (Präferenzen) und nicht am Preis orientieren. Der Grund: Eine Differenzierungsstrategie ist in der Regel mit höheren Kosten und daher auch mit höheren Preisen verbunden.

c) Konzentration auf Nischen

In vielen Branchen ist eine Nischenstrategie mit gleichzeitigen Differenzierungsschwerpunkten festzustellen. Das sind Branchen, in denen sich spezialisierte Hersteller mit exklusiven ökologischen oder sozialen Innovationen auf dem Markt erfolgreich etabliert haben. Solche Unternehmen haben wegen des Nischencharakters ihres Angebotes höhere Kosten und dementsprechend auch höhere Preise. Sie stehen aber mit Anbietern aus dem Massenmarkt, die ihre Güter preisgünstiger anbieten können, im Wettbewerb. Daher bietet es sich für solche Hersteller an zu überprüfen, wie sie sich aus der Nische in Richtung Massenmarkt entwickeln können.

10.6 Varianten zur Erschließung des Massenmarktes

Bei der Erschließung von Massenmärkten geht es darum, mit ökologischen Gütern breitere Zielgruppen zu erreichen und für das Angebot zu gewinnen und so eine große Marktabdeckung zu erreichen. Letztendlich spiegelt die Marktabdeckung den Anteil des Marktumsatzes wider, den der Anbieter mit seinem Angebot abdecken möchte. Ziel der Massenmarktabdeckung ist es, einen großen Marktanteil auf dem jeweiligen Markt zu erobern und damit gleichzeitig eine stärkere Reduzierung negativer Effekte auf die Umwelt zu erreichen. Dabei sind zwei Vorgehensweisen zu nennen:
- der Eintritt in den Massenmarkt durch Kleinanbieter und
- der Eintritt in den Massenmarkt durch große konventionelle Anbieter.

10.6.1 Eintritt in den Massenmarkt durch Kleinanbieter

Hierbei handelt es sich um wachstumsorientierte Nischenanbieter oder um einen Verbund mehrerer Kleinanbieter von nachhaltigen Gütern, die größere Zielgruppen bearbeiten und somit auch zusätzliche Marktanteile gewinnen wollen. Diese Anbieter gründen z. B. Genossenschaften oder schließen Kooperationen miteinander, um ihre Kosten durch größere Produktionsstückzahlen zu senken. Da sie größere Kundensegmente bearbeiten, müssen sie davon ausgehen, dass die Nachhaltigkeit der von ihnen angebotenen Güter nicht als Kaufargument für die potenziellen Abnehmer im Vordergrund steht. Deswegen müssen diese Anbieter ein wesentlich intensiveres Marketing mit stärkerer Werbung, breiteren Distributionskanälen und eine aggressive Preis- und Konditionenpolitik realisieren.

10.6.2 Eintritt in den ökologischen Massenmarkt durch große konventionelle Unternehmen

Hier handelt es sich um große Unternehmen, die ihr Sortiment durch ökologische Produkte zunehmend ergänzen und im Laufe der Zeit sogar ihre konventionellen Produkte vollständig ersetzen. Ein typisches Beispiel dafür ist die Lebensmittelbranche. Solche Unternehmen versuchen, in Massenmärkten Fuß zu fassen, indem sie ihre Kosten durch hohe Produktionsstückzahlen senken und dadurch in die Lage versetzt werden, niedrige Preise für nachhaltige Produkte zu verlangen.

10.6.3 Verbindung der Kostenführerschafts- und der Differenzierungsstrategie

Es gibt auch Branchen, z. B. die Haushaltsgerätebranche, in denen relativ preiswerte, hochwertige Produkte mit ökologischem oder sozialem Zusatznutzen erfolgreich angeboten werden. Dabei zeigt sich einerseits, dass die Verbindung beider Strategien besonders erfolgreich sein kann, und andererseits, dass ein nachhaltiges Produkt in Massenmärkten nur erfolgreich ist, wenn es einen hohen Zusatznutzen für den Kunden hat und zu einem günstigen Preis-Leistungs-Verhältnis angeboten wird.

10.7 Zielgruppenbestimmung im nachhaltigen Marketing

Ein nachhaltiges Marketing muss bestimmte besondere Aspekte bei der Zielgruppenbestimmung beachten. Das ist von Bedeutung, weil die Zielgruppenbestimmung festlegt, welche Personenkreise oder Organisationen am Markt von Anbietern nachhaltiger Produkte bearbeitet werden sollen.

10.7.1 Die Bestimmung der Kundensegmente im nachhaltigen Marketing

Bei der Bestimmung von Kundensegmenten unter dem Gesichtspunkt eines umweltfreundlichen Konsumverhaltens ist das Problem der Diskrepanz zwischen Umweltbewusstsein und Umweltverhalten von potenziellen Kunden von Bedeutung. Bekannt ist, dass umweltbewusste Abnehmer oft auch konventionelle, umweltschädigende Produkte erwerben. Das zeigt, dass der Konsum nachhaltiger Produkte nicht nur das ökologische Bewusstsein des Konsumenten widerspiegelt, sondern auch andere Einstellungen, die potenzielle Kunden gegenüber den angebotenen Gütern haben. Aus diesem Grund scheinen soziodemografische Kriterien für die Segmentierung im nachhaltigen Marketing wenig geeignet zu sein. Treffender erscheinen die Kriterien Lebensstil und Milieu.

- **Lebensstile** spiegeln die Lebensführung von Personen wider bzw. eine Kombination von Verhaltensweisen, die ein Muster darstellen und die Person bzw. Personengruppe von anderen klar unterscheidet. Die unterschiedliche Lebensführung hängt von den materiellen und kulturellen Ressourcen ab (z. B. Reiche und Arme, Singles, Hausfrauen, Teenager, Nicht-Käufer, Wenig-Käufer und Viel-Käufer usw.).
- Unter **sozialen Milieus** werden Gruppierungen von Menschen mit ähnlichen Wertvorstellungen, Mentalitäten und Lebensstilen verstanden (z. B. Konservative, Etablierte, konsumorientierte, materialistische Menschen, moderne Performer usw.).

Unabhängig davon bleibt es schwierig, Zielgruppen für ein nachhaltiges Marketing nach exakten Kriterien voneinander abzugrenzen, damit ihnen ein differenziertes bedürfnisorientiertes Angebot gemacht werden kann. Letztendlich müssen Anbieter über die Marktforschung herausfinden, welche Kundensegmente für ihr Angebot infrage kommen. Einige Studien zeigen, dass sich Konsumenten bei Fragen des Umweltschutzes durch drei Verhaltensweisen unterscheiden:

- Die **Umweltorientierten** mit etwa 8 Prozent Anteil. Diese Gruppe weist u. a. ein ausgeprägtes Umweltbewusstsein und -Engagement auf. Nachhaltigkeit und Ökologie haben für diese Gruppe einen sehr hohen Stellenwert. Diese Zielgruppe ist offen, zugunsten der Umwelt Einschränkungen des Gebrauchswertes der angebotenen Güter hinzunehmen sowie höhere Preise aufgrund eines größeren ökologischen Nutzen dieser Produkte zu akzeptieren.
- Die **Interessierten** mit etwa 56 Prozent Anteil. Diese Gruppe hat eine positive Haltung zum Umweltschutz, ist aber weitgehend passiv und hat ein relativ niedriges Umweltbewusstsein. Für diese Zielgruppe hat Nachhaltigkeit und Ökologie einen gewissen Stellenwert, sie ist aber nur begrenzt für Gebrauchswertminderungen oder Preiserhöhungen offen.
- die **Ablehner** mit etwa 36 Prozent Anteil. Diese Gruppe nimmt eine gleichgültige bis ablehnende Haltung zum Umweltschutz ein. Dementsprechend engagiert sie sich nicht in Umweltaktivitäten.

Aus dieser Unterteilung von Zielgruppen lässt sich ableiten, dass ein erfolgreiches, nachhaltiges Marketing in der Lage sein muss, ökologische Güter nicht nur bei den »Umweltorientierten«, sondern auch bei den »Umweltinteressierten« und »Umweltablehnern« zu vermarkten. Bei der Vermarktung nachhaltiger Gütern ist die ökologische Komponente nur als ein begleitendes Angebotsargument seitens der Anbieter einzusetzen. Es geht darum, die Nachhaltigkeitsseite des Angebots mit anderen herkömmlichen Leistungs- und Qualitätsaspekten deutlich zu verbinden, z. B. durch angemessene Preise, ansprechendes Design, Gesundheitsaspekte, Frische, Duft, Erlebnis usw.

10.7.2 Schlussfolgerungen für das Nachhaltigkeitsmarketing

- Traditionelle sozioökonomische Kriterien der Marktsegmentierung sind für die Bestimmung von Zielgruppen eines nachhaltigen Marketings weniger geeignet. Daher sollten Anbieter sich besser an Studien zu Milieus und Lebensstilen orientieren.
- Das Umwelt- und Sozialbewusstsein ist bekanntlich nur bei einem geringen Teil der Bevölkerung ausgeprägt. Aus diesem Grund ist nur ein kleiner Teil der Bevölkerung bereit, höhere Preise und Transaktionskosten für nachhaltige Produkte zu akzeptieren. Daraus ergibt sich für die Anbieter die Aufgabe, Möglichkeiten der Kostensenkung zu prüfen und die Umweltvorteile eines nachhaltigen Konsumverhaltens stärker zu kommunizieren.
- Es ist davon auszugehen, dass potenzielle Kunden keine größeren Anstrengungen unternehmen werden, sich mit Nachhaltigkeitsthemen auseinanderzusetzen. Besonders deswegen sollte ein entsprechendes Nachhaltigkeitsverhalten

über eine gezielte und ausgewogene Marketingkommunikation angesprochen werden.
- Die Umwelt- und soziale Nachhaltigkeit von anzubietenden Gütern ist als Zusatznutzen für die Abnehmer zu vermarkten. Ein Angebot, das sich ausschließlich auf diese Aspekte richtet, wird das Interesse der meisten Abnehmer nicht wecken können.
- Da Zielgruppen, die einen ausgeprägten umweltorientierten Lebensstil haben, nicht groß sind, ist es notwendig, die verschiedenen Zielgruppen zu bearbeiten, die sich aufgeschlossen gegenüber Umweltargumenten verhalten. Dadurch kann das Marktpotenzial für nachhaltige Produkte erheblich vergrößert werden.
- Wie der Unterschied zwischen der kleinen Gruppe der Umweltorientierten und der großen Gruppe der Interessierten zeigt, ist die Anwendung von unterschiedlichen zielgruppenorientierten Marketingstrategien erforderlich.

10.8 Die Rolle der Konsumenten im Nachhaltigkeitsmarketing

10.8.1 Die Mehrpreisbereitschaft der Verbraucher

Bevor Konsumenten Kaufentscheidungen treffen, wirken zwei Einflussfaktoren auf diese Entscheidung:
- das verfügbare Einkommen
- die vom Anbieter festgelegten Preise

Bekannt ist auch, dass mit steigendem Einkommen Konsumenten preisintensivere Güter erwerben. Ausgaben für Grundartikel seitens der Konsumenten gehen relativ zurück. Daraus ergibt sich die Schlussfolgerung, dass das Einkommen die Intensität und Qualität des Konsums beeinflusst. In diesem Zusammenhang ist zu erwähnen, dass Studien wiederum zeigen, dass die Höhe des Einkommens kein guter Indikator für ein umweltorientierten Verhalten seitens der Konsumenten ist.

10.8.2 Die Rolle der Transaktions- und Opportunitätskosten

Die Betrachtung des Zusammenhangs zwischen Einkommen und Konsum sollte erweitert werden. Denn bei den Konsumenten fallen nicht nur Ausgaben aufgrund des Verkaufspreises der Güter an. Beim Erwerb von Gütern fallen auch sogenannte Transaktions- und Opportunitätskosten an. Dieser Umstand liefert wiederum einen zusätzlichen Erklärungsansatz für ihr umweltrelevantes Konsumverhalten. Transaktionskosten beinhalten Aufwendungen für Such-, Verhandlungs-, Koordinations- und andere Kosten, die bei Konsumenten im Austausch mit dem Anbieter anfallen können.

Kosten entstehen beispielsweise durch den zeitlichen Aufwand, den Konsumenten bei der Kaufentscheidung haben. Weiterhin können noch sogenannte Opportunitätskosten anfallen, die aus dem Vergleich zwischen alternativen Angeboten bei den Konsumenten entstehen können. Hier handelt es sich z. B. um Kosten durch den Zeitaufwand für eine längere Wegstrecke. In diesem Zusammenhang ist festzustellen, dass viele Konsumenten aufgrund hoher Transaktions- und Opportunitätskosten sich weniger nachhaltig verhalten, als sie es prinzipiell tun würden. Hinzu kommt noch Folgendes: Sind nachhaltige Güter nicht nur preisintensiv, sondern zudem wenig bekannt und in unmittelbarer Nähe nicht zu haben, fallen zusätzliche Informations- und Wegekosten an. So lässt sich der Schluss ziehen: Je geringer die Kosten, desto eher werden nachhaltige Güter konsumiert. Daraus ergibt sich eine wichtige Aufgabe für das nachhaltige Marketing:

> Nachhaltiges Marketing hat die Aufgabe, Güter nicht nur zu angemessenen Preisen anzubieten, sondern gleichzeitig die Transaktionskosten der Konsumenten durch gezielte Maßnahmen zu reduzieren (z. B. durch einen flächendeckenden Vertrieb und durch gezielte Kommunikationsaktivitäten, die die Informationskosten für die Konsumenten senken usw.).

10.9 Das unternehmerische Nachhaltigkeitskonzept als Grundvoraussetzung für ein Nachhaltigkeitsmarketing

Eines sollte klar sein: Ohne eine nachhaltige Unternehmensführung und ein Nachhaltigkeitskonzept für das gesamte Unternehmen ist kein erfolgreiches nachhaltiges Marketing möglich.

Das Nachhaltigkeitskonzept für das gesamte Unternehmen sollte auf bestimmten Grundsätzen basieren:

- **Verantwortungsprinzip:** Dieses Prinzip berührt die ethischen Elemente des nachhaltigen Wirtschaftens. Dabei wird postuliert, dass Unternehmen für die Auswirkungen ihres Handelns die Verantwortung übernehmen und diese Verantwortung zur Richtschnur ihres Handelns machen.
- **Kreislaufprinzip:** Dieses Prinzip zielt auf die Schaffung von geschlossenen Stoffkreisläufen in Unternehmen. Geschlossene Stoffkreisläufe basieren auf der Wiedergewinnung und Verwendung von Werkstoffen, auf der Vermeidung sowie auf der Wiedergewinnung und Verwendung von Abfällen.
- **Kooperations- und Partnerschaftsprinzip:** Dieses Prinzip basiert auf der Erkenntnis, dass auch auf politischer Ebene eine internationale Zusammenarbeit für eine nachhaltige Entwicklung zwischen den Länder und allen beteiligten Institutionen, Gruppen und Unternehmen erforderlich ist.

10.10 Aufgaben eines nachhaltigen Marketings

Ein nachhaltiges Marketing, das seinen Namen verdient, muss auch diejenigen Austauschprozesse einschließen, die auf eine Verringerung oder Vermeidung negativer ökologischer Wirkungen und sozialer Probleme zielen. Auf dieser Grundlage sind alle anderen Unternehmensziele zu erreichen.

Vor diesem Hintergrund ist die Hauptaufgabe des nachhaltigen Marketings darin zu sehen, Umweltvorteile (Ökologie), Sozialvorteile (Soziales) und Wettbewerbsvorteile (Ökonomie) miteinander zu verbinden. Im Mittelpunkt steht also nicht nur der Markt, sondern die gesamte Gesellschaft. Bezogen auf die Absatzseite bedeutet dies, dass die Güter, die ein Unternehmen anbietet, den erhöhten Effizienzanforderungen genügen müssen. Die Produkte müssen u. a. ressourcensparend hergestellt werden und während ihrer Nutzungsphase bei dem Anwender wenig Energie verbrauchen. Darüber hinaus müssen sich die angebotenen Güter umweltgerecht entsorgen bzw. recyceln lassen. Bezogen auf die Beschaffungsseite heißt dies, dass für Lieferanten die gleichen ökologischen und sozialen Standards wie für das eigene Unternehmen gelten müssen. Unter anderem sollte das Nachhaltigkeitsmarketing folgende Aufgaben erfüllen:

- Bedürfnisse mit Gütern zu befriedigen, deren Herstellungs- und Konsumeffektivität dem der herkömmlichen Güter entspricht.
- Erfüllung von sozialen Kundenwünschen: Unternehmen müssen herausfinden, wie sich das Bewusstsein für Nachhaltigkeit in neuen Wünsche und Bedürfnisse manifestieren kann.
- Den nachhaltigen Konsum und die nachhaltige Entsorgung der Produkte zu unterstützen. Ein wichtiges Konzept ist dabei die sogenannte »Service und Flow«-Wirtschaft. Dabei werden Güter nur noch als Dienstleistungen im Sinne von Miet-, Leasing- oder Sharing-Konzepten zur Verfügung gestellt. Verkauft wird der Nutzen, den ein Gut liefern kann.

Grundsätzlich kann eine Wirtschaft, die auf einem Strom (»Flow«) von ökonomischen Dienstleistungen basiert, das Ökosystem besser schützen. Dies erfordert neue Wertvorstellungen in der Gesellschaft: Eine Verlagerung vom Erwerb von Gütern als Maß des Wohlstands hin zu einer Wirtschaft, in der der kontinuierliche Erhalt von Qualität, Nutzen und Leistung das Allgemeinwohl fördert. Das Konzept der Trennung zwischen Produkt- und Nutzenverkauf führt auch zu einer Änderung im Marketing: Nicht der einmalige Verkauf der Güter steht im Mittelpunkt der Bestrebungen für eine längerfristige Bindung von Kunden an Unternehmen.

Praxis-Beispiel

Der Hersteller bietet Endverbrauchern sein Produkt zur Nutzung an (»Eco-Leasing«). Am Ende des Produktlebens gibt der Verbraucher das Produkt an den Hersteller zurück, der für die Entsorgung zuständig ist. Wiederverwertbares Material wird »upcycled«, sodass es seine hohe Qualität für eine lange Zeit behält.

Eine weitere Aufgabe des nachhaltigen Marketings besteht in der Vorbeugung einer armutsbedingten Umweltzerstörung. Dies kann durch das Angebot von nachhaltigen Gütern, die einen Beitrag zur globalen Verbesserung der Wohlfahrt in der Welt leisten, erreicht werden. Zum Beispiel durch die Herstellung entsprechender Produkte und Dienstleistungen, die Infrastrukturentwicklung (Gesundheit, Bildung, Ernährung), die Finanzierung usw.

Ein nachhaltiges Marketing muss in der Lage sein, auch herkömmliche Kundenbedürfnisse und -wünsche zu erfüllen. Ein nachhaltiges Marketing muss aber auch in der Lage sein, ökologische und soziale Wünsche zu erfüllen. Ein nachhaltiges Marketing hat auch die Aufgabe, ein nachhaltiges Konsum- und Entsorgungsverhalten in der Gesellschaft zu fördern.

10.10.1 Nachhaltigkeit in der Produkt- und Leistungspolitik

a) Die nachhaltige Produktgestaltung

Im Mittelpunkt der nachhaltigen Produktgestaltung steht die Gestaltung von Produkten und Dienstleistungen nach den Prinzipien der ökonomischen, sozialen und ökologischen Nachhaltigkeit. Im Zentrum einer nachhaltigen Produktgestaltung stehen Güter, die nicht nur Kundenbedürfnisse befriedigen, sondern zugleich in der Lage sind, negative Wirkungen ökologischer und sozialer Natur zu verringern bzw. zu eliminieren. Die herkömmliche Produktgestaltung wird durch folgende Nachhaltigkeitsaspekte erweitert:
- Erstens durch eine Bewertung der ökologischen Verträglichkeit der Produkte.
- Zweitens durch den Beitrag, den die Produkte zur Beeinflussung eines nachhaltigen Konsums leisten können.

Das Umweltbundesamt hat Leitlinien, die zur Orientierung einer nachhaltigen Produktgestaltung dienen, entwickelt. Diese Leitlinien beziehen sich:
1. Auf die Verringerung des Energie- und Rohstoffbedarfs entlang des gesamten Lebensweges von Produkten.
2. Auf den zunehmenden Einsatz erneuerbarer Rohstoffe.
3. Auf die Erhöhung der Gebrauchstauglichkeit und Langlebigkeit von Gütern sowie die Optimierung ihres Nutzens (Haltbarkeit, Reparaturfreundlichkeit, Anpassbarkeit, Funktionserweiterung).
4. Auf die Stärkung der Wiederverwendung sowie der Verbesserung der umweltverträglichen Verwertung von Materialien.
5. Auf die Minimierung der von Produkten während ihres Lebensweges ausgehenden Emissionen.
6. Auf den Ersatz bzw. die Reduktion von umwelt- und gesundheitsbelastenden Stoffen.

b) Die Bewertung von Gütern

Die Güterbewertung muss davon ausgehen, dass in allen Phasen des Produktlebenszyklus Schadstoffe und Emissionen entstehen.

Im Wesentlichen umfasst die Bewertung von Gütern folgende inhaltliche Aspekte:
1. Eine den Lebensweg von Gütern angepasste Betrachtung ist notwendig (von der Rohstoffgewinnung über die Herstellungs- und Absatzstufen bis hin zum Recycling bzw. der Entsorgung).
2. Die Bewertung muss alle potenziellen Umweltprobleme z. B. den Stoff- und Energieverbrauch, die Belastung von Wasser und Gewässer, Luft und Boden, berücksichtigen.
3. Die Bewertung der Umweltverträglichkeit muss auch die Phase der Produktnutzung mit einbeziehen. Nachhaltige Produkte können höhere Nutzungspotenziale als herkömmliche Güter haben.

c) Wichtige Bewertungsinstrumente

Weit verbreitet sind die Ökobilanzen zur umweltgerechten Gestaltung von Gütern. Ziel ist es, die Umweltverträglichkeit und Energieeffizienz von Gütern über deren gesamten Lebenszyklus hinweg zu verbessern. Ökobilanzen umfassen drei Bereiche mit entsprechenden Instrumenten:
1. **Produktbilanz von Produkten:** Dabei werden alle mit der Herstellung eines Produktes zusammenhängenden Stoff- und Energieströme beschrieben und bewertet.
2. **Prozessbilanz:** Diese Bilanz bezieht sich auf den Input und Output von Produktionsfaktoren beim Herstellungs- und Absatzprozess.
3. **Betriebsbilanz – Input und Output:** Die Betriebs-Ökobilanz betrachtet die Umweltrelevanz eines gesamten Unternehmens.

d) Anforderungen an das Produktdesign

Im Wesentlichen bedeutet Produktdesign aus der Perspektive der Nachhaltigkeit die Überarbeitung vorhandener Produkte, um sie ökologischer zu gestalten. Dabei wird gefordert, dem sogenannten Vorsorgeprinzip bei der Entwicklung neuer, nachhaltiger Produkte dem Vorrang zu geben.

Dieses Prinzip stellt zwei Forderungen:
1. Die Forderung, nachhaltige Güter herzustellen, die risikoarm sind. Risikobehaftete Werkstoffe sollen durch nachhaltigere Alternativen ersetzt werden, beispielsweise durch Stoffe, die natürlich abbaubar sind (Holz, Wolle, Baumwolle statt Plastik).
2. Die Forderung, Rohstoffe einzusparen. Dabei geht es um die Reduzierung des Einsatzes von Werkstoffen und Energie und ihre Effizienzoptimierung.

e) Die nachhaltige Gestaltung der Verpackung

Bekanntlich tragen Verpackungen wegen des damit verbundenen Material- und Energieverbrauchs erheblich zur Umweltbelastung bei. Andererseits ist zu berücksichtigen, dass Verpackungen – neben ihren sachlichen Funktionen – Kaufimpulse setzen. Aus solchen Gründen sind Strategien zur Verringerung des Material- und Energieverbrauchs (z. B. Verpackungsreduktion, Mehrfachnutzung usw.) erforderlich. Solche Strategien können aber nur dann erfolgreich sein, wenn sie die Funktionselemente der Verpackung nicht ausblenden. Wie nachhaltig eine Verpackung ist, kann anhand einer Verpackungsökobilanz ermittelt werden. Dabei wird der direkte Ressourcenverbrauch bei Herstellung, Transport und Entsorgung der Verpackung ermittelt. Einen wichtigen Ansatz zur Reduzierung von Verpackungen liefern biologisch abbaubare Verpackungen. Diese umweltfreundlichen Verpackungen werden auf der Grundlage von erneuerbaren Materialien hergestellt, die aus natürlichen Rohstoffen gewonnen werden. Biologisch abbaubare Verpackungen können nach ihrer Verwendung wieder in den biologischen Kreislauf zurückgeführt werden.

Fazit: Der wichtigste Grundsatz lautet, so wenig Verpackung wie möglich einzusetzen. Dabei muss das Produkt ausreichend geschützt sein. Die Verpackungen sollten wiederverwertbar sein und aus nachhaltigen Materialien bestehen.

f) Nachhaltiger Service, Kundendienst und Garantieleistungen

Service, Kundendienst und Garantieleistungen werden als After-Sales-Service bezeichnet, weil es um die Erfüllung von Kundenwünschen geht, die nach dem Verkauf eines Produktes bzw. einer Dienstleistung gewährt werden wie z. B. Reklamationen, Wartungsarbeiten, Reparaturen, die Lieferung von Ersatzteilen, Garantien, Schulungen usw. Die Nachfrage nach einem nachhaltigen Service wird größer: Kunden werden kritischer und erwarten Gerechtigkeit und Fairness im Sozialen sowie aktiven Umweltschutz und die Nutzung alternativer Energien bei der Serviceerbringung. Diese Leistungen sind für ein ökologisches Design von Gütern deswegen von Bedeutung, weil die angestrebte Nachhaltigkeit durch eine umweltverträgliche Nutzung des Produktes nach dem Kauf beim Konsumenten erfolgt und die Lebensdauer der gekauften Güter verlängert werden kann.

Ökologisch gesehen erfüllt der Kundendienst in diesem Zusammenhang einige wesentliche Funktionen, z. B. Beratung beim Kauf, Bereitstellung von umweltfreundlichen Bedienungsanleitungen, Verlängerung der Nutzungsdauer durch Serviceleistungen, Produktrücknahme- und Entsorgungsdienste usw.

Für eine Zunahme der Bedeutung des Service können Marketingkonzepte sorgen, die einen eigentumslosen Konsum zum Inhalt haben (Car Sharing, Waschsalon, Ausleihen und Verleihen von Produkten, Couchsurfing, Untervermietungen von Wohnraum usw.). Solche Konzepte können durch eine entsprechende Serviceunterstützung seitens der

Anbieter den ökologischen Nutzen von den angebotenen Produkten erhöhen. So sollen z. B. neue Dienstleistungen in der Lage sein, Ressourcen und Kosten einzusparen, Emissionen zu vermeiden und soziale Bedürfnisse besser als bisher zu befriedigen.

g) Nachhaltige Markenpolitik

Marken sollen bekanntlich ermöglichen, dass Güter aus der anonymen Masse herausstechen und erkannt bzw. wiedererkannt werden. Darüber hinaus werden durch die Marke die Herkunft der Produkte und die Verantwortung des Anbieters für das Produkt zum Ausdruck gebracht. Gleichzeitig können Marken vertrauensbildend wirken. Das ist insbesondere der Fall, wenn wichtige Qualitätsmerkmale von Gütern, wie bei nachhaltig hergestellten Gütern, optisch nicht wahrnehmbar sind. Aus der Praxis ist bekannt, dass nachhaltige Produkte erfolgreich sein können, wenn ein Markenartikel mit Umweltschutz und Gesundheit als Zusatznutzen – wie z. B. die Marke Hipp – vermarktet und von Konsumenten als nachhaltiges Produkt wahrgenommen wird.

> **Beachten Sie**
> Auch für nachhaltige Marken gelten die Grundregeln der Markenführung: Jede Marke braucht ein Versprechen (in unserem Fall Nachhaltigkeit). Jede Marke muss einen Nutzen und bestimmte Werte vermitteln.

Im Wettbewerb zwischen Marken kann Nachhaltigkeit ein entscheidendes Differenzierungsmerkmal sein. Dabei kommt einer glaubwürdigen Kommunikation eine Schlüsselrolle zu.

Je offener ein Unternehmen informiert, desto größer seine Glaubwürdigkeit beim Verbraucher. Wird z. B. ehrlich darüber informiert, warum ökologische Ziele nicht erreicht wurden und wie man die Ursachen dafür bekämpfen will, erhöht sich die Glaubwürdigkeit. Es zeigt sich: Vertrauen ist fundamental für die Entwicklung einer starken Marke und für die Kundenbindung.

Ein interessantes Beispiel für eine Marke, die nachhaltige Werte, die sich nicht unmittelbar auf Produktqualität oder Produktfunktion beziehen, in ihren Markenkern eingeschrieben hat, ist der Textilproduzent Trigema: Die Hauptbotschaften dieser Marke sind: Produktion auf nachhaltiger Basis, Produktion in Deutschland, Erhalt und Sicherung regionaler Arbeitsplätze, Fürsorgepflicht für die eigenen Mitarbeiter.

10.10.2 Nachhaltigkeit in der Preispolitik

Einige wichtige Faktoren, die auf die Preispolitik Einfluss nehmen, sind die Kosten der Produktion und des Vertriebs, die Preisbereitschaft der Konsumenten und die Konkurrenzsituation.

a) Kosten von Produktion und Vertrieb

Bekannt ist, dass viele nachhaltige Güter – im Vergleich zu konventionellen Produkten – höhere Herstellungs- und Vertriebskosten verursachen. Dies macht es erforderlich, dass die Produkte häufig zu höheren Preisen angeboten werden müssen, als es bei konventionellen Produkten der Fall ist. Die Gründe dafür sind vielfältig. Zu nennen sind z. B. die niedrigen Skaleneffekte, die sowohl in der Produktion als auch in der Logistik entstehen. Skaleneffekte entstehen durch die Senkung der Selbstkosten je Stück aufgrund von steigenden Produktionsmengen. Sie liefern auch die Basis für die Kostenführerschaftsstrategie.

b) Die Senkung vermeidbarer Mehrkosten

Ein wichtiger Ansatz zur Senkung von vermeidbaren Mehrkosten ist das Konzept der Kostentreiber. Als Kostentreiber werden die wichtigsten Kosten bezeichnet, die bei der Produktion und im Vertrieb von Gütern verursacht werden. Es geht darum, durch eine nachhaltige Orientierung im Unternehmen Kosten zu senken. Dies ist möglich, weil eine nachhaltige Wirtschaft zu einem sparsamen Umgang mit Ressourcen führt, insbesondere wenn die gesamte Wertschöpfungskette berücksichtigt wird (vom Rohmaterial bis zum Kunden).

Einspareffekte können aber nur entstehen, wenn die Wechselwirkungen zwischen Produktentwicklung, den beteiligten Lieferanten und der eigenen Fertigung von der Unternehmensleitung gefördert wird.

Auch das Ersetzen von einzelnen Produktkomponenten durch nachwachsende Rohstoffe und der Einsatz wiederverwertbarer Komponenten können zu Kosteneinsparungen führen. Eine sorgfältige Analyse dieser Kostentreiber kann zu erheblichen Kostensenkungen führen, insbesondere wenn die Analyse auf die gesamte Wertschöpfungskette von nachhaltigen Produkten ausgerichtet ist.

c) Zahlungsbereitschaft, Preiswahrnehmung und Preissensibilität der Verbraucher

Ein hoher Preis für nachhaltige Güter würde kein Vermarktungsproblem darstellen, wenn seitens der Abnehmer eine große Zahlungsbereitschaft vorhanden wäre. Es ist aber erwiesen, dass bei nachhaltigen Produkten nur eine relativ geringe Zahlungsbereitschaft vorhanden ist, u. a. weil die Preisbereitschaft auch von der Preiswahrnehmung seitens der Verbraucher abhängig ist. Die Aufnahme, Verarbeitung und Kenntnis von Preisinformationen bestimmen wiederum die individuellen Einstellungen und Erwartungen der Konsumenten gegenüber dem Verkaufspreis. Daraus lässt sich ableiten, dass eine erfolgreiche Preispolitik für nachhaltige Produkte die Kriterien, auf die Preiswahrnehmung und Preissensibilität bei Verbrauchern wirken, berücksichtigen muss.

Verhaltensrelevante Kriterien können z. B. sein:
1. **Prestige-Effekte:** Dabei stellt die Exklusivität des Konsums für den Abnehmer einen Wert an sich dar, niedrige Preise werden als nachteilig empfunden. In diesem Fall bietet es sich an, eine Hochpreispolitik zu verfolgen.
2. **Preis-Qualitäts-Irradiation:** Eine Verzerrung kann entstehen, wenn Konsumenten die Qualität eines Gutes nicht einschätzen können und deswegen einen hohen Preis als Qualitätsindikator beurteilen. Das Gleiche gilt, wenn Abnehmer den Erwerb eines Gutes als risikobehaftet ansehen.
3. **Preiskenntnisse der Käufer:** In der Regel kennen Konsumenten die Preise für viele Produkte sehr genau, insbesondere von solchen, die sie oft konsumieren. Es gibt aber auch viele Produkte, bei denen Verwender nur eine vage Preisvorstellung haben. In diesem Fall sollten Anbieter von nachhaltigen Produkten versuchen herauszufinden, inwieweit die potenziellen Abnehmer die Preise kennen. Beispielsweise wird der Preisunterschied zwischen nachhaltigen und konventionellen Produkten seitens der Verbraucher im Lebensmittelbereich stark wahrgenommen. Bei Gebrauchsgüter eher weniger.
4. **Preiswahrnehmung:** Bekannt ist, dass für die Kaufentscheidung nicht der tatsächliche, sondern der wahrgenommene Preis entscheidend ist. Daher ist es bei Preissenkungen von nachhaltigen Produkten wichtig, diese stark durch gezielte Kommunikation zu unterstützen.
5. **Lebensbezogene Preiswahrnehmung:** Diese hängt damit zusammen, dass die Anschaffungskosten eines Gutes durch die Konsumenten höher bewertet werden als die indirekten Preiselemente (Energie und Nutzungskosten, Wegekosten, Reparaturkosten, Wartungskosten usw.).

10.10.3 Nachhaltigkeit in der Kommunikationspolitik

a) Die Nachhaltigkeitsbotschaft in der Kommunikation
Bei der Kommunikationspolitik für nachhaltige Produkte nimmt das Problem der Vermittlung von Glaubwürdigkeit eine wesentliche Rolle ein.

> **Beachten Sie**
> Ein zentrales Thema der nachhaltigen Kommunikationspolitik besteht in der Schaffung von Glaubwürdigkeit und Vertrauen in die ökologische Vorteilhaftigkeit eines Angebots.

Dies hat den Grund, dass sich das Wissen über die ökologische Qualität eines Produktes unterschiedlich auf Hersteller und Käufer verteilt. Die Kenntnis von der Umweltqualität der Produkte ist aus Sicht des Käufers vom Vertrauen abhängt. Dies hat zur Folge, dass das subjektiv wahrgenommene Kaufrisiko steigt und sich ein gewisses all-

gemeines Misstrauen gegenüber den Absichten der Anbieter von umweltfreundlichen Produkten einstellt. Maßnahmen zur Schaffung von Vertrauen können sein:
1. die Verwendung von Umweltzeichen (z. B. Blauer Engel)
2. Umweltsponsoring (z. B. Kooperation mit Umweltgruppen)
3. Dialoge mit kritischen Organisationen
4. Nutzung der Öffentlichkeitsarbeit zur ökologischen Positionierung und Vertrauensbildung (z. B. Erstellung von Umwelt- bzw. Nachhaltigkeitsberichten).

Es ist auch bekannt, dass Werbung mit Nachhaltigkeitsthemen als Grundwerbebotschaft nicht besonders erfolgreich ist. Dies hat mehrere Gründe:
1. Die Informationsüberflutung mit ökologischen Themen. Dabei wird von einem sogenannten »green overkill« gesprochen.
2. Die schwache Glaubwürdigkeit, die die Unternehmen in den Augen vieler Verbraucher haben (z. B. »green washing«). Aus diesem Grund wird den Unternehmen empfohlen, den direkten Dialog mit dem Abnehmer anzustreben.
3. Eine direkte Erwähnung von Umwelt- und Sozialproblemen in der Kommunikation kann negative Gefühle bei den Konsumenten erzeugen.
4. Die Nutzung von sogenannter Lifestyle-Werbung, die sich am Lebensstil der Zielgruppen orientiert, ist problematisch. Dies hängt damit zusammen, dass es keine größere einheitliche Zielgruppe gibt, die sich einheitlich über die Ökologie und einen entsprechenden Lebensstil definiert.

Um gering ökologisch involvierte Konsumenten zu erreichen, eignen sich daher eher emotionale Werbebotschaften. Darüber hinaus sollten sich Unternehmen bemühen, dass Angebot an nachhaltigen Produkten mit positiven Gefühlen zu verbinden.

b) Die Rolle von Meinungsführern in der Kommunikation

Bei der Behandlung der Frage nach der Bestimmung von Zielgruppen für ein nachhaltiges Marketing wurde auf die geringe Zahl nachhaltig informierter Konsumenten hingewiesen. Aus diesem Grund ist es im Rahmen der Kommunikationspolitik von Anbietern nachhaltiger Güter wichtig, Meinungsführer zu identifizieren und diese für die Werbung für nachhaltige Güter zu gewinnen. Als Meinungsbildner in der Kommunikation werden Personen bzw. Institutionen verstanden, die in der Lage sind, die Kaufentscheidung von Menschen aufgrund ihres Wissens, ihres Images usw. zu beeinflussen. Im Kommunikationsprozess nehmen Meinungsführer eine Art Türöffnerfunktion ein. Sie haben einen starken Einfluss auf die Intensität, mit der die Werbebotschaft an potenzielle Abnehmer weitergegeben wird. Meinungsbildner können z. B. beruflich anerkannte Personen sein (z. B. Ärzte, Architekten, Künstler usw.), Bedarfsberater, die unentgeltlich Orientierung bei der Befriedigung von Bedürfnissen geben können (z. B. Lehrer, Fachpublikationen usw.), Leitfiguren, d. h. Personen oder Gruppen, die für anderen Personen eine Vorbildfunktion erfüllen usw.

c) Der Nachhaltigkeitsbericht

Ein wichtiges Instrument der Kommunikationspolitik von Unternehmen, die nachhaltige Produkte vermarkten, ist der Nachhaltigkeitsbericht. Nachhaltigkeitsberichte wurden von der *Global Reporting Initiative (GRI)* im Jahr 1997 ins Leben gerufen. Ziel ist es, Organisationen und Unternehmen unterschiedlicher Branchen in ihrer Berichterstattung zu unterstützen.

Die GRI hat einen allgemein anwendbaren und akzeptierten Leitfaden für die Nachhaltigkeitsberichterstattung der Unternehmen entwickelt. Nachhaltigkeitsberichte informieren über die erzielten ökologischen und ökonomischen Fortschritte der einzelnen Unternehmensbereiche, insbesondere im produzierenden und verarbeitenden Gewerbe mit nachhaltiger Ausrichtung auf Ressourceneffizienz und den Umweltschutz.

10.10.4 Nachhaltigkeit in der Distribution

a) Logistik, Lagerhaltung, Warenströme

Eine wesentliche Aufgabe einer nachhaltigen Distribution besteht in der Gestaltung einer emissionsfreien Logistik der Warenströme vom Lieferanten zum Unternehmen. Das Gleiche gilt für den inneren Unternehmenstransport sowie für den Transport außerhalb des Unternehmens bei der Lieferung der verkauften Güter an die Kunden. Angesprochen sind dabei insbesondere folgende Themen:

1. Die Bündelung der Warenströme (z. B. um die Anzahl der Lieferantensendungen zu minimieren).
2. Gewährleistung einer optimalen Lagerhaltung, die sich an nachhaltigen Kriterien orientiert (Nutzung von erneuerbaren Energiequellen, Verwendung von nachhaltigen Bauteilen und Materialien im Lager usw.).
3. Optimierung der Logistik im Transportbereich (durch verstärkte Nutzung der Bahn, Einsatz von emissionsfreien Fahrzeugen usw.).

b) Die Auswahl von geeigneten Absatzmittlern in der nachhaltigen Distribution

Viele spezialisierte Händler nachhaltiger Produkte sind wegen ihres kleinen und mittelständischen Charakters auf die Marketingkonzepte ihrer Lieferanten angewiesen. So spielt beispielsweise für Anbieter von Konsumgütern der Handel eine wichtige Rolle bei der Verbreitung von nachhaltigen Produkten. Bekannt ist, dass der Handel, die großen Handelsketten, einen starken Einfluss auf die Hersteller ausüben. Einige Handelsunternehmen sind sogar selbst in die Produktion von ökologischen Gütern eingestiegen. Dies hat die Konsequenz, dass in vielen Fällen die Handelsunternehmen das Marketing bestimmen. Daraus lässt sich ableiten, dass es bei der nachhaltigen Distribution darum geht, den Handel in die Vermarktung ökologischer Produkte in Form von vertraglich vereinbarten Vertriebssystemen (Kooperationen, Verträge, Franchising) einzubinden. Daher ist es notwendig, dass die Hersteller nachhaltiger Produkte dafür sorgen,

1. dass das Verkaufspersonal der Händler durch den Anbieter zu den ökologischen Eigenschaften der Produkte geschult wird,
2. dass Verkaufsförderungsaktionen mit ökologischen Produkten in den Handelsgesellschaften durchgeführt werden und
3. dass die Marketingrichtlinien der Hersteller bezüglich Preise, Werbung, Platzierung, Präsentation usw. von Handelsunternehmen eingehalten werden sowie
4. dass mehr regionale Produkte angeboten werden.

10.10.5 Vier Checklisten für ökologisches Handeln im Unternehmen

Checkliste 1: Produkt und Leistungspolitik

Fragestellung	ja	nein
Wurden die ökologischen Qualitätsanforderungen bei den Lieferanten überprüft und vertraglich verbindlich fixiert?		
Müssen spezielle Beschaffungsstrukturen aufgebaut werden, um die nachhaltigen Anforderungen der Endprodukte über die gesamte Wertschöpfungskette zu sichern?		
Fördern und unterstützen wir eine nachhaltige Umstellung der Rohstoffproduktion?		

Checkliste 2: Preispolitik

Fragestellung	ja	nein
Haben wir Maßnahmen zur Nutzung von Skaleneffekten festgelegt?		
Haben wir unsere wichtigsten Kostentreiber identifiziert und Maßnahmen zu ihrer Senkung beschlossen?		
Tun wir etwas, um eine höhere Preiswahrnehmung für unsere Produkte seitens der Kunden zu erreichen?		
Wurden Kommunikationsmaßnahmen dafür beschlossen?		
Wenden wir die richtige Preiskalkulation an?		

Checkliste 3: Kommunikationspolitik

Fragestellung	ja	nein
Sollten wir Meinungsbildner für unsere Kommunikation gewinnen?		
Sollten wir einen Nachhaltigkeitsbericht nach der Global Reporting Initiative (GRI) erstellen?		
Benutzen wir die Formen der Direktkommunikation?		
Tun wir genug, um unsere Glaubwürdigkeit zu erhöhen?		
Ist unsere Werbung emotional genug?		
Macht unsere Werbebotschaft Spaß und Freude, vermittelt sie Sicherheit und Geborgenheit?		

Checkliste 4: Distributionspolitik

Fragestellung	ja	nein
Ist die Logistik unserer Lieferanten emissionsfrei?		
Können wir Einfluss darauf nehmen?		
Sorgen wir dafür, dass Lieferanten ihre Sendungen an uns bündeln?		
Können wir unseren Fuhrpark emissionsärmer machen?		
Orientiert sich unsere Lagerhaltung an ökologischen Kriterien?		
Verwenden wir ökologische Verpackungen?		
Ist eine Direktvermarktung unserer Produkte in unserer Branche realisierbar?		
Können und sollten wir einen Versandhandel aufbauen?		
Spielt der Handel eine wichtige Rolle für den Verkauf unserer Produkte?		
Wurden geeignete Absatzmittler für den Vertrieb unserer nachhaltigen Produkte gesucht bzw. gefunden?		
Haben wir mit ihnen den Vertrieb unserer Produkte vertraglich fixiert?		
Wurden unsere Marketingmaßnahmen mit unseren Händlern abgestimmt?		

Stichwortverzeichnis

A
ABC-Analyse 168
Absatz
– direkter 134, 135
– indirekter 134, 143
Absatzgebiet 38
Absatzhelfer 145
Absatzmittler 134, 143, 145, 146
Absatzpotenzial 42
Absatzvolumen 42
Absatzweg 134
Abschöpfungsstrategie 67
Affiliate Marketing 183
Analyseinstrumente 49
Angebot 18
Angebotsimage 62
Anzeige 103, 107, 117
Anzeigenblatt 111
App
– Analyse der Nutzer 218
– Analyse der Wettbewerber 219
– App-Entwicklung 216
– App im App-Store veröffentlichen 224
– App-Vermarktung 225, 231
– Entwicklung eines App-Konzepts 220
– Ideenfindung und -auswahl 217
– On-Page-Optimierung 225
– Usability-Test 223
– Zusammenarbeit mit App-Agentur 216
Aufsteigerkunde 173
Auftragsabwicklung 162
Außendienst 137, 138
– Aufbau 138

B
Ballastkunde 175
Bedarf 38, 40
Bedarfsanalyse 41
Bedarfsvolumen 41
Befragung 34
Blog 211
Break-Even-Analyse 90
Break-even-Punkt 90

C
Card Sorting 188
Chancen-Risiken-Analyse 49
Content-Marketing 211
Crossmediales Social-Media-Marketing 212
Cross-Selling 166
Customer Relationship Management (CRM) 165, 175

D
Datenschutz 176
Deckungsbeitrag 90
Deckungsbeitragsrechnung 91
Differenzierungsstrategie 241, 242
Direktmarketing 121
Direktvertrieb 122, 147
Direktwerbung 109
Distributionsgrad 134
Distributionslogistik 162
Distributionsorgan 136
Distributionspolitik 133
Distributionssituation 46
Distributionsstrategie 68, 255
Diversifikation 60, 65

E
E-Commerce 151
Einführungswerbung 99
Einzelwerbung 100
Elastizität 167
elektronische Medien 111
E-Mail 155
E-Marketing 153
– Vorteile 156
E-Procurement 150
Erhaltungsstrategie 67
Erhaltungswerbung 99
Ersatzbedarf 42
Ertragskunde 173
Expansionswerbung 99
Eyetracking 187

F
Facebook 195
Fahrzeugwerbung 106

Fernsehwerbung 109
Franchising 146

G
Garantieleistung 76
Gebietsverkaufstest 116
Gesamtmarkt 55
Gesamtmarktstrategie 58, 59
gesättigter Markt 18
Gewinn 15
Gewinnschwellenanalyse 90

H
Handelskommissionär 146
Handelsreisender 138, 148
Handelsvertreter 137, 146, 148
Handelswerbung 100
Händlerpromotion 124
Handzettel 106
Herstellerwerbung 100
Hörfunkwerbung 110

I
Image 27
Informationswerbung 100
Innovation 80
Intensivverwender 39
Internet 148
  - Datenschutz 161
  - Links 150
  - Suchdienste 149
  - Verkauf 158
Internetauftritt 152
  - Rechtssicherheit 158

K
Käufermarkt 18
Kaufverhalten 43
Kernkompetenz 79
Key Performance Indicators (KPI) 213
Kleine und mittelständische Unternehmen 20, 21
Kommissionär 146
Kommunikation 96
  - Instrumente 96
Kommunikationspolitik 95
Komparative Konkurrenzvorteile (KKV) 23

Komplementärgut 93
Konsument
  - Entsorgungsverhalten 235
  - Kaufverhalten 235
  - Nutzungsverhalten 235
Kosten 15
Kostenführerschaftsstrategie 241, 242
Kultursponsoring 120
Kunde 16, 17, 100
Kundenbindung 166
  - Dauerkunden 167
  - Kundenabwanderung 167
  - loyale Kunden 166
Kundendeckungsbeitrag 170
Kundendienst 75
  - allgemeiner 75
  - Reklamationen 75
  - technischer 75
Kundenkapitalwert 170
Kundenkategorie 172
Kundenlebenszyklus 170
Kundennutzen 72, 81
Kundensegment 243
Kundenwunsch 43

L
Lager- und Transportwesen 162
Lebensstil 243
Lebenszyklusanalyse 49
Leistungskonzept 62
Leistungspolitik 71
LinkedIn 210
Logistik 163

M
Mailing 107
Makler 146
Managementsystem 26
Marke 74, 251
Markenpräferenz 94
Marketingabteilung 20, 21
Marketingkonzeption 25, 51
Marketingmix 51
Marketingsituation 37
Marketingstrategie
  - Differenzierungsstrategie 241
  - Kostenführerschaftsstrategie 241
  - Nischenstrategie 241

Marketingziel 51
Markt 16, 27, 31, 40
- Aufnahmefähigkeit 42
- gesättigter Markt 18
- Umfeldbedingungen 87

Marktabgrenzung 38
Marktanalyse 33
Marktanteil 40, 43
Marktbearbeitung
- Strategien 64

Marktbeobachtung 33
Marktdurchdringungsstrategie 65
Marktentwicklungsstrategie 65
Marktforschung 31
- Befragung 34
- Beobachtung 36
- Experimente 36
- Instrumente 33
- Panel 37

Marktlücke 30
Marktpotenzial 40, 42
Marktprognose 33
Marktsättigung 43
Marktsegmentierung 55
- demografische 56
- geografische 56
- psychografische 57
- Strategien 58

Marktsituation 19
Marktspezialisierungsstrategie 58
Marktstimulierungsstrategie 65
Marktstrategie 63
Marktteilnehmer 38
Marktveränderung 44
Marktvolumen 42
Marktwachstum 42
Marktwahl 53
Massenmarkt 242
Megatrend 233, 234
Meinungsbildner 39, 254
Meinungsführer 254
Mengenwerbung 100
Milieu 243
Mobile Marketing
- Apps 215
- Mobile Websites 215
- Zusammenarbeit mit App-Agentur 216

Mobile Website 215
Monitoring 214

N
Nachfrage 18, 29
nachhaltiger Konsum 235
nachhaltige Unternehmensführung 246
Nachhaltigkeit 236, 246
- Bewertungsinstrumente 249
- im Produktdesign 249
- im Service 250
- in der Distribution 255
- in der Güterbewertung 249
- in der Kommunikationspolitik 253
- in der Preispolitik 251, 252
- in der Produktgestaltung 248
- in der Verpackungsgestaltung 250
- intergenerative Nachhaltigkeit 237
- intragenerative Nachhaltigkeit 237
- nachhaltige Markenpolitik 251
- ökologische Nachhaltigkeit 236
- ökonomische Nachhaltigkeit 236
- schwache Nachhaltigkeit 237
- soziale Nachhaltigkeit 236
- starke Nachhaltigkeit 237
- Umsetzung 239

Nachhaltigkeitsbericht 255
Nachhaltigkeitsmarketing 233, 244
- Aufgaben 246, 247, 248
- Erschließung eines Massenmarkts 242
- Gegenstand 240
- Herausforderungen 237, 238
- Konsumenten 235, 245
- Rolle von Meinungsführern 254
- versus konventionelles Marketing 240
- Zielgruppen 243
- Zielgruppenbestimmung 243

Neuer Markt 79
Neukunde 173
Newslettermarketing 184
Nischenstrategie 58, 241

O
Ökologie 233, 234, 238
Onlinemarketing 177
Online-Marketing
- Website-Gestaltung 177

Online-Verkauf 150
Onlinewerbung 181
Online-Werbung
- Abrechnungsmodelle 182
- Affiliate Marketing 183
- Kennzahlen 182

Opportunitätskosten 245

P
Panel 37
Pareto-Regel 168
Penetrationsstrategie 87
Plakatwerbung 105
Portfolioanalyse 49
Positionierungsanalyse 49
Potenzialkunde 174
Präferenzstrategie 66
Preisabfolge 87
Preisbildung
 - konkurrenzorientierte 91
 - kostenorientierte 89
 - nachfrageorientierte 92
Preisdifferenzierung 88
Preisfestlegung 84
Preiskalkulation 89
Preisklasse 93
Preiskontrolle 94
Preispolitik 83
 - Strategien 86
Preiswettbewerb 87
Product-Placement 117
Produkt 71
Produktanalyse 47
Produktaufmachung 73
Produktdesign 249
Produktdetailseite 179
Produktdifferenzierung 78
Produktentwicklungsstrategie 65
Produktgestaltung 72
Produktmerkmal 47
Produktpolitik 71, 80
Produktvariation 78
Produktwahl 53
Programmdiversifikation 79
Programmmodifikation 79
Programmreduktion 79
Programmsponsoring 119
Prospekt 106

R
Reduktionswerbung 99
Reisender 138, 148
Reklamation 75
Risikokunde 175

S
Sales Promotion 123
Schlüsselkunde 174
Service 75

Skimmingstrategie 87
Social-Media-Marketing 226
 - Auswahl der geeigneten Plattformen 195
 - Blogs 211
 - Content erstellen 211
 - Crossmediales Marketing 212
 - Facebook 195
 - Instagramm 201
 - LinkedIn 210
 - Situationsanalyse 193
 - Social-Media-Monitoring 214
 - Twitter 205
 - XING 210
 - YouTube 207
 - Ziele 193
 - Zielgruppen 194
Sortimentsbreite 78
Sortimentsgestaltung 76
Sortimentstiefe 78
Sozialsponsoring 120
Sponsoring 118
Sportsponsoring 119
Stärken-Schwächen-Analyse 49
Starkunde 173
Substitutionsgut 93
Suchfunktion 178
Suchmaschinenoptimierung (SEO) 189
 - Off-Page-Optimierung 190
 - On-Page-Optimierung 189
Suchmaschinenwerbung (SEA) 191
Suggestivwerbung 101
SWOT-Analyse 49

T
Tausender-Kontakt-Preis (TKP) 110
Technischer Kundendienst 75
Teilkostenrechnung 90
Teilmarkt 55
Transaktionskosten 245
Twitter 205

U
Umsatz 15
Umweltsponsoring 121
Unternehmenssituation 47
Usability-Testing 185, 223
 - Card Sorting 188
 - Durchführung 187
 - Expertengutachten 186
 - Eyetracking 187

V

Verbraucherpromotion 125
Verdrängungsstrategie 66
Verhaltensstrategie 67
Verkäufermarkt 18
Verkaufsbüro 138
Verkaufsförderung 123
Verkaufsorganisation 139
Verkaufspromotion 123
Verpackung 73
Vertrieb 133, 147
Vertriebsverantwortlicher 136
Verwender 39
Vollkostenrechnung 89
Vollsortiment 77

W

Wachstumsstrategie 66
Warenzeichen 74
Webseite 153
Website-Gestaltung
 – Anmeldung 180, 181
 – Bestätigungsseite 181
 – Footer 178
 – Produktdetailseite 179
 – Startseite 177
 – Suchfunktion 178
 – Trefferliste 179
 – Warenkorbseite 180
Wechselelastizität 167
Werbeagentur 114
Werbebanner 149
Werbebotschaft 103, 130
Werbebrief 107
Werbebudget 102
Werbedurchführung 101
Werbeerfolg 114

Werbeerfolgskontrolle 132
Werbeetat 128
Werbemaßnahme 112
 – Durchführung 114
 – Ziele 127
Werbemittel 104
Werbeplanung 101
Werbeträger 109
 – Analysen 112
Werbeziel 101
Werbung 96
 – antisaisonale 113
 – Erscheinungsformen 98
 – Gestaltungselemente 97
 – Informationsfunktion 97
 – Motivationsfunktion 97
 – Wirkungsstufen 115
 – Ziele 98
Wettbewerb 18, 80
Wettbewerbsanalyse 44
Wettbewerbssituation 44
Wettbewerbsstrategie 66

X

XING 210

Y

YouTube 207
 – Werbung auf YouTube 209

Z

Zeitschriftenwerbung 109
Zeitungswerbung 109
Zielgruppe 103, 243
Zusatzleistung 62

Die Autoren

Dr. Luis Ephrosi arbeitet als Dozent für Allgemeine Betriebswirtschaftslehre, insbesondere Marketing, an der Ernst-Abbe-Hochschule Jena. Seit seiner Promotion auf dem Gebiet der strategischen Unternehmensführung ist er seit mehreren Jahren als beratender Betriebswirt in der Existenzgründung sowie als Privatdozent tätig.

Prof. Dr. Helmut Geyer war Professor für Allgemeine Betriebswirtschaftslehre an der Ernst-Abbe-Hochschule Jena. Zuvor arbeitete er viele Jahre für deutsche Großbanken in der Firmenkunden- und Immobilienfinanzierung.

Prof. Dr. Alexander Magerhans ist Professor für Marketing an der Ernst-Abbe-Hochschule in Jena. Er studierte an der Georg-August-Universität Göttingen Betriebswirtschaftslehre. Im Anschluss promovierte er zum Thema Kundenzufriedenheit im E-Commerce am Beispiel des deutschen Online-Buchhandels.

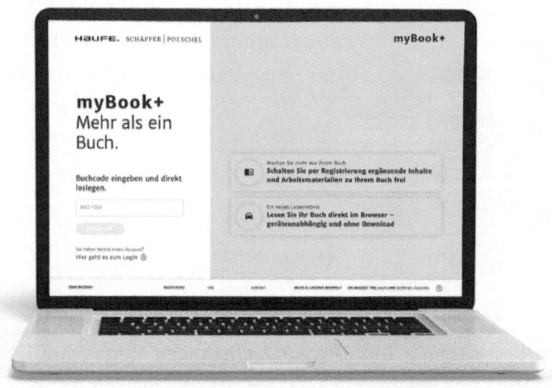

Ihre Online-Inhalte zum Buch: Exklusiv für Buchkäuferinnen und Buchkäufer!

▶ https://mybookplus.de

▶ Buchcode: RVS-74744